KB041036

호모 페스티부스: 영원한 삶의 축제

놀이와 예술과 여가로서의 삶

호모 페스티부스: 영원한 삶의 축제

놀이와 예술과 여가로서의 삶

장영란 지음

서광사

호모 페스티부스: 영원한 삶의 축제
놀이와 예술과 여가로서의 삶

장영란 지음

펴낸이 | 김신혁, 이숙
펴낸곳 | 도서출판 서광사
출판등록일 | 1977. 6. 30.
출판등록번호 | 제 406-2006-000010호

(10881) 경기도 파주시 회동길 77-12 (문발동)
대표전화 (031) 955-4331   팩시밀리 (031) 955-4336
E-mail : phil6161@chol.com
http://www.seokwangsa.co.kr | http://www.seokwangsa.kr

제1판 제1쇄 펴낸날 — 2018년 11월 30일

ISBN 978-89-306-2226-4   93160

이 도서는 한국출판문화산업진흥원 2018년 우수출판콘텐츠 제작 지원 사업 선정작입니다.

호모 페스티부스Homo Festivus

이 세계에 존재하는 수많은 것들에 대해 인간은 끊임없이 정의해 왔다. 인간이란 본성적으로 앎에 대한 욕구를 가졌기 때문이다. 우리가 알고 있는 앎이나 지식의 가장 보편적인 형태가 정의라 할 수 있다. 인간은 이유나 원인을 알지 못할 때 놀라움과 두려움을 갖는다. 플라톤은 『테아이테토스』에서 놀라움은 철학자의 감정이라고 하며 철학은 놀라움에서 시작한다고 말한다.[1] 놀라움은 그리스어로 '타우마스'(taumas)인데 그리스인들은 바다의 신으로 타우마스(Taumas)를 신격화한다. 흥미로운 점은 타우마스가 이리스 여신의 아버지라는 것이다.[2] 이리스(Iris)는 '무지개'를 가리키며, 헤르메스(Hermes) 이전에 올림포스에서 신들의 전령 역할을 했던 신이다. 이리스는 신들의 말을 인간들에게 전달하고

---

1   Plato, *Theaetetos*, 155d.

2   Hesiodos, *Theogonia*, 265–269.

인간들의 말을 신들에게 전달한다. 인간에게 신들의 말은 이해할 수 없는 것이다. 그러나 그녀는 인간이 이해할 수 없는 것을 해석하여 전달해 주는 존재라 할 수 있다. 타우마스가 신들의 전령 이리스의 아버지라는 신화는 결국 모든 앎의 원천은 바로 '놀라움'이라는 것이다. 다른 말로 인간은 알기 위해서 '놀라움'이라는 철학적 감정을 가져야 한다는 것이다.

인간의 앎은 궁극적으로 '놀라움'으로부터 출발하기 때문이다. 아리스토텔레스도 『형이상학』에서 철학은 놀라움으로부터 시작한다고 말한다. "인간은 놀라움(to thaimazein)을 통해 이제 최초로 철학하기(philosophein)를 시작했다."[3] 놀라움은 원인을 모를 때 일어나는 감정이다. 아리스토텔레스는 앎은 원인에 대한 탐구라고 했다. 그리스 신화와 철학은 모두 원인을 설명하려는 시도를 하고 있다. 그러나 신화는 초월적인 원인을 통해 설명하는 반면, 철학은 경험적인 원인을 통해 설명한다는 점에서 차이가 있다. 그리하여 인간이 무언가를 알기 위해 사용하는 방법들 가운데 통시적인 차원의 방법은 '원인'을 탐구하는 방식이고, 공시적인 차원의 방법은 '정의'를 내리는 방식이라 할 수 있다. 소크라테스나 플라톤은 "X란 무엇인가?"라는 보편적 질문을 통해 본질에 대한 정의를 내리려 했다. 말하자면 "정의는 무엇인가?", "용기란 무엇인가?" "정치란 무엇인가?" 등의 질문은 본질을 이해할 수 있게 해 준다. 아리스토텔레스에게 있어서 정의는 유개념에 종차가 결합되어 이루어진다. 말하자면 인간은 동물이라는 유개념에 이성이라는 종차가 더해져서 '인간은 이성적 동물이다'라고 정의된다.

인간이 이 세계 안에서 자기 자신을 발견했을 때 '인간이란 존재는

---

3 Aristotle, *Metaphysica*, 982b.

도대체 무엇인가'라는 질문이 시작되었을 것이다. 원시시대로부터 인간은 아무것도 예측하기 어려운 불안한 삶 속에서 냉혹한 현실을 극복해 나가면서, 인간의 실존적 한계상황을 훨씬 더 많이 마주쳤을 가능성이 높다. 인간이 자기 자신을 다른 동물들과 구별하기 위해 시도한 것이 바로 인간에 관한 정의라 할 것이다. 아리스토텔레스는 누구보다도 우리에게 친숙한 정의들을 많이 제시하고 있다. "인간은 정치적 동물이다", "인간은 이성적 동물이다", "인간은 본성적으로 알고자 하는 욕구를 가졌다", "인간은 모방하는 동물이다", "인간은 두 발 달린 동물이다" 등이 있다. 엄밀히 아리스토텔레스가 제시하고 있는 정의들 중 대부분은 엄격한 의미의 정의라고 할 수는 없다. 그것들은 다른 동물과 구별해 주는 인간만의 본질적인 특성으로 종차를 제시하고 있지는 않기 때문이다.

인간에 대한 대부분의 정의들은 인간의 독특한 본성을 드러내 주는 표현들이 대부분이다. 특히 인류를 다양하게 정의하려 시도할 때 '호모'(Homo)라는 단어가 자주 활용되었다. 원시시대로부터 현대에 이르기까지 인류가 진화하는 과정에서 종들 간의 차이를 설명하기 위한 표현들도 나타난다. 호모 오스트랄로피테쿠스(Homo Australopithecus)는 신생대 제3기의 유인원과 인간의 중간 형태의 인류로 오스트랄로는 '남쪽'이라는 뜻을, 피테쿠스는 '원숭이'라는 뜻으로 말 그대로 남쪽 원숭이 인간이다. 그들은 식물을 채취하고 동물을 잡아먹었는데 원숭이의 뇌수를 식량으로 삼은 흔적이 있다. 호모 하빌리스(Homo Habilis)는 신생대 제4기의 인류로 손을 '쓸 줄 아는 사람' 또는 도구를 '사용할 줄 하는 사람'이라는 뜻이다. 이들은 돌이나 동물의 뼈를 사용하여 다양한 형태의 도구들을 만들어 썼다고 하여 붙여진 이름이다. 호모 에렉투스(Homo Erectus)도 신생대 제4기의 인류로 '직립 인간'(upright man)을 뜻한다. 그들은 다양한 도구를 사용했고 '언어'를 사용하여 두 뇌가 비약적으로 발달해서 두개골 용적이 1000cc나 되었다고 한다. 더욱이 불을 사용하여 음식을 익혀 먹게 되고 맹수를 물리칠 수 있어 생존 기간도 길었던 것으로 보인다. 호모 사피엔스(Homo Sapiens)는 현생인류로서 '지혜로운 인간'(wise man)을 뜻한다. 추상적이고 반성적 사유를 할 수 있으며 언어를 사용하여 의사소통할 수 있으며 정치적 공동체를 구성할 수 있다.

최근 들어 인간의 고유한 본성과 문화적 특성과 행위를 규정하기 위한 표현을 위해 라틴어 '호모'(Homo)를 포함하여 일종의 공식적 표현을 사용한다. 인간의 본성을 표현하기 위해 인간을 의미하는 '호모'(Homo)에 다양한 별칭들(epitheta)을 붙이는 것이다. 호모 파베르(Homo Faber)는 '만드는 인간'이라는 뜻으로 인간이 도구를 사용하게 되어 자신의 환경을 통제할 수 있는 특징을 보여 준다. 그것은 놀이하는 인간인 호모 루덴스와 대조적인 특징을 보인다. 호모 라보란스(Homo Laborans)는 '노동하는 인간'이라는 뜻이다. 한나 아렌트는 노동을 인간 신체의 생물학적 과정에 상응하는 활동이라고 한다. 인간은 근본적으로 노동을 피할 수 없다. 호모 라보란스의 전형적인 인물로 시쉬포스(Sisyphos)를 들 수 있다. 그는 끊임없이 반복되는 노동에서 벗어나지 못한다. 호모 이코노미쿠스(Homo Economicus)는 '경제적 인간'이라는 뜻으로 유용성에 따라 합리적으로 행동하는 인간 또는 자신의 이익을 중심으로 행동하는 인간 유형을 가리킨다. 호모 아이스테티쿠스(Homo Aestheticus)는 '미학적 인간'이라는 뜻으로 괴테는 호모 이코노미쿠스와 대립적 의미로 사용하였다. 그것은 감정이나 정념에서 고귀한 사람을 가리킨다. 나아가 예술의 출현이 인간이라는 종의 형성에 중심적인 역할을 했다고 주장한다.

호모 렐리기오수스(Homo Religiosus)는 '종교적 인간'이라는 의미
로 어떤 사람의 행동과 사유가 전적으로 종교적 이념에 의해 일어나는
사람을 말한다. 막스 쉘러(Max Scheler)는 종교적 인간이란 그의 마음
과 행위 및 영적 모습 속에 신을 가진 사람으로 영혼들을 변화시키는
자라고 말한다. 엘리아데(Mircea Eliade)는 현대적 의미에서 종교적 인
간이란 세계의 중심에서 신들과 가까이 영원회귀의 신화적 사건 속에
서 살아가려는 삶이며 성과 속에 의해 시공간을 불연속적이고 단절적
으로 경험한다고 말한다. 호모 사케르(Homo Sacer)는 '신성한 인간'
또는 '저주받은 인간'을 뜻하며 로마법에서 종교적 희생물로 바치는 것
은 허용하지 않지만 누군가 그를 살해해도 처벌받지 않는 사람을 가리
킨다. 현대에서 조르조 아감벤(Giorgio Agamben)이 '벌거벗은 생명'
으로서 인간을 설명하기 위해 사용했다.

호모 루덴스(Homo Ludens)는 '놀이하는 인간'이라는 의미로 하위
징아가 인간의 문화는 본질적으로 놀이의 특성을 가진다고 하면서 사
용한 용어이다. 하위징아는 놀이가 문화를 형성하는 필요조건이라고
말한다. 그는 호모 파베르 다음으로 호모 루덴스가 적절한 자리를 차지
할 수 있다고 생각했다. 호모 리덴스(Homo Ridens)는 '웃는 인간'을
뜻하며, 아리스토텔레스는 인간만이 본래적으로 웃을 수 있는 존재라
고 말한 데에서 유래된다. 그 이후 보에티우스, 라블레, 볼테르, 보들레
르 등은 인간을 호모 리덴스로 특징지었다. 베르그송은 호모 리덴스로
서의 인간의 특징에 대해 철학자들이 주목하지 않은 것에 대해 매우 의
아해했다. 최근에는 호모 루덴스와 비교하여 호모 리덴스가 훨씬 인간
의 고유한 특징을 보여 준다는 주장도 등장한다. 쇼펜하우어의 주장처
럼 인간의 삶은 인간의 비극적 특성만큼이나 인간의 희극적 특성도 피
할 수 없다.

여기서 제목으로 사용된 호모 페스티부스(Homo Festivus)는 '축제를 하는 인간'이라는 의미이다. '페스티부스'(festivus)는 라틴어 페스툼(festum) 또는 페스투스(festus)에서 유래되며 즐거운, 기쁜, 유쾌한 등의 의미를 가진다. 이것은 축제가 본질적으로 즐거움과 매우 밀접한 관계가 있다는 것을 보여 준다. 인간과 관련된 주요 표제어가 '호모'(homo)라는 용어로 시작되어서 라틴어로부터 기원된 개념을 분석했지만, 사실 축제의 기원은 엄밀히 종교제의에서 유래되었다. 그리스어에서 축제를 가리키는 용어는 쉰오도이(synodoi), 파네귀리스(pane-gyris), 헤오르테(heorte) 등이다. 각각 '함께 가는 것', '모두 모이는 것', '즐거워하는 것' 등을 의미한다. 말하자면 축제는 '함께 모여서 즐거워하는 것'이라 할 수 있겠다. 고대 그리스의 축제는 신들에 대한 제의로부터 시작하지만 신들과 함께 인간들이 즐거워하는 것으로 끝난다. 축제에서 인간들은 다른 사람들과 함께 운동경기도 하고 비극경연대회도 하며 술과 음식을 마시며 즐거워한다. 인류는 축제의 즐거움을 극대화하기 위해 문화적으로 다양하게 발전시켜 왔다.

사실 현대에는 다양한 축제들을 분석하고 설명하는 논의들이 많이 있다. 이 책에서 세계의 지역 축제들을 개별적으로 소개하려는 목적은 없다. 다만 축제가 단지 단순히 즐기기 위한 것만은 아니라는 것을 축제의 기원을 통해 분석하고자 한다. 인간의 문화적 특성으로서 축제와 제의 및 놀이 등의 기원과 목적 등을 검토하고, 현대인의 삶에서 축제의 본래적인 의미를 되살리려 한다. 그리하여 고대 그리스 축제의 주요 요소들과 원형적 특징들을 살펴보고, 인간의 삶의 실존적 한계상황에 대한 인식과 고통의 치유로서 축제의 고유한 특성을 검토하고자 한다. 마지막에 실린 부록에서는 현대의 대표적인 축제 중 동계올림픽을 사례로 삼아 축제의 상징과 이미지 등을 살펴보려 한다. 사실 이 부분은 이미 2013년에 평창 동계올림픽을 위한 준비 단계에서 관련 기획으로 요청받아 발표했던 글이다. 당시 고대 그리스 문화와 철학에 대한 전공자라는 이유로 동계올림픽에 대한 발표를 의뢰받았다. 사실 동계올림픽의 경우에는 기존에 이론적으로 연구된 것도 별로 없었기 때문에 고민이 많았다. 하지만 결국 현재에 최선을 다하기 위해 발표를 맡고 연구를 하게 되면서 축제와 제의 및 놀이 등으로 관심이 확장되어 이 책을 완성하게 되었다. 2018년 초 한국에서 동계올림픽이 열리는 것을 보면서 상황이 여의치 않아 이 책의 출간이 미뤄졌던 것에 약간의 아쉬움을 느꼈다. 하지만 동계올림픽이 단지 일회적인 것만은 아니고 계속 반복될 세계적인 축제라는 점에서는 아무것도 늦어진 것은 없다고 할 수 있다. 이 책은 다음과 같이 크게 다섯 부분으로 구성되었다.

　제1장에서는 **축제의 기원과 원형**에 대해 다룬다. 현대사회에도 수많은 축제가 벌어지고 있다. 그렇지만 고대 사회에는 더 많은 축제가 있었던 것으로 보인다. 고대에서 축제는 제의로부터 시작되었다. 따라서 축제의 주요 요소들도 제의적 기원을 가지고 있다. 현대사회에 나타나는 축제의 본래적 목적을 살펴보기 위해 고대 그리스 종교 축제의 원형적 특징들을 분석한다. 첫째, '축제의 기원과 목적'에서는 고대 그리스에서 축제를 가리키는 용어들을 통해 축제의 목적을 살펴본다. 둘째, '축제의 요소와 특징'에서는 그리스 종교제의의 다양한 요소들을 통해 주요 현상들을 분석한다. 그것은 종교적 특성이 강한 기도와 찬가 외에도 현대의 축제가 가진 주요 요소들인 춤, 노래, 만찬, 운동경기 등을 골고루 갖추고 있다. 셋째, '종교제의와 운동경기'에서는 그리스 종교제의에 나타나는 매우 특이한 현상으로 '운동경기'가 포함된 사실에 주목한다. 대규모의 종교적 희생제의를 바칠 때 운동경기가 동반되는 경

우가 많다. 사실 일반적인 관점에서 본다면 종교제의와 운동경기는 서로 유사한 종류의 결합은 아닌 것으로 보인다. 왜 종교 축제에는 운동경기가 포함되어 있는지를 이해하는 것이야말로 그리스 종교의 독특성과 철학적 의미를 파악하는 데 핵심이라 할 수 있다. 넷째, '축제와 탁월성의 훈련'에서는 그리스 종교 축제의 주요 원리로서 '경쟁' 개념을 통해 궁극적으로 신을 즐겁게 하기 위해 인간의 탁월성을 발휘함으로써 가장 좋은 삶을 영위하는 방식을 설명한다.

제2장에서는 **축제의 치유와 소통**에 대해 다룬다. 현대인들은 일상적 삶 속에서 수많은 축제들을 접하게 된다. 최근 들어 한국 사회에 매우 많은 크고 작은 축제들이 만들어지고 있다. 그러나 축제가 피상적으로 드러내는 유희적 특징 때문에 축제 자체를 진지한 철학적 사유의 대상으로 보지 않았던 것이 사실이다. 하지만 그리스 종교 축제에 대한 철학적 분석을 통해 매우 흥미로운 사실을 발견할 수 있다. 첫째, '신과 인간의 만남과 소통'에서는 그리스의 종교제의와 축제의 기원을 신과의 '만남'과 연관하여 설명하고 특히 신과의 '소통'을 위한 조건들에 철학적 판단을 제시한다. 둘째, '축제와 고통의 해방'에서는 그리스의 종교 축제의 목적을 인간 삶의 실존적 상황에 대한 인식과 고통의 해방의 출구로서 해석하여 인간의 행복과 탁월성의 훈련이라는 측면에서 분석한다. 셋째, '축제와 영혼의 치유'에서는 그리스 종교 축제의 기능과 관련하여 축제를 주관하는 신들로 이야기되는 무사 여신들과 아폴론 및 디오뉘소스의 기능과 영역을 세부적으로 구분해 본다. 나아가 이 신들이 관장하는 예술의 영역들인 서사시, 서정시, 비극, 춤, 음악 등을 분류하고 예술의 기능으로서 영혼의 치유에 대해 검토해 본다. 넷째, '축제와 삶의 재정립'에서는 그리스의 종교 축제와 관련하여 플라톤이

말하는 축제의 궁극적 효과에 대해 살펴본다. 축제의 과정에서 나타나는 일탈과 금기 및 위반 등은 근본적으로 인간의 삶의 재정립과 연관된다는 사실의 근거를 살펴본다. 다섯째, '축제와 공동체의 연대'에서는 그리스 종교 축제가 공동체의 상호 유대감과 연대 의식을 강화시키고 일상생활을 신성화하는 과정을 살펴본다.

　제3장에서는 **희생제의와 희생양**에 대해 다룬다. 축제의 가장 핵심적인 요소들을 분석하여 우주 안에서의 인간의 지위를 성찰한다. 특히 고대사회의 희생제의와 희생양의 기원과 변천 과정에 나타나는 인간의 초월적인 사유의 방식을 분석할 수 있다. 축제와 제의를 단지 종교적 차원에서만 다루지 않고 철학적 의미를 찾기 위해 다음과 같이 세분화하여 분석하고자 한다. 첫째, '희생제의와 신화의 역할'에서는 인류 역사에서 제의가 발생한 이유와 함께 신화의 역할을 살펴본다. 둘째, '희생제의의 기원과 목적'에서는 인간이 신에게 희생제의를 바치게 되는 원인을 실존적 원인, 종교적 원인, 도덕적 원인 등으로 나누어 분석한다. 셋째, '희생제의와 희생양의 종류'에서는 희생 제물의 신성화의 과정과 관련하여 희생제의의 종류와 희생양의 변천과 기능 등을 설명한다. 넷째, '희생제의와 정화 수단과 의식'에서는 죄를 정화하려는 목적과 방법을 검토하고, 희생제의에 대한 철학적 비판을 통해 희생제의의 본질에 대한 성찰과 윤리적 사유의 발전에 대해 살펴본다. 다섯째, '희생제의의 만찬과 폭력의 원리'에서는 희생제의를 치른 후 희생 제물을 분배하는 방식과 성스러움에 참여하는 행위로 만찬을 살펴본다. 나아가 르네 지라르의 폭력과 희생양의 문제와 함께 아감벤의 호모 사케르의 위험성에 대해 살펴본다. 희생제의에 관심을 가지는 이유는 인간의 다양한 고통을 이해하고 해결하려는 방식 때문이다. 그러므로 단순히

희생제의의 다양한 특징들을 소개하는 것이 아니라 그것의 기원과 특징이 가진 철학적 의미를 분석하는 데 중점을 둔다.

제4장에서는 **놀이와 예술의 탄생**에 대해 다룬다. 축제의 주요 요소들 중의 하나가 놀이라고 생각된다. 놀이는 일종의 문화 현상이라 할 수 있다. 그것은 노동과도 대비된다. 놀이의 일차적 목표는 재미라고 할 수 있는데 즐거움의 일종이다. 놀이가 가진 주요 특징들, 즐거움, 웃음, 자유, 질서, 규칙, 일탈, 비밀 등은 축제의 요소들과도 중첩되는 면들이 있다. 첫째, '놀이와 웃음의 철학'에서는 인간의 희극적 특징과 웃는 동물로서의 인간을 설명한다. 둘째, '놀이의 특징과 종류'에서는 놀이의 일반적 특징들과 놀이의 주요 항목들을 분류하며, 나아가 놀이가 제의 및 축제와 긴밀하게 연관되는 이유를 설명한다. 셋째, '예술과 놀이의 원형'에서는 예술의 주요 개념으로서 무시케, 포이에시스, 미메시스 등을 설명하고, 또한 놀이의 주요 개념으로서 파이디아, 디아고게, 파이데이아 등을 중심으로 문화 현상을 분석한다. 넷째, '예술의 장르와 놀이 현상'에서는 비조형예술과 조형예술로 구분하여 놀이의 특성을 살펴보고, 니체를 통해 놀이 정신을 살펴보고 삶을 긍정하는 철학적 과제를 진단한다. 다섯째, '대중 예술과 문화산업'에서는 현대의 대중문화와 관련된 다양한 이견들과 관련하여 새로운 관점을 제공하는 벤야민과 아도르노의 논의를 통해 대중문화의 긍정적 측면과 부정적 측면에 대한 탁월한 시선과 비판을 검토한다.

제5장에서는 **노동과 여가의 철학**에 대해 다룬다. 인간은 살아가면서 노동을 피할 수 없다. 그렇다면 여가도 우리에게 필연적일 수밖에 없다. 인생을 살아가면서 진정한 여가를 갖지 못했다는 것은 그가 불행하

다는 것을 보여 준다. 여가는 인간의 행복을 위해 존재하는 것이기 때문이다. 여기서는 인간이 추구하는 여가의 정의와 본성을 검토하고자 한다. 현대사회에 여가 활동의 다양한 형태에 대한 다양한 보고들이 있지만, 인간의 삶에서 여가란 무엇이며, 여가를 어떻게 추구할 것인가에 대해 철학적 논의는 거의 없다고 할 수 있다. 그리하여 첫째, '노동과 유토피아의 이상'에서는 노동을 통해 인간이 그려보는 가장 좋은 삶에 대한 유토피아적 상상력과 신화를 살펴보고 현실에 맞지 않는 유토피아가 어떻게 '디스토피아'로 변화되는지를 사례를 통해 살펴본다. 둘째, '근대 금욕주의와 노동의 소외'에서는 근대 프로테스탄티즘이 제시하는 노동관과 금욕주의가 자본주의 정신을 어떻게 발전시켰으며, 동시에 산업혁명을 통해 인간이 노동과 생산물로부터 어떻게 소외되었는지를 살펴본다. 셋째, '호모 라보란스와 피로사회'에서는 한나 아렌트의 노동 개념을 분석하여 근대의 호모 파베르의 전복과 호모 라보란스의 승리를 예고하고, 성과주의를 지향하는 피로사회의 모순을 검토한다. 넷째, '노동의 연장과 노동의 종말'에서는 그리스와 로마의 여가 개념들을 분석하고, 현대사회에 나타나는 노동의 연장으로서의 여가 산업의 확장과 제레미 리프킨의 미래사회의 노동의 종말 및 울리히 벡의 위험사회의 시민운동에 대해 분석한다. 다섯째, '진정한 여가와 자기 수양'에서는 아리스토텔레스 철학에 나타난 노동의 목적과 여가의 진정한 의미를 살펴보고, 나아가 자기 수양으로서의 여가와 진리에 대한 사랑과의 연관성을 논하려 한다.

　마지막 [부록]에서는 동계올림픽의 상징성을 살펴보고자 한다. 사실 동계올림픽은 고대올림픽으로부터 부활된 근대올림픽의 전통을 계승한 하계올림픽에 비해 부차적인 이미지를 가지고 있다. 여기서는 동계올림픽의 시공간의 상징과 주요 원리인 물과 불의 상징을 분석하여 동계올림픽의 위상을 제고하기 위한 이론적 토대를 마련하고자 한다. 우선 동계올림픽은 한 겨울에 열리기 때문에 인간의 활동이 위축되어 있는 시기이다. 새로운 시대를 열어가기 위한 원초적인 생명력을 회복하기 위해 동계올림픽은 고대의 신년제의적 특징을 보완하고 확장시키면서 축제의 본질적 측면을 공유할 수 있다. 다음으로 동계올림픽의 대표적인 공간은 산이다. 그것은 하늘과 땅이 만나는 성스러운 공간이자 우주의 중심이 된다. 동계올림픽이 열리는 공간은 전 세계의 중심이 되며 모든 것을 일치시킬 수 있는 상징적 측면을 공유한다. 마지막으로 동계올림픽을 상징하는 원리를 일차적으로 물질적 이미지로 표상한다면 '물'이라 할 수 있지만 '불'도 잠재적 원리로 중요한 이미지를 창출한다. 차가운 눈과 얼음이 다시 생명력의 원천으로서의 물의 상징을 활성화시키는 것이 '불'의 원리라 할 수 있다. 고대의 신년제의는 우주의 원초적 생명력을 회복시키고 새로운 삶의 질서를 정립하는 데 중요한 역할을 했다. 동계올림픽 경기를 통해 겨울이라는 계절이 가진 비활성화를 자극시켜 재생력을 촉진시키고 역동적인 삶을 살 수 있도록 할 수 있을 것으로 기대된다.

[부록] 동계올림픽의 상징과 문화

축제의 기원과 원형

I

1. 축제의 기원과 목적

인간은 언제부터 축제를 시작했을까? 축제의 기원에 대해 정확하게 이야기하기는 어렵지만 종교제의로부터 유래된 것으로 보인다. 종교제의의 기원에 대해서는 실존적 원인, 종교적 원인, 도덕적 원인 등 다각적인 분석이 가능하다. 여기서는 고대 그리스 축제의 원형을 찾아내는 작업을 통해 현대의 다양한 축제들이 지향할 만한 궁극적인 목적과 기능 및 역할에 대해 검토하고자 한다. 고대 그리스 축제에서 가장 핵심적이고 중심적인 요소는 종교제의였다. 그러나 나중에 점차 다양한 형식과 내용이 도입되면서 축제의 형태를 갖춘 것으로 나타난다. 따라서 고대 그리스 축제의 본래적 의미를 찾아보기 위해서는 축제의 원형적 요소라 할 수 있는 종교제의로부터 출발할 필요가 있다. 그리스 고전기 전후로 종교적 제의는 공식적으로 300개 이상이며 약 400명의 신들을 기린다. 아테네의 경우에는 다른 곳보다 문헌이 잘 보존되어 있는 편인데 기원전 4-5세기에 120일 정도 축제가 열렸다고 한다.[1]

고대 그리스에서 축제를 지칭하는 용어들은 쉰오도이(synodoi), 파네귀리스(panegyris), 헤오르테(heorte) 등이다. 그것은 함께 길에서 '만남', 모든 사람이 광장에 모이는 '모임', '즐거움'을 의미한다. 그런데 그리스인들이 이러한 용어들을 통해 축제에 대해 기본적으로 공유하는 특성은 무엇일까? 그것은 바로 서로 간의 '만남'과 '소통' 및 '즐거움'을 갖는다는 사실이다. 인간은 본성적으로 정치적 동물이기 때문에 국가 공동체를 구성하고 살아간다. 그리고 국가 공동체 안이나 밖에서도 각자 자신의 세계관과 인간관 및 종교관 등에 의해 동일한 목적을 가진 다양한 종류의 공동체를 형성할 수 있다. 그러나 공동체 의식과 상호 유대감은 일회적인 사건에 의해 형성될 수는 없으며 반복적이고 지속적인 만남을 통해 확보된다. 인간은 때로 우주의 자연 질서와 법칙에 따라 종교적 제의에서 사랑을 가지고 만날 수 있으며 서로 친숙하고 익숙하게 될 수 있다.[2] 플라톤은 이러한 만남이나 모임이 국가 공동체를 운영하는 데에도 매우 좋다고 말한다. 그리스어로 축제를 가리키는 몇 가지 용어들을 검토해 보자.

신들의 즐거움

먼저 그리스어 쉰오도이(synodoi)는 '함께 가는 것'을 의미하며 축

---

1 Cartledge, P., "The Greek religious festivals", in *Greek Religion and Society*, Cambridge University Press, 1985, pp.98-99.

2 Platon, *Nomoi*, 738d-e; 플라톤, 『법률』, 박종현 옮김, 서광사, 2009 참조. "시민들은 제물을 바치는 의식들과 함께 서로 우호적으로 대하며 친근해지기도 하고 또한 서로 알게도 된다."

제를 가리키는 용어로 사용되기도 하였다. 그것은 신성하거나 세속적인 어떤 형태의 모임이나 회합에도 사용될 수 있다. 그러나 '모임'이나 집회를 의미하는 파네귀리스(panegyris)도 축제에 대해 사용되었다. 그것은 모든 사람들이 광장인 아고라(agora)에 모이는 것과 국가적으로 신들을 기리는 대대적인 행사를 말하며 올림픽경기와 같은 축제에 사용되었다.[3] 그러나 가장 일반적으로 사용되던 표현은 헤오르테(heorte)였다. 그것은 좋은 음식들과 좋은 친구들 및 좋은 여흥들과 관련된 용어로 '즐거움'을 의미한다.[4] 헤오르테는 신을 숭배하는 방식으로 일상생활의 반복적이고 상투적인 측면들을 중단시키는 즐거움을 제공하였다. 우리는 특히 '헤오르테'라는 용어로부터 축제가 가진 중요한 특징을 찾아볼 수 있다. 그것은 축제가 비일상적이며 '즐거움'을 목적으로 한다는 것이다. 그렇지만 그리스 종교제의의 본질적 목적에 비추어 본다면 여기서 즐거움은 일차적으로 인간들을 위한 것이 아니다. 인간이 신들에게 희생제의를 바치는 근본적인 이유는 '신을 즐겁게 하기 위한 것'이다. 희생제의 외에도 춤이나 찬가와 봉헌 등 이외의 다른 요소들도 동일한 목적을 가진다.

그렇다면 그리스인들이 신을 즐겁게 하려는 이유는 도대체 무엇일까? 『일리아스』에서 아폴론의 사제 크뤼세스(Chryses)는 아폴론에게 희생제의를 바치면서 다음과 같이 말한다.[5]

"크뤼세(Chryse)와 신성한 킬라를 지키고 테네도스를 강력하게 다스리는 은빛 활의 신이여, 제 기도를 들어주소서.

3 Cartledge, P., ibid., p.100.

4 Bremmer, J, *Greek Religion*, Oxford University Press, 1994, p.38.

5 Homeros, *Ilias*, 1.36-42.

오, 스민테우스여, 제가 언젠가 당신을 즐겁게 해 드린 신전을
지어 드렸거나 언젠가 황소와 염소의 두툼한 넓적다리 조각을
태워 드린 적이 있다면 제 소원을 이루어 주시어
당신의 화살로 다나오스인들이 제 눈물 값을 치르게 하소서"

트로이의 사제인 크뤼세스는 전쟁 중에 포로로 잡혀간 딸인 크뤼세이스(Chryseis)를 돌려받기 위해 엄청난 보상금을 가지고 아가멤논을 찾아간다.[6] 그러나 아가멤논(Agamemnon)은 절대 크뤼세이스를 돌려줄 수 없다고 하며 전쟁이 끝난 후에 자신의 궁전으로 데려가 마룻바닥을 닦게 할 것이라 하면서 크뤼세스를 모욕했다. 크뤼세스는 모욕을 당하고 돌아온 후에 아폴론에게 자신이 바친 희생제의를 기억해 준다면 자신에게 호의를 베풀어 자신의 원수인 그리스인들에게 복수해 달라고 기도한다.

신들의 호의

그리스인들이 평소에 신들에게 희생제의를 바친 것은 신들에게 일종의 '호의'를 구할 목적이었다. 그렇다면 도대체 인간들이 신들에게 호의를 구하려는 이유는 무엇일까? 우리는 그것에 대해 몇 가지 추론을 제시할 수 있다. 그리스인들은 신이란 인간이 도달할 수 없는 초자연적인 힘을 가진 존재로 인간의 삶에 강력한 영향력을 미친다고 생각하였다. 그렇기 때문에 언젠가 닥칠 미래의 시련과 역경을 위해 신들의 호의를 구하는 것은 매우 중요했다. 물론 단지 개인뿐만 아니라 국가의

6　여기에 등장하는 이름들이 서로 비슷해서 약간의 혼돈을 일으킬 수 있다. 크뤼세(Chryse)는 섬 이름이고, 크뤼세스(Chryses)는 크뤼세섬의 아폴론 사제 이름이고, 크뤼세이스(Chryseis)는 크뤼세스의 딸 이름이다.

공동체에 닥친 고통에서 벗어나기 위해서도 신들의 호의를 구할 수도
있다. 가뭄이나 역병 등이 닥쳤을 때 인간들이 신들에게 희생제의를 바
치는 경우가 대표적이다. 사제 크뤼세스를 모욕한 죄로 아폴론이 그리
스 동맹군에게 역병을 보냈을 때, 그리스 동맹군은 아폴론을 달래기 위
해 크뤼세이스를 돌려주는 것은 물론이고 아폴론에게 백 마리(heca-
ton)의 황소를 바치는 대규모의 헤카톰베(hecatombe)를 바친다. 그러
나 이것은 특정한 목적을 위해 바치는 희생제의이다. 일반적으로는 종
교제의와 관련된 다양한 인간들의 활동을 '축제'라 말할 수 있다. 그렇
다면 그리스 종교 축제의 주요 목적은 신들에게 호의를 구하기 위한 것
이며 신들을 즐겁게 하기 위해 만들어진 것이라고 할 수 있다.

2. 축제의 요소와 특징

축제와 경쟁의 원리

그리스인들은 종교 축제의 근본 목적이 신들을 즐겁게 하는 것이라
생각했다. 그렇다면 도대체 인간이 어떻게 신들을 즐겁게 할 수 있을
까? 실제로 이것이 어떻게 가능하다고 그리스인들은 생각했을까? 분명
히 그리스인들은 신들을 즐겁게 할 수 있고 신들에게 호의를 얻을 수
있다고 생각했다. 사실 그리스인들이 생각한 방법들 중 하나는 매우 인
간적인 방법이다. 그것은 일반적으로 타자에게 호의를 얻고 싶을 때 사
용하는 방법과 같이 신들에게 선물을 드리는 것이다. 이것은 바로 희생
제물을 바치는 것과 관련되었다. 희생제의는 희생 제물의 규모에 따라
매우 다양하게 이루어졌다. 그러나 인간의 정신이 발전하면서 희생 제
물로 신들의 호의를 얻을 수 있다고 생각하는 데에 한계를 발견했을 것

이다. 신들은 인간들과 달리 희생 제물들을 반드시 필요로 하지 않기 때문이다. 사실 그것들은 단지 인간들이 자신의 마음을 구체적으로 보여 주는 징표에 불과하다. 도대체 신들에게 아쉬울 것이 무엇이며, 부족한 것이 무엇이겠는가? 신들은 황소나 염소 및 양 등과 같은 음식을 필요로 하지 않으며, 찬란한 금은보화나 화려한 의상을 필요로 하지도 않는다. 사실 희생제의와 희생 제물은 신들의 요구나 필요에 의해서가 아니라 인간들의 필요에 의해 이루어진 것이다.

우리는 고대 그리스 종교 축제를 통해 신들을 즐겁게 하는 것이 무엇인지를 분석해 낼 수 있다. 먼저 그리스의 수많은 종교 축제의 주요 부분들을 관통하는 것이 무엇인지를 살펴볼 필요가 있다. 그리스 종교 축제의 가장 중요한 특징은 흥미롭게도 다양한 종류의 '경쟁'(agon)이라 할 수 있다. 그리스인들은 종교적 제의를 바친 후에 다양한 분야에서 경쟁을 한다. 대 판아테나이아 축제(the Greater Panathenaia)는 기원전 약 566/5년부터 4년마다 한번 열렸다. 이때 호메로스의 작품을 암송하고 노래를 하는 등의 활동을 하기도 하고, 횃불 경기, 마상 경기, 배 경기 등과 같은 신체 운동을 하면서 서로 경쟁을 하였다. 그리스 종교 축제를 이루는 주요 요소들은 '춤', '음악', '기도', '찬가', '행렬', '드라마', '만찬', '운동경기' 등이라 할 수 있다.

춤과 음악: 놀이, 훈련, 헌신

먼저 고대 그리스 종교 축제에서 춤이 없는 경우를 발견하기는 어렵다. 그리스인들은 춤꾼 집단과 춤을 위한 장소를 모두 코로스(choros)라 불렀다. 코로스는 때로는 소년들이나 소녀들 또는 여성들로 이루어졌고, 때로는 노인들로 이루어지기도 했다. 근본적으로 춤과 음악은 분리될 수 없을 정도로 밀접한 관계를 가지고 있었다. 아주 단순한 음악의 형태라 할 수 있는 노래에도 춤이 따라 나왔다. 종교 축제에 사용되던 악기의 종류도 신들의 특성에 따라 달라진 것으로 보인다. 주로 현재의 현악기와 타악기의 원시적인 형태인 악기들이 종교제의에 많이 사용된 것으로 보인다. 냉정하고 이성적인 인상을 주는 아폴론의 종교 축제에는 키타라(kithara)나 리라(lyra) 등과 같은 현악기가 주로 사용되었다. 현악기는 선들 간의 수학적 비율에 의해 조화로운 소리를 낸다. 아폴론은 춤과 노래, 영웅서사시 등 학문과 예술의 다양한 영역을 관장하는 9명의 무사들을 이끄는 무사게테스(Mousagetes)라 불렸다. 반면 비극의 신으로 신비적이고 비이성적인 인상을 주는 디오뉘소스의 종교 축제에는 피리(aulos)와 같은 취주악기 또는 탬버린이나 캐스터네츠와 같은 타악기들이 주로 사용되었다. 이것들은 궁극적으로 신과 합일되기 위해 무아지경 또는 탈아지경에 이르려고 하는 디오뉘소스 종교의 목적에 유용했다. 디오뉘소스 축제 행렬은 항상 떠들썩하고 시끌벅적해서 디오뉘소스에게 브로미오스(Bromios)라는 별칭이 붙여지기도 했다.[7]

  그리스 종교 축제에서 춤이 어떤 형식으로 이루어졌는지를 분명하게 보여 주는 자료들은 남아 있지 않다. 그렇지만 춤의 기원이 무엇인가는 추론해 볼 수 있을 것이다. 우선 춤은 인간의 '놀이'의 한 행위로 이해될 수 있다. 다음으로 사회적 '훈련'의 한 행위로 이해될 수 있다. 마지막으로 종교적 '헌신'의 행위로 이해될 수 있다.[8] 그리스 종교 축제에서는 이러한 춤의 세 가지 기원과 목적이 적절히 혼재되어 나타난다. 또한 춤은 교육과도 밀접한 관계가 있다. 브라우론(Brauron)에 있는 아르

7 Kerenyi, K., *The Gods of the Greeks*, Thames and Hudson, 1951, p.274.
8 Pedley, John, *Sanctuaries and The Sacred in the Ancient Greek World*, Cambridge University Press, 2005, p.83.

테미스(Artemis)의 성전은 어린 아테네의 소녀들을 교육하는 데 중요한 역할을 했다. 춤의 훈련은 분명히 사회 통합 교육의 일부였을 것이다.[9] 종교 축제에서 소녀들이 춤을 추는 것은 어린 아이에서 소녀로 되는 통과의례의 중요 부분이라 할 수 있다. 춤은 신체를 움직여서 영혼에 변화를 일으키는 효과적인 도구나 장치라 할 수 있다. 특히 종교제의를 통해 춤은 우주와 합일되는 탈아지경에 이르게 만들기도 한다.

그러나 개별적인 종교 축제의 고유한 목적과 명칭을 통해 추론할 수 있는 부분이 있다. 디오뉘소스 종교는 신과 합일하려는 목표를 가지고 있었기 때문에 영혼을 뒤흔들어 버리는 타악기를 사용하는 음악을 지향하고 무아지경에 빠져 우주적인 춤을 추며 신의 경지에 도달하려 했다. 자연스럽게 디오뉘소스 종교 축제에는 춤이 중요한 요소들 중의 하나로 포함되었을 것이다. 그러나 디오뉘소스 종교와 전혀 다른 특성을 가지는 다른 신들의 종교 축제에도 춤은 제의적 형식으로 포함되었다는 자료들이 남아 있다. 아테네 신화에 따르면 테세우스(Theseus)는 크레테섬의 미노스왕의 미궁에서 미노타우로스를 죽이고 아테네로 돌아가는 도중에 아폴론신의 탄생지인 델로스(Delos)섬에 들려 아폴론에게 대대적인 희생제의를 바친다. 이것은 나중에 아테네의 중요한 축제의 기원이 되고 소크라테스의 사형이 연기되는 이유가 되기도 한다. 테세우스는 델로스섬에서 꾸불꾸불한 라뷔린토스(Labyrinthos)의 형태를 모방하여 선회 동작을 하는 두루미 춤을 추었던 것으로 나타난다.[10]

또한 판아테나이아(Panathenaia) 축제에서는 특별히 아테나 여신이 아버지 제우스의 머리에서 나오는 탄생 장면을 기념하는 전쟁 춤이 실

---

9 Pedley, John, ibid., p.84.
10 Plutarchos, Theseus, 9d; cf. Kerenyi, K., *The Heroes of the Greeks*, Thames and Hudson, 1959, p.234.

연되기도 하였다.[11] 나아가 제우스의 탄생 신화와 관련해서도 제의적 춤
의 기원을 찾아볼 수 있다. 레아가 크로노스의 눈을 피해 제우스를 크
레테섬으로 피신시킬 때 어린 제우스의 울음소리를 듣지 못하도록 여
러 명의 소년들을 모아서 청동 방패와 창을 주고 큰 소리를 내면서 나
무 주위에서 춤추도록 시켰다고 한다. 그들은 쿠레테스(Kouretes) 또는
코뤼반테스(Korybantes)라고 불렀다.[12] 이 밖에도 소년들의 통과의례를
주관하던 아폴론 축제나 소녀들의 통과의례를 주관하던 아르테미스 축
제에서 소년들이 아폴론을 위해서 춤을 추고 소녀들이 아르테미스를
위해서 춤을 추던 풍습은 일반적으로 알려져 있다.[13] 그리스 종교에 나
타나는 다양한 신들의 제의는 춤과 음악이라는 요소를 제외하고는 설
명하기가 어렵다고 할 수 있을 것이다. 사실 이와 같은 춤과 음악은 대
부분의 종교 축제에 일반적으로 도입되는 요소들이라 할 수 있다.

찬가와 행렬: 신의 영예

그리스 축제 동안 사람들은 희생제의와 함께 '찬가' (Hymn)를 부르
기도 한다. 기본적인 구조는 신을 불러내고, 신성한 행위들을 헤아림을
통해 신을 영예롭게 하고 신의 호의를 구하는 기도를 한다.[14] 신들에 대
한 찬가도 축제의 다른 요소들과 같이 신들을 즐겁게 해 드린다는 공통
목적을 가지고 있다. 많은 종교 축제의 행렬들은 여정에 포함되어 있는
신성한 장소들에서 찬가를 부르기 위해 멈춰 섰다가 다시 출발하곤 했

---

11 Burkert, W., *Greek Religion*, Basil Blackwell, 1985, p.102.

12 Kerenyi, K., *The Gods of the Greeks*, p.94.

13 cf. *Ilias*, 16,183 : *Odysseia*, 6,150.

14 Bremmer, J.M., "Greek Hymns", ed, Versnel, H.S in *Faith, Hope, and Worship*, Leiden, 1981.

다. 밀레토스(Miletos)의 아폴론 신전에서 디뒤마(Didyma)의 아폴론 신전까지 20km가 넘는 길, 즉 '신성한 길'(Sacred Way)을 따라 순례하며 도중에 여섯 개의 사당에 각각 멈추어 아폴론 델피니오스(Apollon Delphinios)의 영예를 기리기 위해 여섯 번 찬가를 부른다.[15] 이러한 제의적 찬가들을 돌에 새겨 두기도 하여 오늘날까지 남아 있다. 특히 종교적 행렬이 끝나고 희생제의를 하기 전에 젊은 처녀들이 제단을 둘러싸고 춤을 추고 노래를 했다. 고대 그리스인들은 종교적 행렬을 통해 신을 찬미하는 찬가와 춤과 노래 등을 보여 주며 신에 대한 인간의 존경을 보여 주는 역할을 했던 것으로 보인다.

그리스 축제들에서 종교적으로 신성한 장소들을 행렬을 지어 걸어가는 모습은 일종의 순례와 비슷해 보이기도 한다. 희생제의와 관련된 행렬은 희생 제물의 가치를 보여 주고 희생제의를 드리는 자의 경건함을 드러내기 위한 것이며, 결혼 행렬은 결혼의 공식적인 본성을 널리 알리기 위한 것이다. 나아가 신상을 들고 가는 행렬은 자주 볼 수 있는 축제의 모습이었으며, 때로는 기존의 질서를 강조하려는 목적도 포함되어 있다.[16] 가령 기원전 403년에 아테네의 민주제의 회복을 위해 피레우스에서 아크로폴리스까지 행렬을 지어 갔던 기록도 있다. 아테네의 판아테나이아 축제에서는 아고라를 지나 아크로폴리스 위에 있는 아테나 여신의 신전까지 가파른 언덕을 올라가는 행렬이 10m 폭으로 1,000m 정도의 거리를 행진했다.

파르테논 신전의 프리즈(frieze)에 새겨진 행렬은 아주 특별한 종교 제의의 특징을 보여 주고 있다. 남쪽과 북쪽 및 서쪽 프리즈에는 최전

---

15 Price, Simon, *Religions of The Ancient Greeks*, Cambridge University Press, 1999, p.37.

16 Bremmer, J, *Greek Religion*, Oxford University Press, 1994, p.40.

방에 기마병과 전차가 서있고, 연장자들과 희생 제물 등이 따르고 있다. 동쪽 프리즈에는 두 개의 행렬을 만들어 소녀들이 아테나 여신의 옷을 들고 간다. 아테네 여인들은 아테나 폴리아스(Athena Polias)의 신상에 새 옷을 갈아입히기 위해 옷을 짰다.[17] 판아테나이아 축제 때에는 아테네의 수호여신 아테나에게 바치기 위한 두벌의 옷들이 준비된다.[18] 새로운 옷들은 판아테나이아 축제가 시작되기 9개월 전부터 짜기 시작한다. 수공업자라 할 수 있는 에르가스티나이(Ergastinai)라는 여자 아이들, 결혼할 만한 소녀들, 결혼한 여인들, 아테나 여신의 여사제들이 옷을 짜는 데 참여한다. 상징적으로 모든 아테나의 여성들이 아테나 여신의 옷(peplos)을 짜는 데 동참하는 것이었다.

　아테네인들이 도시의 수호신인 아테나 여신에게 새로운 옷을 봉헌물로 바치는 것은 아테네 시민과 아테나 여신의 상호적 관계를 보여 주며, 아테나 여신에게 선물을 드리며 호의, 즉 도시의 수호와 번영을 기원하는 것과 관련되어 있다.[19] 특히 매년 옷을 새로 짜서 입히는 것은 두 가지로 생각해 볼 수 있다. 한편으로는 도시를 수호하는 여신의 힘을 매년 '새롭게' 만드는 것과 관련이 되어 있으며, 다른 편으로 도시의 수호여신과 도시의 시민들과의 관계를 '새롭게' 만드는 것과 관련이 되어 있다. 판아테나이아 축제 때에 그리스인들은 아테나 여신에게 바칠 선물로 아테네 도시를 수호해 주길 기원하며 자신들이 정성껏 지어 올

17　Price, Simon, *Religions of The Ancient Greeks*, Cambridge University Press, 1999, p.33.

18　아테나 신상을 위해 짜이는 페플로스가 몇 벌인가에 대해서는 학자들 간에 논란이 있지만 맨스필드(Mansfield)와 수비누-인우드(Christiane Sourvinou-Inwood)의 입장을 따른다. cf. Christiane Sourvinou-Inwood, *Athenian Myths and Festivals*, ed. Robert Parker, Oxford University Press, 2011, p.261.

19　Christiane Sourvinou-Inwood, ibid., p.268-269.

린 옷을 들고 행렬을 지어 걸어갔다.

시와 드라마: 비극경연대회

그리스 종교 축제에서 '말'에 의한 서사시나 드라마 등의 역할도 간과할 수 없다. 그리스인들은 서사시나 서정시를 암송하거나 비극을 공연하는 방식을 통해 또 다른 종류의 경쟁을 했다. 기원전 5세기에 가장 유명했던 핀다로스(Pindaros)와 박퀼리데스(Bacchylides) 등과 같은 작가들은 특별히 축제나 운동경기의 승리를 기념하고 축하하는 시들을 썼다. 특히 핀다로스가 아르고스에서 벌어지는 헤라 축제에서 레슬링 시합에서의 승리에 대해 쓴 시는 유명했다.[20] 그리스 드라마들은 신들의 영예를 노래하는 찬가들과는 달리 반드시 '제의적'이지는 않았다. 그리스 드라마들 중에는 도시국가의 기원을 설명하는 신화(aetiological myths)도 포함되어 있다. 아이스퀼로스의『오레스테이아』삼부작은 아레오파고스(Areopagos)의 아테네 법정을 기초로 하고 에리뉘에스(Eninyes) 또는 에우메니데스(Eumenides)를 위해 아레오파고스언덕에 사당을 설립한 아테나 폴리아스(Athena Polias)와 밀접한 관계가 있다. 에우리피데스의『타우리케의 이피게네이아』마지막 부분에서 아테나 여신은 할라이(Halae)와 브라우론(Brauron)의 아르테미스의 아티카 제의들의 설립을 지시한다.[21] 비극 작품들에 나타나는 신들은 일차적으로 호메로스나 헤시오도스의 신들의 특징을 보이며, 부차적으로 지역 제의의 특징을 보인다.[22]

---

20 Pindaros, *Nemean Odes*, 10.
21 Euripides, *Iphigeneia he en Taurois*, 1446ff.
22 Price, Simon, *Religions of The Ancient Greeks*, Cambridge University Press, 1999, p.44.

그리스의 드라마와 관련된 대표적인 축제는 디오뉘소스 축제라고 할 수 있다. 아테네에는 디오뉘소스 축제로 대-디오뉘시아 축제와 레나이아(Lenaia) 축제가 있었다. 대-디오뉘시아는 아테네 도시인들을 대상으로 하는 축제로 3월경에 벌어지고, 레나이아 축제는 레나이온 달인 1월경에 벌어지는 각종 작품 경연대회라 할 수 있다. 아테나 폴리아스(Athena Polias)를 숭배하는 판아테나이아 축제 다음이긴 하지만, 디오뉘소스 축제는 그리스인들에게 매우 중요한 축제라 할 수 있다. 대 디오뉘시아 축제가 벌어지기 하루 전날에는 프로아곤(proagon)이 벌어지는데, 이때 상당수 작가들의 작품들이 선발된다. 프로아곤에서는 비극 경연대회에 참여하는 작가들이 머리에 관을 쓰고 비극에 출연할 배우들과 합창대와 함께 나와서 자신의 작품을 설명하는 예식이 있다.[23]

대 디오뉘시아(Dionysia ta Megala) 축제는 디오뉘소스 신이 보이오티아 엘레우테라이(Eleutherai)로부터 처음 도착한 것을 재현하기 위한 것이다. 그래서 아크로폴리스 측면에 있는 에스카라라는 신전에 있는 디오뉘소스 신상을 아테네 외곽에 있는 아카데메이아(Akademeia)로 잠시 옮겨가서 하루 정도 있다가 아테네 안으로 다시 모시고 들어온다.[24] 축제의 첫째 날은 아테네 시민들과 식민지의 대표들이 아크로폴

---

23 현대적으로는 영화나 드라마와 같은 작품에 대한 예고편 등을 사전에 만들어 사람들에게 작품에 관심을 갖도록 홍보하는 것과 비슷하다. 사실 종교제의였지만 상당히 많은 작품들이 공연되었기 때문에 당시 작품들을 보기 위해 다른 도시에서 사람들이 많이 몰려왔다. 오늘날 방식으로 말한다면 비극경연대회는 영화제와 비슷하고, 프로아곤은 일종의 전야제와 비슷하다. 하지만 프로아곤의 형식과 진행 방식이 다르다고 생각하면 된다.

24 대 디오뉘시아 축제에 대한 자세한 설명은 다음 논문을 참조하시오. 최혜영, "대 디오니시아에서 비극이 상연된 배경과 의미", 『서양고전학연구』 39권, 2010, 10쪽.

리스의 남쪽 경사면에 있는 디오뉘소스 극장까지 디오뉘소스 엘레우테리오스(Dionysos Eleutherios)의 목상을 들고 행렬(pompe)을 지어 가는 것으로 시작한다.[25] 디오뉘소스 극장 옆에 디오뉘소스 엘레우테리오스 신전에 도착하면 황소와 다른 동물들을 희생 제물로 바치고 연회(komos)를 벌인다.

그 다음 날 디오뉘소스 극장에서 본격적인 공연이 시작된다. 비극을 포함한 모든 작품들은 일반적으로 나흘 동안 공연되었던 것을 알려진다. 먼저 작품이 공연되기 전에 행사로 디오뉘소스 엘레우테리오스신에게 제물과 제주를 올리고 시작하였다. 사실 종교적으로 대 디오뉘시아 축제는 디오뉘소스 엘레우테리오스신이 아테네에 오신 것을 환영하고 즐겁게 해 드릴 목적으로 개최된 것이다.

당대 그리스인들은 비극작품들을 보는 것만으로도 일종의 시민교육이 되었을 것이다. 가령 아이스퀼로스의 『자비로운 여신들』(Eumenides)에서 아폴론과 '복수의 여신' 에리뉘에스(Erinyes)의 논쟁은 당시 사회적 가치의 문제에 대한 정교한 논변을 구사하고 있기 때문에 수사학이나 대화법 또는 논쟁술을 훈련시킬 수 있었을 것이다. 그렇지만 이러한 공연을 그리스인들은 조용하고 진지하게 지켜본 것은 아니고 때로는 시끄럽게 박수도 치며 음식도 먹고 던지면서 자유롭고 편안하게 보았다.[26]

---

25 엘레우테리오스(Eleutherios)는 그리스어로 '해방자'를 의미한다. 지방의 디오뉘시아 축제에서는 남근상을 들고 가고 물과 포도주가 든 바구니를 가져가는 경우가 많았다.

26 Paul Cartledge, "The Greek religious festivals", ed., Easterling & Muir, in *Greek Religion and Society*, Cambridge University Press, 1985, p.127.

3. 종교제의와 운동경기

그리스 종교제의가 갖는 가장 독특한 특징이라 한다면 제의가 끝난 후
운동경기를 한다는 사실이다. 그리스의 축제는 일단 그리스 전체 차원
에서 열리거나, 또는 그리스 각 지역별로 열린다. 그리스 전체의 축제
들(Panhellenic festivals)로는 올림피아(Olympia) 경기, 퓌티아(Pythia)
경기, 이스트미아(Isthmia) 경기, 네메아(Nemea) 경기 등이 있다. 올림
피아 경기와 퓌티아 경기는 4년마다 한 번씩 열렸고, 이스트미아 경기
와 네메아 경기는 2년마다 한 번씩 열렸다.[27] 이때에는 그리스 전 지역
에 몰려온 경쟁자들이 전차 경기, 경마, 체육 등을 했다. 그리스의 종교
축제에 가장 중요한 부분을 차지하는 것이 바로 운동경기라 할 수 있
다. 그리스인들은 대부분 신들에 대한 종교제의를 치른 후에 운동경기
를 했다. 따라서 다양한 형태의 주요 종교제의에 운동경기가 포함되는
것은 낯선 것이 아니다. 특히 죽은 자들에 대한 장례 의식을 치룰 때도
신에게 희생제의를 바치기 때문에 장례경기가 치러졌다. 사람은 늘 태
어나고 늘 죽기 때문에 장례경기는 자주 치러졌을 것이 분명하다. 더욱
이 그리스에는 사시사철 종교적 희생제의가 끊이지 않았으니 운동경기
는 아마 일상화되었을 것이다.

   그리스 종교 축제의 요소들 중에 무엇보다 독특하고 특이한 요소는
바로 운동경기라 할 것이다. 고대 그리스의 운동경기는 영웅들에 대한
장례 의식에서 기원했다고 한다. 『일리아스』에서 아킬레우스는 트로이
전쟁 중에 자신을 대신해서 무장하고 출격했던 파트로클로스가 죽자

27 Price, Simon, *Religions of The Ancient Greeks*, Cambridge University Press,
1999, p.26.

성대한 장례 의식을 연다.[28] 그리스에는 수많은 종교적 축제가 있었다.
그것이 때로는 신들을 기리기 위한 제의로부터 시작했을 수 있으며, 때
로는 죽은 자들을 기리기 위한 제의로 시작했을 수도 있다. 분명한 것
은 어느 쪽이든 종교제의들에 반드시 운동경기가 포함되어 있다는 사
실이다. 그리스에서는 초월적이고 형이상학적인 신들에 대한 희생제의
를 바친 후에는 반드시 운동경기가 벌어졌다. 이것은 단지 신들의 희생
제의만이 아니라 죽은 자의 장례 의식에서도 동일했다.

무엇보다 올림픽경기와 같은 파네귀리스(panegyris)는 '경쟁'을 의
미하는 아곤(agon)의 일환이라 할 수 있다. 그리스인들은 단지 운동경
기뿐만 아니라 신체적 아름다움, 손기술, 노래와 춤, 비극 등 다양한 분
야에서 경쟁을 했다. 레스보스(Lesbos)섬에는 매년 소녀들이 아름다움
을 두고 경쟁하는 경기를 제우스, 헤라, 디오뉘소스의 성역에서 했다.
델포이의 퓌티아 경기에서는 플롯 연주자들 및 가수와 함께하는 키타
라 연주자들이 서로 경쟁을 한다. 아테네의 디오뉘시아(Dionysia) 축제
에서는 디튀람보스(Dithyrambos)와 비극과 희극이 경쟁을 하였고, 판
아테나이아(Panathenaia) 축제에서는 호메로스의 작품을 암송하는 경
쟁을 했다.[29] 따라서 신체 능력을 탁월하게 발휘하는 운동경기 이외에
도 정신 능력을 탁월하게 발휘하는 음악경연대회나 비극경연대회도 있
어 전체적으로 탁월한 인간의 역량을 함양시킬 수 있었다.

올림피아 경기: 고대 올림피아
앞에서 말한 것처럼 고대 그리스에는 그리스인들 전체가 참여할 수

---

28   Homeros, *Ilias*, 23. 111-256.
29   Burkert, W., *Greek Religion*, Basil Blackwell, 1985, p.106.

있는 범그리스(Panhellenic) 축제로 올림피아 경기(the Olympia), 퓌티아 경기(Phytia), 이스트미아 경기(the Isthmia), 네메아 경기(the Nemea)가 있었다. 이것은 신들에 대한 제의로부터 기원했다는 주장도 있고, 장례경기와 연계되어 기원했다는 주장도 있다. 때로는 신화에 따르면 지역 영웅들과 관련하여 올림피아에는 펠롭스(Pelops) 또는 오이노마오스(Oinomaos)를 기념하고, 네메아에서는 아르케모로스(Archemoros)를 기념하며, 이스트모스에서는 팔라이몬(Palaimon)을 기념하고, 델포이에서는 용 퓌톤(Phyton)을 기념하여 열린 장례경기와 연관된다. 그러나 그것이 순수하게 신들에 대한 제의이든 또는 죽은 자들에 대한 제의이든 간에 종교적인 요소를 모두 갖추고 있다.[30]

올림피아(Olympia)의 경기는 제우스를 기리며 4년마다 열렸는데 그리스에서는 가장 큰 축제가 되었다. 그것은 고대올림피아에서 열렸으며 올림포스 신 제우스를 기렸는데 처음부터 종교적 제의에 부차적으로 시행되었는지는 불분명하다. 올림피아에 있는 가장 오래된 신전은 헤라 신전이며, 페르시아전쟁 말에서 기원전 458년 사이에 제우스의 거대한 신전이 세워진 것으로 추정된다. 올림픽 경기의 창시자는 때로는 뮈케네의 펠롭스(Pelops)라고도 하고, 때로는 헤라클레스(Heracles)라고도 한다. 여기서 중요한 것은 모두 제우스신을 숭배하기 위한 제의라는 것이다. 우선 펠롭스는 그리스의 주요 반도인 펠로폰네소스반도의 기원이 된 인물로 탄탈로스의 아들이었다. 펠롭스는 피사의 오이노마오스(Oinomaos)왕의 딸 히포다메이아(Hippodameia)에게 구혼하기 위해 위험한 전차 경기를 감행했다. 오이노마오스는 이전에 자기 딸에

---

30 범그리스적 축제들(Panhellenic Festivals)을 모두 살펴보는 것을 어렵고, 가장 잘 알려진 올림피아 경기에 대해 중점적으로 살펴보도록 하자.

게 구혼했던 12명의 구혼자들이 전차 경기에서 패배하자 모두 살해해 버렸다. 펠롭스는 포세이돈에게 도움을 청했고 히포다메이아의 도움도 받았다. 펠롭스와 사랑에 빠졌던 히포다메이아는 헤르메스의 아들 뮈르틸로스(Myrtilos)에게 도움을 구했다. 뮈르틸로스는 오이노마오스의 전차 바퀴를 쐐기가 아닌 밀랍으로 고정시켜 결국 오이노마오스의 전차가 부서지게 하여 펠롭스의 승리로 이끌었다. 결국 펠롭스는 히포다메이아와 결혼하고 피사와 올림피아 및 뮈케네를 지배하는 강력한 왕이 된다.[31] 이 경기를 기념하여 만든 것이 고대올림픽 경기의 기원이라는 것이다.

다음으로 고대올림피아의 경기는 닥튈로스(Daktylos) 헤라클레스가 자신의 형제들과 제우스를 기념하기 위해 올림피아에서 경기를 하고 승리자로서 올리브 관을 받았다는 이야기에서 기원된다.[32] 또는 제우스의 아들 헤라클레스가 자신의 아버지 제우스를 기념하기 위해 올림피아 경기를 다시 세웠다고 한다.[33] 올림피아의 승리자는 헤라클레스가 휘페르보레아스(Hyperboreas)인들의 땅에서 가져왔던 올리브 가지로 만든 화관을 받았다고 한다.[34] 고대올림픽 경기는 공식적으로 기원전 776년으로 거슬러 올라간다. 그것은 약 30일 동안 진행되었는데 경기자들에게는 성적 금욕과 채식 위주의 식단 조절을 요구하였다.[35] 올림픽 경기는 군대식 훈련과 비슷하다. 사실 그것의 의미들 중 하나로 아곤(agon)은 '전쟁'을 의미할 수 있기 때문에 놀라운 일은 아니다. 고대올

---

31 Karl Kerenyi, *The Heroes of The Greeks*, Thames and Hudson, 1959, pp.62-66.
32 Pausanias, *Description of Greece*, 5.7.7.
33 Pindaros, *Olympian Odes*, 2. 3
34 Pindaros, *Olympian Odes*, 8. 3. 11
35 Burkert, W., *Greek Religion*, p.106.

림픽 경기에서는 주로 권투, 달리기, 레슬링, 전차 경기 등이 벌어졌다. 그러나 올림피아의 운동경기가 종교제의에서 시작된 축제의 일부라는 사실을 잊어서는 안 된다.

퓌티아 축제: 델포이

두 번째는 델포이의 퓌티아(Pythia) 축제이다. 퓌티아 축제의 기원에 대해서는 정확히 알려지지 않았으나 기원전 582년에 조직되었다고 추정한다.[36] 학문과 예술의 신 아폴론에게 적합한 시가경연이 열렸는데 아폴론과 왕뱀 퓌톤(Python) 간의 갈등을 기념하는 찬가가 주요 행사였다. 원래 델포이는 법의 여신 테미스가 신탁을 내리던 곳이었다. 그런데 아폴론이 델포이로 들어오게 되자 왕뱀 퓌톤은 저항하다가 살해당했다.[37] 아폴론은 델포이를 차지하고 퓌톤을 땅에 묻고는 옴팔로스(Om-phalos)를 박았다. 이를 기념하여 퓌티아 경기라고 불린 것으로 보인다. 델포이는 평지가 아니라 산들로 이루어진 곳이다. 그래서 산 중턱에 아폴론 신전이 세워져 있으며 여기서 산 위로 100m쯤 더 올라간 곳에 경기장이 만들어져 있다. 그래서 전차 경기나 경마는 하기 어려웠다.

이스티미아 경기: 코린토스

세 번째는 이스트미아(Isthmia) 축제이다. 이스트미아는 포세이돈을 기리며 코린토스(Corinthos)의 이스트모스에 있는 낮은 고원에서 거행되었다. 처음에는 지역 축제였다가 기원전 581년경에 범-그리스 축제의 지위를 얻게 되었다.[38] 이스트미아 경기는 가장 대중적인 축제로 추

---

36 Ferguson, John, *Among The Gods*, Routledge, 1989, p.58.

37 Apollodoros, *Bibliotheke*, 1.4.1

38 Ferguson, John, *Among The Gods*, Routledge, 1989, p.59.

정되는데 코린토스 지역이 가진 접근성 때문일 것이다. 포세이돈(Poseidon)에게 희생제의를 바친 후에 전차 경기와 레슬링과 복싱과 같은 팡크라티온(pankration) 경기가 열린 것으로 보인다. 그것은 이노(Ino)가 그녀의 아들 멜리케르테스(Melikertes)를 안고 해안가에서 바다로 뛰어들은 이야기에서 유래되었다고 한다. 돌고래가 멜리케르테스의 몸을 코린토스의 남쪽 이스트모스 해안으로 데려왔다. 그런데 코린토스 사람들에게 멜리케르테스를 기리며 적절한 장례 의식과 경기를 열면 기아가 그칠 것이라는 신탁이 내렸다. 나아가 기아가 재발하는 것을 막기 위해서는 경기를 영구적으로 개최해야 한다는 신탁도 내렸다. 그래서 멜리케르테스에게 새로운 이름 팔라이몬(Palaimon)을 붙이고 바다의 신으로 축성하고 기념하였다. 나중에 코린토스의 왕 시쉬포스에 의해 이스트미아 축제로 확립되었고, 아테네의 왕 테세우스에 의해 그리스 전역으로 확대되었다.

네메아 경기: 아르고스

네 번째는 네메아(Nemea) 경기이다. 그것은 기원전 573년 범-그리스 경기로 열렸다. 그러나 처음에는 대도시 인근에서 하지 않고 클레오나이(Cleonae)라고 하는 작은 마을에서 하다가 기원전 460년 아르고스(Argos)에서 넘겨받았다. 그것은 당연히 영웅 헤라클레스(Herakles) 신화와 연관되었을 것이다. 헤라클레스의 네메아 사자는 아주 유명하기 때문이다. 헤라클레스는 네메아의 사자를 죽인 것을 기념하여 경기를 확립했다.[39] 네메아 경기에서도 전차 경기, 레슬링, 팡크라티아, 5종 경

---

[39] 다른 기원으로는 아르고스(Argos)의 아드라스토스(Adrastos)가 토대를 세웠다고 전해지기도 한다.

기(pentathlon) 등이 이루어졌다. 네메아 경기의 승리자에게 돌아가는 상은 야생 샐러리 왕관이다. 그리스 전역에서 참여했던 네 개의 범-그리스 경기들 중에 올림피아 경기는 가장 먼저 시작되어 기념비적이고, 퓌티아 경기는 신탁소 때문에 유명해졌으며, 이스티미아와 네메아 경기는 코린토스와 아르고스의 후원을 받아 발전했다.

사실 고대 그리스에서 4대 경기와 비교해 규모나 형태가 비슷하긴 하지만 범-그리스 축제가 아니라는 점에서 제외된 축제들 중 주요 축제들은 판아테나이아(Panathenaia) 축제와 엘레우시스(Eleusis) 축제 및 안테스테리아(Anthesteria) 축제 등이라 할 수 있다. 이것들은 단지 그리스 전역에서 벌어지지 않았을 뿐이지, 실제로 그리스인들에게 상당한 영향을 미쳤던 축제들이었으며, 그리스가 멸망한 후에도 존속되었던 대규모 축제도 있다. 그러나 특별히 그리스의 4대 경기에 주목한 이유는 바로 현대 축제에서도 중요한 요소라 할 수 있는 운동경기, 즉 신체 훈련과 관련된 대표적인 축제였기 때문이다.

4. 축제와 탁월성의 훈련

인간들의 경쟁과 탁월성의 발휘

인간은 이 세계 속에서 최초로 자신의 한계상황을 깨닫게 되면서 초월적인 힘이나 존재를 독립적인 인격체로 상정하면서 희생제의를 시작했던 것으로 보인다. 더욱이 인간은 희생제의를 중심으로 다양한 문화를 발전시키게 되며 일종의 종교적인 축제가 형성되었다. 특히 그리스인들은 다른 문화들과 달리 희생제의로부터 아주 독특한 종교적 축제를 발전시켰다. 그렇지만 이것은 오늘날 현대인들이 축제라고 부를 때 말하는 중요한 요소들의 원형적 특징들을 포함하고 있다. 그리스 종교 축제에는 가장 중요한 희생제의로부터 비롯되는 만찬과 관련된 음식 문화뿐만 아니라 춤, 노래, 행렬, 드라마, 운동 등의 경연이나 경기 등의 요소를 모두 가지고 있다.

그렇다면 그리스인들은 어째서 희생제의로부터 비롯된 종교 축제 안에 이와 같이 다양한 요소들을 포함시켰을까? 그것은 궁극적으로 축제의 목적과 밀접하게 연관되며, 그것을 이해하고 해석하는 방식에서 독창성이 드러난다. 그리스인들이 축제의 요소들을 통해 보여 주는 정신이 바로 '경쟁'(agon)이기 때문이다. 니체는 그리스 문화를 주도하는 강력한 특징들 중 하나가 경쟁이라고 하였다.[40] 종교 축제에서 서로 경쟁을 하는 이유는 무엇이겠는가? 그것은 인간이 가진 능력을 가장 탁월하게 드러내기 위한 것이다. 그래서 그리스인들은 종교제의에서 춤이나 시가 및 드라마 등의 경연대회를 열고, 전차 경기, 레슬링, 달리기, 권투 등의 각종 운동경기를 열었던 것이다. 고대 그리스의 종교 축제에 참여하는 인간들은 서로 경연이나 경기를 벌이면서 각자 자신의 능력을 탁월하게 발휘하는 것이 신들을 즐겁게 하는 일이라 믿었기 때문이라 할 수 있다. 그렇지만 우리는 다음과 같은 사실도 분명히 인식할 필요가 있다. 그리스 종교 축제에서 탁월성의 발휘는 처음에는 종교적인 궁극적 목적으로 신을 즐겁게 하려는 것이었지만, 점차 현실적인 실질적 목표로 성공이나 명예 등을 획득하는 것이 되었을 것이다. 호메로스 시대에 탁월성(arete)은 아직 윤리적 의미보다는 품위와 능력 및 성공

---

40 cf. Nietzsche, F., *Gesammelte Werke* II, 1920, p.369-79; 382-6; Burkert, W., *Greek Religion*, Basil Blackwell, 1985, p.123.

등을 의미했다. 특히 경쟁을 통해 탁월성을 추구하는 경쟁에서 가장 중
요한 대가는 명성과 명예(*time*)였다.[41]

그리스 종교 축제에서 신들 앞에 인간들이 자신들의 탁월성을 보여
주는 것은 신들에게 깊은 존경을 보여 주는 것이기도 하다. 그리스 종
교에서 그리스인들이 신들에게 자신들의 탁월성을 보여 주는 영역을
분류해 보면, 그리스철학에서 플라톤이 영혼을 위한 교육과 신체를 위
한 교육으로 구분한 방식과 유사하다고 할 수 있다. 플라톤은 영혼을
위한 교육으로 시가교육 또는 문예교육을, 신체를 위한 교육으로 체육
교육을 제시하지만, 근본적으로 영혼을 위한 교육이 더 중요하다고 말
한다.[42] 그러나 그리스 서사시 전통으로부터 플라톤 당대에 이르기까지
도 여전히 신체 훈련을 위한 운동은 일반적으로 그리스인들이 즐겨하
던 것이었다. 특히 그리스의 종교 축제에서 운동경기는 인간의 탁월한
능력을 발휘하여 신에 대해 경외심을 보여 주는 중요한 표현 양식이었
다. 운동경기는 신을 위해 인간이 자신의 탁월성을 겨루는 경쟁을 포함
하고 있다.[43] 그래서 고대 그리스에서는 종교제의가 있는 경우에 운동
경기가 함께 열리는 것을 볼 수 있다.

인간의 영혼과 신체의 조화와 균형

사실 현대적 관점에서 신에 대한 희생제의를 바치면서 운동경기를
한다는 것은 특히 이해하기 어려운 부분이라 할 수 있다. 그렇지만 고

---

41 Snell, Bruno, *Die Entdeckung des Geistes*, 『정신의 발견』, 김재홍 옮김, 까치,
1994, 258쪽 참조.

42 Platon, *Politeia*, 403d.

43 Cartledge, P., "The Greek religious festivals", in *Greek Religion and Society*,
Cambridge University Press, 1985, p.101.

대 그리스에서 운동경기는 종교 축제의 다른 요소들보다도 일찍부터 발견된다. 『일리아스』에서 파트로클로스의 장례제의를 한 후에 아킬레우스는 장례경기를 개최한다.[44] 그렇지만 이런 이유로 그리스에서 벌어진 종교 축제들이 운동경기를 반드시 포함했거나, 또는 운동경기가 종교 축제의 가장 오래된 문화라고 단언하는 것은 아니다. 종교 축제의 구체적인 목적이나 기능에 따라 축제의 요소들이 각기 다르게 나타나며, 반드시 모든 요소들이 나타나는 것도 아니다. 하지만 고대 그리스의 전쟁 문화의 단면을 보여 주는 서사시 전통에서 운동경기가 종교제의의 중요한 부분으로 등장하는 것은 사실 아주 자연스러워 보인다.

더욱이 그리스의 종교제의에서 운동경기는 또 다른 측면에서 그리스 문화의 독특한 측면을 보여 준다고 평가할 수 있다. 종교제의는 인간이 초월적인 세계로 입문하는 것이다. 그것은 인간의 영혼이 신체로부터 분리되어 가장 고양된 상태에서만 가능하다. 그러나 이러한 초월적 존재에 대한 영혼의 몰입이나 전념으로 인해 생길 수 있는 신체와의 부조화가 일어날 수 있다. 그리스인들은 인간을 영혼과 신체의 결합으로 이루어진 존재로 생각했다. 인간이 살아 있는 한 영혼과 신체는 하나로 결합되어 존재할 수밖에 없고 상호 영향을 미칠 수밖에 없다. 그렇다면 종교제의 이후에 치르는 운동경기는 영혼과 신체의 균형을 맞추는 매우 훌륭한 치유 장치라고 할 수 있다.

종교제의는 다양한 방식으로 이루어진다. 그것은 인간의 일상적 삶 속에서 중요한 계기가 되는 순간, 즉 인간이라면 누구나 겪는 변화의 중대한 단계인 탄생과 성장, 그리고 죽음의 순간에 대해 비일상적인 제의의 형식을 부여한다. 또한 인간 스스로 해결하기 어려운 상황이나 인

---

44 Homeros, *Ilias*, 23.257.

간에게 아주 위급한 상황, 가령 가뭄이나 홍수가 일어나거나 역병이 돌게 되는 상황이나 전쟁이 일어난 상황에도 종교제의가 치러졌다. 특히 이와 같은 일상적이면서 비일상적인 순간들, 또는 세속적이면서도 성스러운 순간들에 일어나는 종교제의는 인간의 영혼을 극도로 쇠진하게 만들 수 있다. 그리스인들은 장례 의식을 치른 후에도 운동경기를 한다. 그리하여 장례제의를 통해 죽은 자에 대한 슬픔과 고통으로 쇠약해진 영혼을 운동경기를 통해 신체를 단련시키는 방식으로 조화를 이루게 할 수 있다.

인간의 행복과 축제

그리스 종교 축제가 신들을 즐겁게 하기 위한 인간의 능력을 탁월하게 발휘하는 것이라면 이것은 인간의 궁극적인 행복과 밀접한 연관이 있다. 아리스토텔레스는 행복을 '탁월성에 따르는 영혼의 활동'이라고 규정짓는다. 탁월성은 우리에게 본성적으로 생기는 것이 아니라 오랜 시간에 걸쳐 노력해야 획득할 수 있는 것이다.[45] 그리스인들은 종교 축제에서 벌어지는 각종 경연과 경기에서 자신의 가장 탁월한 능력을 발휘하기 위해 평소에도 훈련을 하였던 것으로 보인다. 그러나 이것은 어디까지나 신들을 즐겁게 해 드리는 한에서만 의미가 있다고 할 수 있다.

인간의 탁월성이 올바르게 구현되지 않으면 오히려 신들을 분노하게 만들 수 있다. 인간이 신들을 즐겁게 해 드리는 목적으로 자신의 탁월성을 발휘하는 것이 아니라면 인간은 스스로 자신의 한계를 넘어서는 '오만'(hybris)에 빠지게 된다. 인간의 탁월성을 발휘하기 위한 경쟁이

---

45 Aristotle, *Ethica Nichomacea*, 1102a. cf. 장영란, 『영혼의 역사』, 글항아리, 2010, 434쪽.

아니라 인간의 오만에서 유발된 경쟁은 인간을 파멸에 이르게 한다고
믿었다. 가령 아라크네와 같이 비록 탁월한 길쌈 솜씨를 가지고 있었지
만 신이 아니라 자신을 남들에게 드러내는 수단으로 생각하고 신에 대
한 경외심과 존경심을 가지지 않는 한 오히려 벌을 받게 되는 것이다.
이러한 점에서 그리스신화의 인간에 대한 대부분의 이야기는 '오
만'(hybris)에 대한 경고라 할 수 있다. 이것은 그리스인들의 격언 '너
무 지나치지 말라'와 밀접한 관계가 있으며, 철학적으로 아리스토텔레
스의 중용 이론으로 체계화되었다고 볼 수 있다.

그리스철학 이전에 인간의 탁월성과 관련된 주요 논의는 운동경기를
통해 나타난 신체의 탁월성이나 춤이나 노래 및 드라마 경연대회를 통
해 나타난 영혼의 탁월성 등에 주안점이 있었다. 그러나 그리스철학 이
후부터는 본격적으로 영혼과 신체의 탁월성을 훈련시키기 위한 훈련이
나 교육은 진리를 인식하기 위한 목적과 직접적인 연관을 가진다. 특히
아리스토텔레스는 영혼의 탁월성과 관련하여 영혼을 이성적인 부분과
비이성적인 부분으로 구분하고, 다시 각 부분에 따라 탁월성의 종류를
지성의 탁월성과 성품의 탁월성으로 구분하여 훈련하도록 제시한다.[46]
그리스 종교 축제에서 인간의 탁월성과 관련된 부분은 영혼과 신체 모
두에 해당되며, 그리스철학에서도 플라톤은『국가』에서 여전히 전통적
인 영혼의 교육과 신체의 교육에 대해 상당 부분 중시하고 있다. 그러
나 아리스토텔레스로 넘어가면 점차 영혼의 탁월성에 중점을 둔다는
점에서 차이가 있다. 사실 그리스 종교 축제의 다양한 요소는 이미 그
리스철학에서 중시되는 '탁월성'과 '중용' 등과 같은 윤리학적 개념들
의 기초를 형성하고 있다는 점에서 철학적으로도 중요한 의미가 있다.

46　Aristotle, *Ethica Nichomacea*, 1103a.

현대에는 종교 축제의 각 요소가 독자적인 주제가 되는 경우도 많다. 가령 음식축제, 댄스페스티벌, 가요대전, 팝페스티벌, 연등제, 세계 영화제, 올림픽경기, 월드컵 등 수많은 축제들이 있다. 그러나 대규모의 종합 축제의 경우에는 고대로부터 시작된 축제의 주요 요소들을 포함하고 있다. 물론 그것이 종교적 제의와 관계없이 일어난다면 전혀 다른 방식의 대답도 가능할 것이다. 단순히 개인이 자신의 능력을 다른 사람들로부터 인정받고 싶어 하는 욕구 때문일 수도 있으며, 사회적인 명예나 이익을 얻을 수 있기 때문일 수도 있다. 그러나 종교적인 목적에서 출발했던 축제가 본래의 목적과 상관이 없어진다 할지라도, 여전히 인간들이 '경쟁'을 통해 '탁월성'을 드러내려는 목적과 기능을 가진다는 점은 축제의 중요한 원형적 특징이라 할 수 있다.

축제의 치유와 소통

II

1. 신과 인간의 만남과 소통

신들과의 만남과 소통

축제란 무엇일까? 인간은 축제를 무엇이라 생각했고 어떻게 생각했을까? 현대인들은 축제를 일상화하고 있다. 사실 현대 한국 사회가 축제에 점차 관심을 많이 갖는 이유는 자본주의 사회의 전형적인 특성과 연관되어 있다. 글로벌 시대에 한국 사회는 대내외적으로 국가 경쟁력이나 지역 경쟁력 등을 높이고 근본적으로 자본 유입을 통한 경제 활성화를 기대하면서 다양한 축제들을 양산해 왔다. 그러나 축제의 본질적 목적에 대한 이해도 없이 단순한 모방을 통해 고유한 특징이 없이 유사성만 난무하는 외양만 축제인 행사들도 우후죽순으로 생겨났다. 서구 축제의 기원과 관련하여 시사점을 보여 주는 그리스 축제를 검토해 보며 현대 축제와 종교 의례에 대해 재인식할 수 있는 계기를 마련해 볼 수 있다.

오늘날 축제라고 부르는 용어는 종교 '제의'에서 발전되어 나온 것이다. 종교제의와 축제에서 신과의 만남인 동시에 다른 인간들과의 만남이 이루어진다. 궁극적으로 축제는 종교제의로부터 출발하기 때문에 신과의 만남이 일차적이다. 인간이 신과 만나려는 이유는 신과 소통하기 위해서이다. 그렇지만 인간이 초월적인 신을 만날 수 있는 공식적인 방법은 종교제의를 통해서 가능하다. 종교제의는 신과 인간의 공식적인 만남의 장이 된다.

인간들과의 만남과 소통

다음으로 종교제의에서 신과 만나기 위해 모여든 인간들도 서로 만나게 되는 계기가 되고 소통하는 계기가 된다. 그래서 축제에서는 신들과 인간들 간의 '수직적' 소통과 인간들과 인간들 간의 '수평적' 소통이 이루어진다. 하나의 국가 안에 다양한 계층들이 존재하고 계층들 간의 갈등이 심화될 수 있다. 그러나 고대 그리스인들은 종교 축제를 통해 국가 공동체의 구성원들의 상호 유대감을 강화시킬 수 있었다. 나아가 다른 국가 공동체들 간의 상호 유대감도 증대시킬 수 있었다. 가령 그리스 전체 축제라 할 수 있는 올림피아, 퓌티아, 이스트미아, 네메아 경기 등은 그리스 전역에서 선수들이 와서 경기를 하기 때문에 개최되는 동안에는 전쟁을 방지하거나 유예시키는 역할을 했다고 볼 수 있다. 이 축제가 벌어지는 동안에는 전쟁이 중단되거나 재개되지 않도록 정해 놓았기 때문이다. 종교 축제는 인간들에게 서로 만나고 소통할 수 있는 장이 되었다. 그것은 인간의 고통에 위로를 주고 인간의 노동에 휴식을 준다. 모든 인간의 갈등과 전쟁을 종식시키고 소통을 통해 평화를 가져온다.

플라톤은 종교 축제가 법률적인 토대 위에서 어떻게 체계화될 수 있는가에 관심을 갖고 세부적으로 논하고 있다. 그러나 내가 여기서 '축제'에 대한 플라톤의 정의를 단초로 삼은 이유는 분명하다. 고전기 그리스철학에서 종교 축제의 역할에 대해 반성적으로 고찰한 플라톤을 통해 서사시 시대로부터 고전기 시대까지 축제에 내재해 왔던 이념과 궁극적으로 축제가 추구해야 할 목적에 대해 시사점을 주기 때문이다. 따라서 여기서 그리스 시대의 종교 축제를 분석하여 현대사회의 축제의 주요 효능이라 생각되는 몇 가지 특징들을 원형적으로 추출해 내어 본질적 의미를 찾아보고자 한다.

2. 축제와 고통의 해방

축제의 목적과 정의

그리스인들은 인간이 이 세계에서 종교제의를 지내게 된 이유를 다양한 관점에서 설명했다. 고대 그리스의 종교제의는 신과 인간의 관계를 양방향으로 접근해 들어갈 때 서로 다른 해석이 가능할 수 있다. 그것을 각각 종교제의의 신의 관점과 인간의 관점이라 불러보자. '인간의 관점'에서 인간은 신을 두려움의 대상으로 바라보기 때문에 종교제의를 바치게 된다. 그래서 종교제의는 근본적으로 신에게 호의를 얻고 신을 즐겁게 하려는 목적을 가진다. 그것은 인간 상호 간의 '경쟁'(agon)에 의해 인간이 자신의 탁월성(arete)을 발휘하는 것을 통해 가능하다. 그래서 그리스인들은 종교적 제의를 바치면서 춤, 노래, 드라마, 운동경기 등을 하는 다양한 축제 문화를 발전시키게 된다.

그런데 종교적 제의에서 출발한 축제는 단지 신을 즐겁게 하는 것만은 아니다. 그것은 또한 인간을 즐겁게 하는 결과를 가져온다. 이러한 결과 때문에 플라톤은 축제를 신들과 인간들의 향연으로 만들었다. 신들을 즐겁게 하는 것이 바로 인간들을 즐겁게 하는 것이라는 사실이 축제의 신비적 측면일 것이다. 축제를 통해 신들은 인간들이 탁월성을 발휘하는 것을 바라보며 즐거워하고 인간들은 스스로 탁월성을 발휘하기 때문에 즐거워진다. 아리스토텔레스는 행복(eudaimonia)은 인간의 "탁월성에 따른 영혼의 활동"[1]이라고 하였다. 인간은 탁월성을 통해 신들을 기쁘게 하며 자신도 기쁘게 된다. 아리스토텔레스는 만약 신들이 인간에게 주는 선물이 있다고 한다면 행복일 것이라고 말한다.[2] 왜냐하면 그것은 인간적인 것들 중에서 가장 좋은 것이기 때문에 다른 어떤 것보다도 신의 선물이라 말할 수 있기 때문이다.

그러나 다른 한편 '신의 관점'에서 신은 인간이 이 세계에서 고통 속에 살아가는 것을 보고 위로하기 위해 종교 축제를 정하였다고 말해진다. 호메로스 시대부터 인간은 죽을 운명을 가진 가련하고 비참한 존재라고 생각했다. 소포클레스는 인간에게 가장 좋은 것은 태어나지 않는 것이며, 그 다음으로 좋은 것은 가능하면 빨리 죽는 것이라고 했다.[3] 그렇지만 인간은 죽지 않는 한 삶을 지속할 수밖에 없기 때문에 가능한 한 고통에서 벗어나려 한다. 그렇지만 우리는 그것이 인간의 의지에 달려 있기도 하지만 달려 있지 않다는 사실을 분명히 알고 있다. 그렇기 때문에 인간이 할 수 있는 한 끊임없는 노력을 통해 한편으로는 인간 내부의 강력한 욕망을 지배해 왔고, 다른 한편으로는 인간 외부의 대상 세계를 통제해 왔다. 그럼에도 불구하고 인간은 자신과의 관계에서 또

1 Aristoteles, *Ethica Nichomacea*, 1099b26.
2 Aristoteles, *Ethica Nichomacea*, 1099b12-14.
3 Sophocles, *Oedipus epi Kolonoi*, 1224-1238.

한 타자와의 관계에서 끊임없이 갈등할 수밖에 없고 고통을 겪는다.

　종교제의가 비록 신들을 즐겁게 하려는 목적에서 출발했다고 하지만 궁극적으로 인간들 역시 즐겁게 되는 결과를 산출한다. 플라톤은 『법률』에서 축제에 대해 다음과 같이 말한다.[4]

"신들은 인간들이 본성적으로 고통받도록 태어난 것을 불쌍히 생각했네. 그래서 그들은 인간들에게 노동(ponos)에서 벗어나 휴식할 수 있도록 신들을 위한 축제(heorte)들을 정해 주었네. 무사 여신들(Mousai)과 이들을 이끄는 아폴론(Apollon)과 디오뉘소스(Dionysos)를 축제들에 동참할 신들로 정했고, 인간들은 신들과 축제에 함께하여 [삶의] 영양분(trophas)이 되어 [삶의 방식을] 재정립(epanorthontai)할 수 있다네."

플라톤이 말하는 축제의 정의를 분석해 보면, 다음과 같은 네 가지 주요 개념을 추출할 수 있다. 첫째 인간의 운명, 둘째 신들의 위로, 셋째 신들의 동참, 넷째 삶의 방식 재정립이다. 이 네 가지 개념을 중심으로 그리스 종교 축제의 철학적 특징을 살펴볼 수 있다.[5]

인간의 운명과 고통

　우선 인간이란 본래 고통을 받는 존재라는 사실을 주목할 필요가 있다. 그리스인들은 호메로스로부터 인간은 고통 받는 존재라는 사실에

4　Platon, *Nomoi*, 653d.
5　플라톤의 종교 축제에 대한 정의를 활용하는 이유는 그것이 그리스 종교 축제를 대표한다고 생각해서가 아니라 기존의 종교 축제에 대한 학문적 정의를 제공하면서도 기존의 축제에 이념적 방향성을 제공하고 현대사회의 축제에 지향할 목적성을 제공한다는 점에서 논의의 단초로 삼았다.

주목했다. 호메로스는 『일리아스』에서 인간에 대해 자주 '대지를 기어 다니는 가련하고 비참한' 이라는 표현을 반복적으로 사용하고 있다. 근본적으로 인간은 불행할 수밖에 없는 존재이다. 호메로스에 따르면 제우스의 궁전에 행운과 불운이 들어 있는 두 개의 항아리가 있으며, 모든 인간의 운명은 이 두 가지를 섞어 만들기 때문에 결코 불운을 피할 수 없다고 한다.[6] 인간이 아무리 헤어나려고 노력해도 언젠가 불운을 마주하게 된다. 소포클레스는 『오이디푸스왕』에서 "우리의 눈이 그 마지막 날을 보려고 기다리는 동안에는 죽을 운명을 가진 인간은 어느 누구도 행복하다고 하지 마시오. 삶의 종말을 지나 고통에서 해방될 때까지는."[7]이라고 말한다. 델포이 신탁의 입구에 쓰였던 격언 '너 자신을 알라' 에는 현대인에게 잊혀진 '신과 인간이 얼마나 다른지를 알라' 라는 문장이 항상 따라 다닌다. 신은 불멸하는 존재이지만 인간은 죽을 운명을 가진 존재이다. 또한 신들은 인간보다 탁월한 능력을 가지고 있으며 인간의 삶을 지배한다. 나아가 신은 지극히 행복한 삶을 살지만 인간은 행운과 불운이 섞인 삶을 산다. 근본적으로 인간은 우연으로 가득 찬 삶을 살 수밖에 없기 때문에 예측하지 못한 상황들이나 사건들로 인해 즐거움과 고통을 가지게 된다. 인간에게 우연적인 것은 인간이 통제할 수 없는 부분이다.

그렇다면 과연 인간은 고통에서 해방될 수 있을까? 그리스 서사시와 비극은 근본적으로 고통으로부터의 해방은 불가능하다고 말한다. 그렇기 때문에 아예 태어나지 않는 것이 최선이고 죽는 것이 차선이라고 말할 수 있을 뿐이다.[8] 그렇지만 그리스철학에서 인간의 본성과 관련해서

---

6   Homeros, *Ilias*, 24.527-533.

7   Sophocles, *Oidipus Tyrannos*, 1528-1530.

8   Sophocles, *Oedipus epi Kolonoi*, 1224-1238.

인간의 좋은 삶과 행복에 대해 인간이 할 수 있는 방법을 추구하고 있
다. 근본적으로 인간의 고통은 어디서 유래되는 것인가? 그것은 인간의
유한성에서 비롯된 것이다. 인간은 본성적으로 욕망하는 존재이다. 플
라톤에 따르면 인간의 영혼은 이성과 기개 및 욕구로 구별된다. 이성은
본성적으로 약하지만 욕구는 본성적으로 강하다. 그렇기 때문에 욕구
나 욕망의 노예가 되지 않도록 노력해야 한다.[9] 그래서 인간에게 가장
중요한 것은 부나 명예가 아니라 자기 자신, 즉 자신의 영혼을 돌보는
일이다.[10]

삶의 불운과 신의 연민

　소크라테스와 플라톤은 자기 자신을 인식하고 자기 자신을 돌보는
것이 얼마나 중요한지를 강조하고 있다. 진정으로 자기 자신을 알고 자
기 자신을 돌볼 수 있어야만 진정한 행복에 도달할 수 있는 것이다. 그
렇지만 인간의 불행은 인간이 본성적으로 이성보다는 욕망에 의해 지
배되기 쉽다는 데 있다. 플라톤에 따르면 인간의 영혼은 본성적으로
이성보다 욕망이 훨씬 다양하고 강력한 존재이다. 그래서 인간은 욕망
의 노예가 되기가 쉽다. 만약 그렇다면 인간은 결코 자유로울 수가 없
다. 인간이 스스로 만들어 내는 욕망의 산물은 헤아리기 어렵고 예측
하기 어렵다. 그것은 인간에게 상처를 주고 절망을 하게 만든다. 아리
스토텔레스는 인간의 행복을 '탁월성에 따른 영혼의 활동'이라고 말한
다. 그러나 아무리 탁월한 사람일지라도 모든 불운을 피할 수 없다. 그
것들은 이유를 알 수 없기 때문에 우연적인 것이라 불린다. 그래서 인

9　Platon, *Politeia*, 588c ff.
10　Platon, *Apologia*, 30a-b.

간의 의지에 달려 있지 않은 것들이다. 그렇지만 아리스토텔레스는 영혼이 탁월한 상태에 있다면 최소한 이 모든 것을 잘 견뎌 낼 수 있다고 한다.

그렇지만 이 세계에서 인간의 일상적인 삶은 고통을 피할 수는 없기 때문에 신들은 인간을 더없이 불쌍히 여긴다는 것이다. 그러나 대부분의 그리스 신들은 모든 인간들에게 관심이 있지는 않아 보인다. 단지 소수의 탁월한 인간들, 즉 영웅들에게 관심을 가진다. 영웅들의 수호여신인 아테나 여신 외에 다른 신들은 특별한 경우를 제외하고는 인간들과 접촉하지 않는다.[11] 제우스의 경우는 건국신화나 민족 신화와 관련하여 인간과 자주 결합되는 것일 뿐이다. 인간들은 삶 전반을 지배하는 모든 종류의 신들을 숭배해야 한다. 하지만 각자 특별히 자신의 성향에 따라 좋아하는 신들이 있게 마련이다. 그렇지만 그리스의 수많은 신들은 각기 삶의 영역에 중요한 역할이 있기 때문에 어느 특정한 신만을 좋아하여 숭배하거나 또는 어느 특정한 신을 싫어하거나 증오하면 불운하게 된다. 가령 아마존 여왕의 아들 히폴뤼토스(Hippolytos)는 아르테미스만을 추종하면서 아프로디테를 비난하다가 결국 죽음을 자초했다.[12]

플라톤이 인간 영혼의 본성에 대해 설명하면서 도입하는 신화를 보면 제우스를 비롯한 올림포스의 신들이 여행을 떠나는데 12명의 신들 중 헤스티아(Hestia) 여신만 제외하고 모두 11명의 신들이 대열을 지어 간다. 인간들의 영혼도 각기 좋아하는 신들을 따라 대열을 지어 여행을 떠난다고 한다.[13] 아무리 그리스인들이 여러 신들을 숭배하지만 각자

---

11 장영란, 『장영란의 그리스 신화』, 살림, 2005, 62쪽.
12 Euripides, *Hippolytos*, 1457.
13 Platon, *Phaedros*, 246e ff.

자신이 특별히 좋아하는 신이 있다는 사실을 부정할 수는 없다. 이와 반대로 그리스 신들도 여러 인간들 중에 특별히 좋아하는 인간이 있다. 대부분 신들의 자식이거나 탁월한 능력의 영웅이긴 하지만, 신들은 자신들과 닮은 존재를 좋아하는 것으로 나타난다. 그래서 신들도 자신들이 사랑하는 인간들로 인해 기뻐하고 또 슬퍼하기도 하는 것처럼 보인다. 올림포스의 최고신 제우스도 사랑하는 사르페돈의 죽음을 두고 피눈물을 흘리는 것으로 나타나며, 테티스도 아킬레우스의 명예를 위해 제우스에게 간청하기도 하고, 헥토르가 가져가 버린 아킬레우스의 무구를 새로 만들어 줄 것을 헤파이스토스에게 부탁하는 모습이 나타난다.[14]

고통으로부터의 해방

플라톤은 호메로스 시대와는 달리 그리스 신들이 인간을 불쌍히 여겨 축제를 만들었다고 말한다.[15] 인간이 잠시라도 고통에서 풀려나 휴식을 취할 수 있도록 만들어진 것이 바로 '축제'이다. 여기에 축제의 가장 일반적이고 중요한 특징이 등장한다. 플라톤은 축제가 궁극적으로 '고통으로부터 해방'을 목표로 한다고 말한다. 그러나 그것은 영원한 안식이 아니라 일시적인 '휴식'이다. 인간에게 영원한 안식은 죽음이

---

14 Homeros, *Ilias*, 1.492; 16:459; 18.429.
15 호메로스의 올림포스 신들은 근본적으로 인간들에게 보편적인 관심이나 사랑을 갖지 않는다. 『일리아스』에서 헤라는 인간들에 대해 '대지를 기어 다니는 가련하고 비참한 죽을 운명을 가진 존재'라고 하지만 인간들을 특별히 불쌍히 여겨 도와주려 하지는 않는다. 물론 탁월한 능력을 가진 반신반인적인 영웅들에 대해서 아테나를 비롯한 몇몇 신이 우호적으로 대하는 경우가 등장하지만 인류 전체를 불쌍히 여기지는 않는다. 그리스 신관의 변화에 대해서는 다음의 책을 참조하시오. 장영란, 『장영란의 그리스 신화』, 살림, 2005, 234-237쪽.

다. 인간이 살아 있는 한 영원한 안식은 불가능하다. 그렇지만 축제가 가진 또 다른 특징은 바로 반복적이고 주기적으로 되풀이된다는 것이다. 그래서 인간은 연속적이고 지속적으로 휴식을 가질 수는 없지만 주기적으로 반복되는 축제가 돌아오면 일정한 휴식을 취할 수 있다. 그리스 종교 축제에서 신년제의나 식물제의 등과 같은 제의들은 주기적인 특성을 가지고 있다. 플라톤은 해마다 다달이 주기적으로 희생제의와 축제가 배열되어 적절히 신들을 기리고 사람들에게 깨달음을 준다고 말한다.[16] 즉 인간들은 축제를 통해 때로는 휴식을 취하기도 하지만, 무엇보다는 신들에 대한 인식을 통해 삶의 깨달음을 얻는 것이 더 근본적이라 할 수 있다.

제의적 축제가 반복될 때 신화적 시간은 현재화되며, 그것은 재현될 수 있다.[17] 그래서 인간들에게 주기적으로 즐거움을 줄 수 있는 것이다. 플라톤은 인간이 축제를 통해 어떤 방식으로든 즐거움을 얻으며 휴식을 얻을 수 있다고 말하는 것이다. 신들은 축제를 통해 한편으로 인간들이 신들을 경외하도록 하면서, 다른 편으로 인간들을 일상의 노동에서 벗어나 휴식을 취하게 만든다. 그리하여 신들을 경외하는 것이 결국 궁극적으로 인간의 삶을 행복하게(eudaimon) 만드는 것이 된다.[18] 그리스어에서 '행복'(eudaimonia)은 신들, 즉 다이몬(daimon) 또는 다이모네스(daimones)와 관련되어 있다. 그리스인들은 인간의 행복은 궁극적으로 신과의 관계에서 출발한다고 생각하였다.

---

16 Platon, *Nomoi*, 809d.

17 엘리아데,『종교형태론』, 이은봉 옮김, 한길사, 1996, 499쪽 참조.

18 Mikalson, J.D., *Greek Popular Religion in Greek Philosophy*, Oxford University Press, 2010, p.85.

종교적 제의의 주체

축제는 종교적 제의로부터 출발하였고, 당연히 '신'이 중심이다. 그리스 종교에서는 제의에 대해 특별한 의미를 두고 있다. 신들이 인간들의 희생제의를 즐겨한다는 것이다. 그리스의 홍수 신화에서 제우스는 인간들에 분노하여 홍수를 보냈는데 데우칼리온과 퓌라가 살아남았다. 그들은 대홍수가 끝나자 바로 파르나소스산 위에 내려 희생제의를 바쳤다. 그러자 제우스가 '기뻐하여' 헤르메스를 보내 그들이 원하는 것을 물었다고 한다. 그들이 새로운 인류를 원한다는 소원을 듣고 이루어 주었다.[19]

나아가 플라톤은 제우스가 희생제의 때문에 인간을 멸망시키지 않았다고 한다. 그는 『향연』에서 에로스에 대한 신화적 설명을 통해 원초적 인간들이 둘이 하나로 결합되어 있는 매우 강력한 존재들이었는데 신들에게 도전을 하였다고 전한다.[20] 제우스는 인간들을 어떻게 할 것인가를 두고 고민했다. 왜냐하면 인간들을 파멸시키면 신들에게 제의를 바칠 존재가 없어지기 때문이었다. 플라톤은 이 지상의 동물들 중 유일하게 신들에게 제의를 바칠 수 있는 존재가 인간이라고 말한다. 이것은 인간만이 초월적이고 형이상학적 사유를 할 수 있는 능력을 가졌기 때문일 것이다. 그렇기 때문에 제우스는 인간을 멸망시키기를 포기하고 인간을 반쪽으로 쪼개어 약화시키는 방법을 찾아낸 것이다.

여기서 가장 흥미로운 것은 인간이 신을 필요로 하는 것이 아니라 신이 인간을 필요로 한다는 플라톤의 흥미로운 주장이다. 그렇지만 엄밀히 신은 인간이 없으면 존재할 수 없다는 인간 중심적 관점을 보여 주

---

19 Apollodoros, *Bibliotheka*, 1.7.2
20 Platon, *Symposion*, 189a-193d.

려는 것은 아니다. 이 세계 속에서의 이성을 가진 인간이라는 존재의
지위에 대한 플라톤의 통찰을 보여 주는 것이다. 나아가 그리스인들은
왜 신들이 인간들의 희생제의를 즐거워한다고 생각했는가? 솔직히 신
들이 인간들의 희생제의를 먹고 마시는 것도 아니고 신들에게 희생제
의가 반드시 필요한 것은 아닐 것이다. 그러므로 신들이 희생제의를 받
지 않는다고 해서 불행해지거나 행복하지 않은 존재가 될 수는 없다.
신들은 본성적으로 행복한 존재들이다.

　희생제의의 필요성과 관련하여 실제로 현존하는 문헌들을 통해 만족
스러운 답을 찾기는 쉽지 않지만, 그리스 종교의 원형적인 특징을 통해
우리는 다음과 같이 추론할 수 있다. 신들이 인간들이 드리는 희생제의
를 통해 즐거움을 느끼는 것은 인간들이 자신들의 탁월성을 발휘하기
때문이라고 할 수 있다. 물론 제의로부터 축제로 발전되면서 '경
쟁'(agon)을 통해 인간들이 자신들의 탁월성을 드러내는 방식들은 다
양해졌다고 할 수 있다. 하지만 단지 신들에게 올리는 희생제의만을 통
해서라도 인간의 탁월성은 가장 분명하게 발휘될 수 있다. 인간들은 자
신의 고유한 능력인 이성을 통해 이 세계에서 유일하게 신들의 존재를
알 수 있고 이해할 수 있다. 그렇기 때문에 인간들은 신들에게 희생제
의를 바칠 수 있고, 신들은 인간들의 희생제의를 즐겨 받는 것이라 할
수 있다.

3. 축제와 영혼의 치유

축제의 기능과 치유의 신들

종교 축제는 신들과 인간들을 서로 만나게 하고 소통할 수 있게 한

다. 플라톤은 신들이 인간들의 고통을 위로하기 위해 축제를 만들었다고 한다. 여기서 우리는 인간이 자신을 위해서가 아니라 신이 인간을 위해 종교적 축제를 만든 것이라는 점을 주목할 만하다. 그리스 종교 축제에 동참하는 가장 중요한 신들을 플라톤은 다음과 같이 제시한다. 그들은 바로 무사 여신들(Mousai)과 아폴론(Apollon)신, 그리고 디오뉘소스(Dionysos)신이다. 사실 그리스 종교 축제들에서 숭배를 받는 신들은 이 신들 외에도 매우 많다. 가령 판아테나이아 축제의 아테나, 엘레우시스 축제의 데메테르와 페르세포네, 올림피아 축제의 제우스가 이 축제의 주요 대상이다.

그럼에도 불구하고 플라톤은 왜 무사 여신들과 아폴론, 그리고 디오뉘소스만을 축제에 동참하도록 되어 있는 신들로 말하고 있는가? 이것은 그리스 종교 축제의 주요 기능과 연관된 것으로 해석될 수 있다. 다른 신들과 달리 무사이와 아폴론, 그리고 디오뉘소스는 특별히 인간의 고통을 치유해 주는 기능을 가졌다고 평가할 수 있다. 플라톤은 무사이와 아폴론 그리고 디오뉘소스 등 세 가지 이름을 언급하지만, 실제로는 두 종류의 신들로 분류된다고 할 수 있다. 한편으로 무사 여신들과 그들을 이끄는 아폴론 신이고, 다른 편으로 디오뉘소스 신이라 할 수 있다. 이들은 최소한 인간들을 위로할 수 있는 기능들을 가진 신들로 평가할 수 있다.

아폴론과 무사 여신들의 시가와 치유
무사 여신들은 호메로스 시대로부터 인간의 학문과 예술을 관장하던 신들이다. 그들은 제우스와 므네모쉬네의 딸들이다. 므네모쉬네(Mnemosyne)는 기억의 여신으로 학문과 예술의 어머니로 여겨졌다. 그리스 암흑기에 호메로스와 같은 음유시인들은 '기억'을 통해 하루 종일 암송

해야 할 내용들을 노래하였다. 무사 여신들은 춤, 노래, 서사시 등 당시의 학문과 예술의 영역을 총괄하던 신들이다.[21] 플라톤은 네 종류의 신적인 광기(mania)들을 구분하면서 시인들은 시적 광기를 필요로 한다고 했다.[22] 그들은 무사 여신들에 의해 사로잡힌 상태에 의해서 시를 지을 수 있다고 생각했다. 인간들은 무사 여신들에 의해 만들어진 서사시나 서정시 및 춤이나 노래 등 다방면의 문학과 예술을 통해 즐거움을 얻을 수 있었다.

이것은 올림포스 종교에서 무사 여신들의 기능들을 넘겨받은 아폴론 신에게도 해당된다. 아폴론은 '무사 여신들을 이끄는 자'를 의미하는 무사게테스(Mousagetes)라는 별칭을 가지고 있다. 그래서 무사 여신들과 아폴론 신은 동일한 영역을 관장하는 신들이라 생각하면 된다. 무사 여신들과 아폴론은 춤, 노래, 시 등을 통해 인간을 위로해 준다. 말하자면 오늘날 음악 치료와 문학 치료에 해당되는 영역이다.[23] 고대 그리스의 교육은 무사 여신들과 아폴론 신이 주관하는 영역과 관련 있다고 생각하면 된다. 따라서 무사 여신들과 아폴론의 교육 영역은 당시의 교양교육 또는 시민교육 전반을 가르친다고 볼 수 있다.

고대 서사 시인들이나 서정 시인들은 무사 여신들의 선물을 받지 않고는 이야기를 할 수 없다고 생각하였다. 호메로스나 헤시오도스 및 핀다로스와 같은 시인들은 첫 구절부터 무사 여신들을 칭송하는 노래로 시작한다. 가령 호메로스의 『일리아스』는 "노래하소서, 여신이여, 펠레

---

21 Karl Kerenyi, *The Gods of the Greeks*, p.103-105.

22 Platon, *Phaedros*, 244a-245a ; 265a.

23 아폴론은 역병을 일으키는 신이기도 하지만 치유하는 의술의 신이기도 하다. 아폴론이 학문과 예술의 신이기도 하면서 치유의 신이라는 점은 매우 흥미로운 점이라 할 수 있다.

우스의 아들 아킬레우스의 분노를"로 시작하고, 『오뒷세이아』는 "말해 주소서 무사 여신이여, 트로이성이 무너진 후에 수없이 방랑하던 많은 지혜를 가진 사람에 대해"로 출발하며, 헤시오도스의 『신통기』는 "헬리콘산의 무사 여신들"을 노래하는 것으로 시작한다.

그리스 암흑기에 음유시인들은 신들의 도움을 받지 않고는 과거의 사실들을 정확하고 분명하게 기억해 낼 수 없다고 생각하였다. 그리스의 시인들은 일반 사람들은 볼 수 없는 또는 알 수 없는 것들을 노래한다고 생각하였다. 시인은 "신들에게 가르침을 받아 그리움의 말들을 인간에게 노래하는" 자다.[24] 그들은 예언자들과 같이 흔히 눈이 보이지 않는 자로 묘사되기도 하였다. 눈이 보이지 않는 것은 초월적인 것에 대한 직관적 능력과 관련되어 있다.[25] 헤시오도스가 신들의 탄생에 관해 이야기할 수 있는 것도 무사 여신들이 자신에게 가르쳐 준 것을 말할 뿐이기 때문이다. 헤시오도스는 이것이 무사 여신들의 신성한 선물이라고 한다.[26]

기억의 여신 므네모쉬네를 어머니로 둔 무사 여신들은 인간이 초월적인 신적인 지식을 이해하고 전달하는 능력과 참된 말을 할 수 있는 능력을 줄 수 있는 존재들이다.[27] 따라서 그리스 시인들은 반드시 무사 여신들을 칭송하며 도움을 청하였다. 그들은 삶의 고통 속에 살아가는 인간들을 위로하고 잠시 안식을 찾을 수 있게 해 준다. 오뒷세우스의 경우도 파이아케스인들의 땅(Phaeakia)에 들어가 알키누우스(Alki-

---

24 Homeros, *Odysseia*, 17.518.

25 장영란, "기억과 상기의 신화와 철학", 『철학과 현상학 연구』 제45집, 2005, 141-148쪽 참조.

26 Hesiodos, *Theogonia*, 93.

27 Dodds, E. R., *The Greeks and The Irrational*, 『그리스인들과 비이성적인 것들』, 주은영 외 옮김, 까치, 2002, 80쪽 참조.

nous)왕이 베푼 연회에서 음유시인이 트로이전쟁에 대해 이야기하는 것을 듣고 눈물을 흘리는 장면이 나온다. 천신만고 끝에 칼립소(Kalypso)의 섬에서 간신히 빠져나와 모든 것을 잃고는 실오라기 하나 걸치지 못하고 도착하여 환대를 받으면서 지난날의 모진 고난과 고통이 떠올랐던 것이다.

디오뉘소스의 비극과 치유

그러나 그리스 서사시 시대가 지나면서 대중에게 가장 많은 영향을 미친 것은 비극이라 할 것이다. 사실 비극은 인간의 실존적 상황과 밀접하다. 인간이 살아가면서 겪는 갈등과 고통을 통해 세계를 반성적으로 통찰하는 데에서 비극이 탄생했다고 할 수 있다. 니체는 지나치게 섬세하게 강렬한 고통을 느낄 수 있는 독특한 능력을 가진 그리스인들이 자신들을 둘러싸고 있는 실존의 공포에 직면하게 되어 이 세계에 존재하는 개체들을 조화시키는 디오뉘소스의 격정을 발견하게 되었다고 한다. 비극은 코러스를 통해 인간 실존을 여과 없이 보여 준다.

인간은 어디서나 실존의 공포와 불합리를 보게 되고 인간에게 가장 좋은 것은 태어나지 않는 것이고 다음으로 좋은 것은 죽는 것이라는 실레노스(Silenos)의 지혜를 인식하게 된다. 여기서 니체는 예술이 인간에게 구원과 치료의 마법사로 다가온다고 말한다. "오직 예술만이 실존의 공포와 불합리에 관한 저 구역질나는 생각들을 그것과 더불어 살 수 있는 표상들로 변화시킬 수 있다."[28] 올림포스의 디오뉘소스는 포도주의 신이기도 하지만 또한 비극의 신이기도 하다. 그리스인들은 디오뉘소스를 인간에게 가장 많은 위로를 주는 신이라고 말한다. 나아가 디오

---

28 니체,『비극의 탄생, 반시대적 고찰』, 이진우 옮김, 책세상, 2005, 67쪽.

뉘소스는 비극을 통해 인간을 정화시켜 주는 신이다. 아리스토텔레스에 따르면 비극은 삶에서 겪었거나 겪게 될 일에 대해 연민(eleos)과 공포(phobos)를 통해 정화(katharsis)를 일으킨다.[29]

고대 그리스의 철학에 이르면 영혼의 치유에 대한 담론은 영혼의 질병과 신체의 질병을 구분하여 접근한다. 피타고스학파의 경우도 음악은 이미 기원전 4세기 전후로 영혼의 정화를 위한 치유 목적으로 사용되었다. 나중에 플라톤은 『국가』에서 국가 공동체의 모든 사람들이 19세까지 받아야 할 영혼을 위한 교육으로 시가교육(Mousike)을 제안하고 있다.[30] 그렇지만 기존의 그리스의 교육과 차별되는 수호자와 통치자를 위한 교육으로 당시로는 새로운 학문 영역이라 할 수 있는 협의의 철학, 변증론(Dialektike)을 제안하고 있다.

플라톤 이후 헬레니즘 시대에 이르면 철학은 영혼을 치유하는 역할을 하는 것으로 확고히 자리 잡기 시작했다. 스토아학파와 에피쿠로스학파의 많은 철학자들도 철학은 영혼의 병을 치유해 준다고 말한다. 일차적으로 무사 여신들과 아폴론 신 및 디오뉘소스 신은 축제에서 춤, 노래, 시, 드라마 등과 관련하여 참여자들을 즐겁게 해 주고 고통에서 해방시켜 주는 역할을 해 주기 때문에 플라톤은 인간들을 위로하는 신들로 제시한다. 그러나 플라톤은 다른 한편으로 철학적 훈련을 통해 영혼과 신체가 서로 조화를 이루어 올바르게 생각하고 행동하게 될 때 좋은 삶을 살게 된다고 제안한다.

그리스인들은 철학 이전에 다양한 방식으로 삶의 고통을 치유하기 위해 사용했던 문학치료와 예술치료의 주요 기능과 효과를 분명히 인

29　Aristoteles, *Poietikes*, 1449b27.

30　Platon, *Politeia*, 377a ff.

식했던 것으로 보인다. 그러나 축제의 주요 목적과 원리들은 더 합리적이고 이성적인 방식으로 체계화시킬 필요가 있었다. 그리하여 고대 그리스철학은 기존에 종교 축제의 기능들 중의 하나였던 인간의 영혼을 위로하는 데 머무르지 않고 근본적으로 영혼을 치유하기 위한 철학적 이론과 훈련을 제시하는 데 주력했다.

4. 축제와 삶의 재정립

축제의 일탈과 해방

플라톤이 제시한 그리스 종교 축제의 마지막 기능은 인간들이 축제(heorte)를 통해 신들과 함께하며 삶의 영양분(trophas)을 받고 삶을 재정립(epanorthontai)할 수 있다는 것이다. 여기서 철학적으로 주목할 부분은 '삶의 재정립'이다. 축제를 통해 기존의 삶에서 벗어나 새로운 삶을 올바로 확립할 필요가 있다. 축제에서 새로운 삶의 재정립은 기존의 삶의 해체를 통해서 가능하다. 그것은 일반적으로 금기와 위반, 일탈과 전복 등의 전형적인 요소들로 드러난다. 그리스 축제의 신들 중특히 디오뉘소스는 삶의 해체와 전복과 밀접하게 연관되어 있다. 디오뉘소스는 그리스의 비극의 신이며 포도주의 신으로 인간의 고통을 치유하는 신이었다. 그는 인간을 삶의 고통에서 잠시나마 해방될 수 있게해 준다. 그것은 일종의 신적인 광기(mania)를 통해서 가능하다. 특히 신과 일치를 이루는 신들림 상태에서 춤과 음악을 통해 인간이 가질 수있는 불안이나 공포 등에서 벗어날 수 있었을 것이다.[31] 디오뉘소스 제

---

31 Dodds, E. R., *The Greeks and The Irrational*, 『그리스인들과 비이성적인 것들』,

의의 궁극적 목표는 '신과의 합일'이었다. 인간은 일상생활에서 경험할
수 없는 무아지경 또는 탈아지경에서 신과 합일되는 경험을 통해 성스
러움에 참여함으로써 '치유'를 경험할 수 있었다.

　현대적인 관점에서는 디오뉘소스 제의는 비의적 측면이 많기 때문에
본질적 특성을 정확히 알기는 어렵다. 그렇지만 그것은 인간의 실존적
삶의 한계상황을 극복하려는 목적과도 긴밀한 연관이 있다. 도즈는 디
오뉘소스 제의가 비이성적 충동에 의해 억압으로부터 자기 자신을 해
방시키는 효과가 있다고 말한다.[32] 흔히 디오뉘소스의 추종자들을 박카
이(Bacchai)라고 부르거나 마이나데스(Mainades)라고 부른다.[33] 그리
스 비극에는 마이나데스가 머리에 뱀을 감고 있거나 뱀으로 머리카락
을 묶고 취주악기나 타악기를 연주하며 춤을 추면서 무아지경에 빠진
모습들로 등장하기도 한다.[34] 디오뉘소스 제의에서 마이나데스가 춤을
추며 무아지경에 빠진 것은 일종의 집단 발작이나 히스테리로 보이기
도 한다. 그러나 니체는 디오뉘소스적인 격정은 우리에게 주체의 자기
망각과 자기 포기에 도달하게 해 주고, 인간들 간의 진정한 관계가 형
성되고 나아가 인간과 다른 존재들 간의 억압과 갈등이 사라지게 만든
다고 한다.

　디오뉘소스 제의는 일상적 삶에 매몰되어 억압된 자신으로부터 해방
시킨다. 그리하여 인간은 신과 합일된 무아지경에서 황홀경을 가진다.

주은영 외 옮김, 까치, 2002, 77쪽 참조.
32 Dodds, E. R., 같은 책, 74쪽 참조.
33 박카이는 '어린 가지'를 의미하는 디오뉘소스의 별칭인 박코스(Bacchos)로부터
왔기 때문에 디오뉘소스 추종자들은 박카이(Bacchai)라 불렸고, 때로는 '광기'(mania)
에서 유래되는 마이나데스라고 불렸다.
34 Euripides, *Bacchai*, 100-104. 마이나데스의 뱀은 제우스가 디오뉘소스를 낳아 머
리에 뱀 관을 씌워 준 것에서 유래되었다.

디오뉘소스 제의는 인간을 해방시킨다. 그것은 여성들을 제한하는 아폴론의 제의와 달리 모든 사람들에게 개방되어 있었다. 디오뉘소스는 기쁨의 신으로 자유인들뿐만 아니라 여성들과 심지어 노예들조차 입문할 수 있었다.[35] 특히 디오뉘소스를 추종하는 자들 가운데 대부분이 여성이라는 사실을 보면 소외받고 억압받는 자들에게 환호를 받은 것으로 보인다. 디오뉘소스는 '해방시키는 자'를 의미하는 뤼시오스(Lysios)라 불리며 일상적 삶에서 억압받았고 소외되었던 것들로부터 해방시켜 주는 자로 인식되었다. 결국 디오뉘소스 제의는 궁극적으로 자기 자신을 해방시키고 자기 자신을 변화시키는 경험과도 연관되며, 나아가 신과의 합일을 통해 삶의 본질적인 변화를 가져오는 목적과 연관된다.

그러나 디오뉘소스 제의에 참여하는 모든 사람이 신과의 합일 상태에 도달하기는 어려웠을 것이며 또한 매번 도달하기도 어려웠을 것이다. 그래서 대부분의 경우에 단지 모방하거나 흉내를 내는 데 그쳤을 가능성도 높다. 더욱이 디오뉘소스 종교에 대한 오해로 인해 박해도 많았던 것으로 보인다. 특히 마이나데스는 가죽으로 만든 팀파니를 치거나 혹은 갈대 피리를 부르며, 또는 큰 소리를 질러 대며 신들림 상태로 빠져 들어갔다.[36] 그들은 때로는 혼음과 난교를 일삼는 무리로 비추어지기도 했다. 사실 디오뉘소스 제의는 농경신화의 다산과 풍요와 연관하여 섹슈얼리티와 직접적으로 연관된다. 그리스 도기화에 디오뉘소스와 함께 등장하는 사튀로스들이나 실레노스들의 이미지나, 디오뉘소스 제의에 등장하는 팔루스들의 이미지는 성적 욕망과 행위와의 관련성을

---

35 Evans, Arthur, *The God of Ecstasy*, St. Martin's Press, 1988, p.52.
36 Euripides, *Bacchai*, 125, 127, 129.

분명하게 드러낸다.

나아가 디오뉘소스 제의에 등장하는 영혼을 뒤흔들어 버리는 타악기와 취주악기들이나 무아지경에 빠진 박코스의 여신도들의 모습은 세속적 관점에서 바라볼 때에는 일탈과 위반의 행위에 불과할 뿐이다. 그러나 이것은 디오뉘소스 제의의 본질적 특성에서 기원되는 것이 아니고 종교 의식에 대한 개인적인 태도와 관련 있는 것으로 보인다. 에우리피데스는 『박코스의 여신도들』에서 다음과 같이 말한다.[37]

"디오뉘소스는 결코 퀴프리스(Kpris)에 대항하여 여인들에게 정절을 강요하지 않을 것이오. 여인들이 언제 어디서 정절을 지키느냐 하는 문제는 전적으로 그들의 성격에 달려 있소. 박코스의 축제에서도 정숙한 여인은 타락하지 않을 테니 말이오."

에우리피데스는 디오뉘소스 신이 섹슈얼리티에 대해 중립적인 입장이라 말한다. 그리스 신들은 각기 다른 기능들을 가지기 때문에 다른 신들의 영역에 대해 개입하거나 침해할 수 없다. 그래서 디오뉘소스 신이 퀴프리스라 불리는 아프로디테의 힘이나 영역에 대해 강제적으로 저항하거나 거부하라고 할 수는 없다. 그것은 전적으로 디오뉘소스 제의에 참여하는 사람들에게 자율적으로 맡겨져 있다.

금기와 위반

디오뉘소스 제의에 대한 수많은 오해는 기존 관습이나 전통으로부터의 '일탈'에 있다고 할 수 있다. 디오뉘소스 신도들이 산과 들로 술을

---

37 Euripides, *Bacchai*, 314-318.

마시고 돌아다니면서 미풍양속을 깨트린다는 것이 비난의 주요 내용이
다. 사실 디오뉘소스 제의의 주요 목표는 실제로 보통 사람이 쉽게 도
달하기 어려운 단계를 요구한다. 아무나 신과 하나 되는 상태에 도달할
수는 없는 것이다. 그것은 신이 자신 안에서(entheos) 사로잡고 있는 것
(possesio)을 말한다. 그래서 자신이 서 있는 것(stasis)에서 벗어나(ek)
있는 것(ekstasis)이 바로 탈아지경이라 할 수 있다. 그렇지만 디오뉘소
스 신도들은 이러한 상태에 도달하기 위해 기존의 법칙과 관습에서 벗
어나 일탈적으로 보일 수 있는 행동들을 서슴지 않았을 것이다. 그러나
단지 그것을 모방만 하는 무리들도 많았을 것이고, 이것은 디오뉘소스
제의를 오해하게 하는 원인이 되었을 것이다.

　디오뉘소스 제의에서 나타나는 '일탈'은 현대 축제의 가장 일반적
특성들 중의 하나이다. 디오뉘소스 제의에 참여하는 인간들은 탈아지
경을 통해 신과 합일을 꿈꾼다. 그리하여 모든 것에서 벗어나 자기 자
신의 한계를 넘어서기 위해 세속적 삶에서 일탈하여 신성한 삶으로 뛰
어드는 것이다. 일탈은 금기와 위반으로 구성된다.[38] 디오뉘소스 제의
에서 벌어지는 일탈은 외부의 시각에서 보면 기존의 도덕과 관습을 파
괴하고 와해시키는 것으로 보일 수 있다. 그렇지만 위반은 세속을 파괴
하지 않은 채 그 너머 신성의 세계에 한 번 뛰어드는 행위이다.[39] 그러
나 종교제의와 축제에 참여하지 않는 타자에게는 제의적인 '위반'은 단
지 위반의 행위일 뿐이며 초월의 행위로 이해될 수가 없었다. 특히 그

38　바따이유는 금기와 위반은 인간을 인간답게 하는 것이라고 한다. "위반은 금기를
부정하는 것이 아니라 오히려 금기를 초월하고 완성하는 것이다." Bataille, Georges,
L'erotisme, 『에로티즘』, 조한경 옮김, 민음사, 1989, 68쪽.
39　바따이유는 "세속이 금기의 세계라면, 신성은 무한한 위반의 세계이다. 그것은 축
제의 세계이고, 군주의 세계이고, 신의 세계이다." Bataille, Georges, 같은 책, 73쪽.

리스 축제에서 다양한 사회적 금기들이 위반되는 방식으로 기존 질서를 해체시키려는 시도를 볼 수 있다.[40] 도대체 인간들은 왜 축제에서 기존 질서를 위반과 전복을 통해 해체시키려는 시도를 하는가? 우선 형이상학적 측면에서 종교제의와 축제는 근본적으로 신들과의 만남을 목적으로 하고 신들 앞에서 인간들은 누구나 평등하기 때문이라 추정할 수 있다. 신들 앞에서 주인과 노예, 남성과 여성, 성인과 아이, 그리스인과 비그리스인 등과 같은 차이의 경계는 무너진다. 그렇기 때문에 종교제의와 축제에서 기존 사회의 모든 신분과 위계질서가 사라질 수 있는 것이다. 그렇지만 이것은 단지 신과 인간의 관계를 두고 반성적으로 고찰한 결과라 할 수 있다.

삶의 회복과 정화

그리스의 종교제의의 근본적인 목적은 개인적인 측면에서는 입문과 정화를 통해 기존의 낡은 삶에서 벗어나 새로운 삶으로 재탄생하고 싶은 갈망과 연관되어 있으며, 사회적인 측면에서는 기존의 낡은 질서를 해체시켜 새로운 질서를 정립하려는 갈망과 연관되어 있으며, 우주적인 측면에서는 순환적 체계 속에서 기존의 낡은 생명을 사라지게 하고 새로운 강력한 생명력으로 부활시키려는 갈망과 연관되어 있다. 그래서 일종의 일탈적 행위를 통해 기존의 낡은 질서를 해체시키고 새로운 질서를 정립하려는, 또는 기존의 낡은 생명을 사라지게 하고 새로운 생명력을 불러오려는 염원을 반영한다.

종교제의와 축제는 주기적으로 '태초'나 특정한 '시간'에 나타난 성스러움을 드러내려는 일을 반복한다. 그리하여 종교제의나 축제에 참

---

40 Parker, Robert, *On Greek Religion*, Cornell University Press, 2011, p.211.

여하는 사람들은 새롭게 재생되는 우주의 창조적 시간이나, 또는 새롭게 재현되는 역사 속의 특정한 시간을 현재로서 경험하게 된다.[41]

> "모든 제의는 지금, 바로 이 순간에 일어난다고 하는 특성을 가진다. 제의가 기념하거나 반복하는 사건의 시간은 현재(present)로 되며, 말하자면 아무리 멀리 되돌아간다고 할지라도 '재현'(re-presented)되는 것이다."

인간은 제의를 통해 주기적이고 반복적으로 신의 원형적 행위를 현재라는 시점에서 모방하고 재현한다. 엘리아데는 어느 사회이든 태초의 시간, 신화적 시간을 회복하려는 경향이 있다고 말한다.[42] 이것은 모든 세속적 시간을 성스러운 시간으로 변화시키고, 순간을 영원으로 변화시키려는 인간의 무의식적인 욕망과 연관되어 있다.

나아가 모든 것을 전복시키고 혼돈시키는 행위를 통해 우주의 태초의 시간으로 회귀하여 원초적 생명력을 회복시키려는 목적과 연관되어 있다. 따라서 인간은 종교제의와 축제를 통해 우주의 원초적 생명력을 회복하고 새로운 삶을 정립하여 살아갈 수 있는 힘을 얻게 된다. 그리스 종교 축제에 대한 분석을 통해 우리는 인간이 축제를 통해 신과 함께하며 하나 되고 삶을 재정립할 수 있다는 사실을 살펴보았다. 사실 어떻게 인간이 신과 함께할 수 있으며 하나 될 수 있는지는 각 신들의 제의에 따라 달라진다. 그렇지만 가장 중요한 것은 인간이 종교적 축제를 통해 일상 속에서 위반되고 파기되었던 삶의 원리들을 새롭게 복구하고 재정립할 수 있어야 한다는 것이다. 플라톤의 주장대로 종교적 축

41 Eliade, M., *Patterns in Comparative Religion*, tr. by Rosemary Sheed, Sheed & Ward, 1958, p.392.

42 Eliade, M., ibid., p.397.

제를 통해 인간은 자신의 삶의 방식을 재정립할 수 있는 토대를 마련할
수 있다.

5. 축제와 공동체의 연대

공동체의 축제

그리스 종교제의와 축제는 종교적 목적에서 출발하지만 인간의 삶의
변화를 통해 윤리적 목적이나 미학적 목적과도 연계된다. 그러나 플라
톤은 축제에 대한 일반적 특성과 기능에 대한 분석 외에도 실제로 현대
에서 가장 중요하게 평가하는 공동체의 '연대'를 강화시키는 정치적 목
적도 가진다고 주장한다. 『법률』에서 플라톤은 국가를 건립하거나 재건
하는 경우에 종교와 관련하여 어떤 구역에 신들이나 정령들 또는 영웅
들을 어떻게 배정하는지에 대해 논하며 종교적 제의 또는 축제를 위해
정기적으로 모일 때 어떠한 효과를 가져오는지를 설명한다.[43]

> "개별적인 집단이 정기적으로 모이게 되고 필요한 일들에 쉽게 대처할 수 있
> 게 하며, 사람들이 제의에서 서로 우호적으로 대하며(philophronontai) 서로
> 친밀해지고(oikeiontai) 서로 알아가게(gnorizosin) 됩니다. 사람들이 서로
> 친숙해지는 것보다 국가에게 더 좋은 것(agathon)은 없습니다."

신성한 종교제의와 축제에 참여하는 것은 수직적인 측면에서는 신과의
만남과 소통이며, 수평적인 측면에서는 타자와의 만남과 소통이다. 그

---

43   Platon, *Nomoi*, 738d.

리스인들은 종교제의와 축제를 통해 서로 우호적이 되고 서로 결속하는 계기를 마련하게 되었다. 그것은 가족, 집단, 국가 공동체의 유대감을 강화시키는 결과를 가져오기 때문에 각 공동체에 중요한 정치적 기능을 가진다. 그리스의 종교제의와 축제는 인간의 일상적인 삶의 중요한 단계나 시기와 관련되었을 뿐만 아니라 우주 자연의 질서와 변화의 시기와도 관련하여 세부적으로 분화되어 다양한 행사들이 발전되었다.

우선 가족 공동체는 국가 공동체의 가장 기본적인 단위이다. 그리스 종교제의와 축제는 가족의 유대를 형성하는 데 중요한 역할을 했다. 고대 그리스의 집 중앙에는 일종의 화덕인 헤스티아(hestia)가 있었다. 또한 단지 가정의 헤스티아뿐만 아니라 국가의 헤스티아도 있었다. 그것은 가정의 중심이기도 하며 국가의 중심이기도 한 일종의 옴팔로스(omphalos)이다. 인간의 모든 희생제의는 헤스티아로부터 출발한다. 여기서 제주를 붓고 신들에게 봉헌을 하고 음식을 먹는다. 인간의 삶과 관련하여 탄생과 성장 및 죽음에 관한 기본적인 제의들을 중심으로 살펴보면 다음과 같다. 먼저 한 집안에 아이가 태어나면 일종의 입문의식이라 할 수 있는 암피드로미아(Amphidromia)를 치른다. 그것은 신생아를 안고 화덕 주위를 돌며 아이가 집안에 새로운 구성원이 되었다는 것을 드러내는 의식이었다.[44]

그 후에 아이가 성장하여 결혼을 하면 신부가 와서 역시 과거의 아버지의 화덕에서 새로운 남편의 화덕으로 들어가는 의식을 치른다. 그리하여 새 신부는 기존의 아버지 가문에서 남편의 가문으로 새로 소속되며 다른 가족 공동체의 일원이 된다.[45] 가족제의와 의식은 가족 구성원

---

[44] Vernant, J. P., *Mythe & pensee chez les Grecs*, 『그리스인들의 신화와 사유』, 박희영 옮김, 아카넷, 2005, 219-220쪽.

[45] 그리스인들의 가족들 간의 결합과 관련하여 이방의 여인인 신부가 남편의 집에 들

들의 유대감을 강화하고 결속력을 증대시키는 역할을 한다. 지금까지 헤스티아를 중심으로 한 종교제의를 살펴보았기 때문에 인간의 삶과 관련된 다른 제의들을 포함시키지는 않았다. 하지만 아이에서 어른으로 되는 과정에서 일종의 통과의례라 할 수 있는 아르테미스 여신을 중심으로 하는 소녀들의 입문의식과 아폴론 신을 중심으로 하는 소년들의 입문의식도 포함될 수 있다.

　다음으로 국가 공동체는 결속과 유대를 위해 종교제의와 축제와 상호 의존적인 관계를 가진다. 그리스의 모든 축제는 한 해의 시작과 끝을 장식한다. 그래서 도시에 따라 약간씩 차이는 있지만 계절에 따른 제의와 축제뿐만 아니라 일 년 내내 다양한 종교제의와 축제가 늘 있었다고 보면 된다. 그리스의 각 달은 그리스의 주요 신들의 이름을 따서 붙여졌다.[46] 또한 축제의 명칭들도 신들의 이름이나 별칭에서 유래되는 경우도 많다. 가령 뤼케이오스 축제는 아폴론 뤼케이오스(Apollon Lykeios), 라프리아 축제는 아르테미스 라프리아(Artemis Laphria)에서 유래되었다. 또한 종교 축제의 달력은 농경문화와 밀접한 연관이 있다. 씨를 뿌리고 추수를 할 때까지 농경과 관련된 수많은 제의들이 있다. 그래서 한 해의 시작부터 끝까지 주기적이고 반복적인 종교제의와 축제가 기념되는 것이다. 나아가 국가 공동체들끼리 연대하는 축제들이 있다. 이것은 국가 공동체 간의 상호 관계를 발전시키고 연대 의식을 높일 수 있다. 아이톨리아인들은 테르모스(Thermos)에 있는 아폴론 신

어오는 의식, 즉 카타퀴스마타(katachysmata)에 의해 남편 가문의 공동체의 일원이 된다. cf. Vernant, J. P., ibid., 204쪽.

46　디오스(Dios), 헤라이오스(Heraios), 아테나이오스(Athenaios), 포세이도니오스(Poseidonios), 아폴로니오스(Apollonios), 아르타미티오스(Artamitios), 아프로디시오스(Aphrodisios), 디아마트리오스(Diamatrios), 디오뉘시오스(Dionysios), 헤르마이오스(Hermaios), 아레이오스(Areios), 헤파이스토스(Hephaistos) 등이다.

전에서 모이고, 아카이아인들은 아이기온(Aegion)에 있는 제우스 신전에서 모인다. 소아시아의 12개의 이오니아인의 도시국가들은 뮈칼레(Mykale)의 포세이돈 신전에서 모이며, 7개의 도리아인의 도시국가들은 크니도스(Knidos)의 아폴론 신전에서 모였다.[47]

상호 유대감과 연대 의식

고대 그리스인들은 종교제의와 축제를 통해 종교적 측면과 윤리적 측면 이외에도 사회적이고 정치적인 측면에서 모든 다양한 종류의 공동체의 유대감과 연대감을 강화하는 결과를 얻었다. 특히 신들에 대한 제의를 통해 모든 관계를 단순히 사적인 관계를 넘어 공적인 관계로 확장시키며, 가변적인 관계가 아닌 불변하는 관계로 변형시키고, 나아가 세속적 관계를 초월적 관계로 승화시켜서 가장 결속력이 강하게 만들었다. 근본적으로 신들과 인간들의 유대감뿐만 아니라 인간들과 인간들의 결합을 보다 강화시키는 중요한 역할을 하였다고 할 수 있다. 그리하여 축제는 신들과 인간들이 서로 모여 갈등과 대립을 극복하여 소통을 할 수 있게 만들어 결국 모든 것을 하나로 만드는 상호 유대감과 연대 의식을 형성한다.

현대사회의 축제에도 고대 그리스의 축제에 나타나는 기본적인 목적이나 기능 및 역할 등과 관련된 주요 요소들이 남아 있다. 고대 그리스 축제와 현대사회의 축제는 일차적으로 인간이 고통이나 노동에서 벗어나 휴식을 갖게 하며 즐거움을 추구하는 점에서 유사해 보인다. 그렇지만 고대 그리스 축제는 근본적으로 다음과 같은 점에서 몇 가지 중요한 차이를 드러내 보인다. 우선 인간이 가진 고유한 능력을 문학, 예술, 운

---

47 Burkert, W., *Greek Religion*, Basil Blackwell, 1985, p.256.

동 등 다양한 종류의 '경쟁'을 통해 탁월하게 발휘할 수 있게 하는 가운데 진정한 즐거움을 얻게 하려는 데 목적이 있다. 현대사회의 축제가 자본주의의 소비문화와 관련하여 일시적인 쾌락을 충족하기 위해 욕망을 소비하는 데에서 즐거움을 얻는 현장이 아니라 인간이 자신의 능력을 훈련하여 탁월하게 발휘하는 데서 즐거움을 가질 수 있도록 환기시킬 필요가 있다.

다음으로 고대 그리스 축제는 초자연적인 신과 신비적으로 일체가 되는 가운데 자연스럽게 기존 질서로부터 일탈을 하지만 궁극적으로 우주적 에너지를 통해 삶의 활력을 되찾고 삶을 '재정립'하는 기능이 있다. 비록 종교적 특색이 많이 개입되어 있기는 했지만 현대사회의 축제도 단지 놀이나 유희에만 머무르지 않고 삶을 재정립하는 궁극적인 목적에 도달할 수 있도록 견인할 필요가 있다. 마지막으로 고대 그리스 축제는 만남과 소통을 통해 공동체의 갈등과 투쟁을 지양하고 상호 유대감과 연대 의식을 높이는 역할을 한다. 현대사회의 축제도 국가 공동체의 상호 유대감과 연대 의식을 강화시키는 역할을 하지만 타민족에 배타적인 민족주의를 폐기하고 타문화에 대한 차별 의식을 지양하며 상호 조화를 통해 일체감을 고양시키는 데 역할을 하도록 촉구할 필요가 있다.

희생제의와 희생양

III

1. 희생제의와 신화의 역할

인간은 누구나 태어나서 늙어가고 병들고 죽어가는 것을 결코 피할 수 없다. 고대로부터 인간은 이 세계 속에 존재하면서 근원적인 불안과 공포를 느꼈다. 세계의 고대 신화와 종교들은 그들의 고유한 제의들을 가지고 있으며 지역에 따른 문화적 차이를 가지고 있다. 그렇지만 고대 종교는 인간의 신체적, 정신적 병이나 고통을 치유하는 데 주요 기능과 역할을 담당했던 것으로 보인다. 우리는 인간의 근원적인 고통과 관련하여 '희생제의'의 역할을 살펴볼 필요가 있다. 일차적으로 인간에게 희생제의란 무엇이며, 인간은 왜 신에게 희생제의를 바치게 되었으며, 도대체 희생제의가 인간에게 어떤 기능과 역할을 하는가를 철학적으로 되짚어 볼 필요가 있다.

제의의 특징과 실존적 상황

우선 '제의'에 대해 정확한 입장을 확인해 볼 필요가 있다. 제의는 일정한 형식을 가진 행위들로 구성되어 있다.[1] 그렇지 않다면 다른 인간의 행위들과 별로 구별되지 않는다. 최소한 제의란 사람들에 의해 '행해진 것'(dromena)이라는 데에는 대부분 동의한다.[2] 근본적으로 종교제의는 인간의 다른 행위들과 구별되고 해석될 수 있는 초월적인 의미와 상징의 형태와 구조를 가진다. 그렇기 때문에 종교제의와 관련하여 일련의 행위들에 대한 해석을 할 수 있고, 때로는 초월적이고 전-논리적인 이야기도 가능하게 되는 것이다. 다음으로 제의는 최소한 초월적이든 초월적이지 않든 인간이 회피하거나 저항할 수 없는 강력한 힘에 대해 숭배를 포함한다. 해리슨(Harrison)이 주장하는 것처럼, 다산과 식물 정령의 원초적이고 기본적인 개념들의 표현일 수도 있고,[3] 동물 정령에 대한 표현일 수도 있으며, 나아가 자연의 강력한 힘에 대한 숭배일 수 있다.

원시 사회의 인간들은 무엇을 가장 일차적인 삶의 목표로 삼았을까? 그것은 이 지상에서 살아남는 것, 즉 '생존'일 것이다. 그것은 일종의 본능적 욕구라 할 수 있다. 세계 신화에 나타나는 인류의 최초의 신들은 다산과 풍요와 관련되어 있다. 이것은 인류의 실존적 상황과 밀접하게 연관되어 있다. 현존하는 인류의 유적들 가운데 최초의 신의 표상은

---

[1] 제의는 "일종의 표준화된 행위의 범주(a category of standardized behaviour)"이며 수단과 목적의 관계가 합리적이든 또는 비합리적이든 본래적이지 않다. J. Goody, "Religion and Ritual: The Definitional Problem", *British Journal of Sociology* 12, 1961. pp. 143-64.

[2] 이런 측면에서 제의는 무대에서 이루어진 '행동들'인 드라마(drama)와도 연관성이 있다. cf. Harrison, J. E., *Prolegomena to the Study of Greek Religion*, Cambridge University Press, 1922, pp.567-70.

[3] cf. Harrison, J.E., *Themis: A Study of the Social Origins of Greek Religion*, The World Publishing Company, 1927, pp.341-63.

바로 어머니이며 여성의 이미지를 가지고 있다. 기원전 약 2만 년경 구석기의 '위대한 어머니 여신'(Great Mother)들은 로셀의 비너스, 레스퓨그의 비너스, 빌렌도르프의 비너스처럼 대부분 비너스(Venus)라는 명칭으로 불린다. 고대사회에서 비너스는 '아름다움'의 여신이라는 특징보다는 '사랑'의 여신의 특징이 훨씬 강하게 드러난다. 물론 고대인들의 경우에 아름다움과 사랑은 분리 불가능한 기능이다. 그렇지만 비너스로 불리는 이유는 사랑의 여신으로서 다산과 풍요를 가져오기 때문이다.[4] 그리하여 최소한 인간이 살아남기 위해 가장 큰 영향력을 미친다고 생각되던 초월적인 신적 존재들에 대해 일정한 형식의 행위들이 표현되었을 수 있다.

제의의 목표와 문화적 요소들

원시시대에 인간들은 자신들이 경험하는 자연현상들에 압도되었을 것이다. 그리스 신화는 인간의 경험으로 알 수 없는 것을 설명하기 위해 초월적인 원인을 도입하여 설명한다. 그렇지만 초월적인 원인인 신의 인격화 외에는 사유의 논리에 따라 세계와 인간을 설명하려는 시도들이 나타난다. 마찬가지로 철학도 놀라움으로부터 출발한다고 말한다. 아리스토텔레스는 철학을 원인에 대한 탐구라고 한다. 인간을 둘러싼 외부 자연현상이나 인간 자신의 본성 및 우주의 탄생과 법칙의 문제를 신화가 초월적 존재를 끌어들여 설명하려는 시도라면, 철학은 경험적 사실을 끌어들여 설명하려는 시도라 할 수 있다. 나아가 종교의 기원을 설명할 때 인간이 가진 감정들 중 '두려움'을 원인으로 두기도 한다. 인간은 초월적이고 강력한 힘을 가진 힘이나 신 앞에서 아무것도

---

4 장영란, 『위대한 어머니 여신: 사라진 여신들의 역사』, 살림, 2003, 16-20면 참조.

할 수 없다. 그것은 인간이 저항할 수 없는 영향력을 가지고 삶의 조건
을 흔들어 버리기 때문이다. 더욱이 신과 인간의 거리는 헤아릴 수도
없고 측정할 수도 없을 만큼 떨어져 있기 때문이다.

그렇다면 인간이 신과의 관계를 타개하기 위해 무엇을 선택할 수 있
었을까? 그것은 무엇보다도 '신과의 소통'이다. 인간이 예측하기 힘든
자연현상들은 물론이고 인간에게 일어나는 우연적 사건들이 왜 일어나
는지를 고대인들이 알기는 어려웠을 것이다. 아무것도 이해할 수 없고
아무것도 설명하지 않는 초월적인 신이나 신적인 힘에 대해 인간이 할
수 있는 것은 아무것도 없다. 그리하여 인간은 신에 대해 공포와 두려
움을 가질 수밖에 없고 궁극적으로 해소할 방법을 찾았을 것이다. 일차
적으로 인간은 신이나 신성한 것과 소통하는 방법들을 모색했을 것이
다. 가장 일반적인 방법들 중 하나가 '제의'라 할 수 있다.[5] 통상적으로
제의는 일정한 형식과 절차를 가지고 진행되며 실제적 효과가 있을 수
있다. 인간이 신과 신성한 것에 대해 일정한 형식의 행동을 하는 방식
으로 제의가 이루어진다. 그리하여 종교적 제의를 하는 사제나 입문자
의 행동과 관련된 문화적 요소들, 즉 제의적 '춤'과 '음악', 또는 '기
호'나 '상징' 등이 발전하였다. 제의적 춤은 초월적인 힘의 이미지를
구체적인 신체를 통해 재현하려는 것으로 볼 수 있다. 인간은 이를 통
해 신과 소통할 수 있다고 생각했던 것이다.

제의의 정의와 신화와의 관계

그렇지만 일차적으로 일련의 형식적인 행위를 통해 이루어진 제의에

---

5 Roy A. Rappapott, *Ritual and Religion in the Making the Humanity*, Cambridge
University Press, 2000, pp. 32-49.

는 한계가 있다. 제의는 기본적이고 단순한 형태를 가지며 인간의 표현
양식의 일부분을 차지할 뿐이다. 인간이 가진 신에 대한 태도와 관계
등에 대해 총체적으로 표현하기 위해 다양한 방식으로 접근할 필요가
있다. 특히 제의에는 인간의 행동 이외에도 인간의 말(logos)로 표현되
는 형식도 필요하다. 제의는 구체적이고 현실적인 방식으로 의미 작용
을 하는 '신화'를 통해 새로운 소통의 형식을 마련할 수 있기 때문이다.
제인 해리슨(Jane Harrison)은 "신화는 행해진 것(dromenon)의 플롯"
이라고 말한다.[6] 후크(Hook, S.H)도 신화는 "제의에서 말해진 부분"이
라고 말한다.[7] 신화와 비슷하게 생각되는 무용담, 요정 이야기, 민담 등
도 있지만, 특히 신화는 제의와 밀접한 연관이 있다는 측면에서 다르다
고 할 수 있다. 비록 제의가 없는 신화가 있을 수 있지만 제의에 대한
자료가 소실되었을 뿐이라고 반박할 수도 있기 때문에 여전히 논란이
될 수 있다. 그러나 분명히 "제의와 신화는 문화적 전통의 형태들로서
성공적으로 결합되었다"고 말할 수 있으며, 신화 자체가 제의의 부분이
라 주장할 필요는 없다.[8]

　사실 제의와 신화의 관계에 대해서는 기존 학자들 간에 이미 많은 논
의가 있었다. 테일러(Taylor, E.B.)와 같이 신화로부터 제의가 나왔다고
주장하는 학자는 세계를 설명하기 위한 신화가 먼저 있었고 제의는 신
화의 적용이라고 생각했다. 그러나 제의학파라 불리는 제임스 프레이
저(James Frazer)와 제인 해리슨 같은 학자들은 제의가 신화보다 먼저
있었고 제의로부터 신화가 나왔다고 한다. 그럼에도 불구하고 제의와

6　Harrison, J. E., *Themis: A Study of the Social Origins of Greek Religion*, The World Publishing Company, 1927, p.331.

7　Hook, S.H., ed. *Myth and Ritual*, Oxford, 1933, p.3.

8　Burkert, W., *Homo Necans*, University of California Press, 1983, p.32.

신화가 상호 밀접한 관계가 있다는 사실은 분명하다. 그렇지만 발터 부케르트(Walter Burkert) 같은 학자는 신화와 제의가 독립적이었으리라는 가능성도 주장한다.[9] 실제로 제의가 신화보다 더 오래되었다고 할 수 있다. 하지만 그렇다고 해서 신화가 반드시 제의에서 기원했다고 말할 수는 없다는 것이다. 세계 지역 신화에 따라 신화가 먼저 있고 제의가 나온 경우도 있으며, 제의가 먼저 있었고 신화가 나온 경우도 있을 수 있다. 또는 이것들이 필연적으로 상호 연관 관계에서 있는 것은 아니고, 신화와 독립적으로 제의가 있는 경우도 있으며 제의와 독립적으로 신화가 있는 경우도 있다. 여기서 우리가 주목해야 하는 것은 신화와 제의가 상호 보완적 관계에 있을 때 종교적인 특징이 훨씬 더 강화된다는 사실이다.

2. 희생제의의 기원과 목적

인간이 원초적으로 희생제의를 바치게 되는 근본적인 원인을 몇 가지 살펴보자. 희생제의의 기원과 관련하여 종교학, 사회학, 인류학 등의 학문 분야에서 다양한 논의가 있겠지만, 나는 보다 근본적인 철학적 원인들이라 생각되는 '실존적 원인'과 '도덕적 원인' 및 '종교적 원인'으로 분류하여 설명해 보려 한다. 따라서 희생제의의 원인과 관련된 거의 모든 원인들을 분류하려 시도한 것은 아니다. 나아가 희생제의의 세 가지 원인들은 각각 상호 독립적으로 존재한다기보다는 상호 연관적으로

---

9 Burkert, W., *Structure and History in Greek Mythology and Ritual*, University of California Press, 1979, p.57.

존재한다. 따라서 실질적으로 논의할 때 세 가지 원인들은 상호 연관하에서 접근되어야 한다고 생각한다.

실존적 원인: 인간의 실존과 한계상황

첫째, 근본적으로 인간의 한계상황에서 비롯한 희생제의의 '실존적 원인'을 살펴보자. 원시시대의 희생제의는 직관적으로 대면하는 인간의 한계상황으로 인한 무력감과 초월적이고 강력한 힘의 원천에 대한 두려움으로부터 출발했을 수 있다. 인간은 생의 한가운데에서 대처할 수 없는 수많은 사건들과 상황들에 직면하여 인간의 한계를 넘어서는 초월적인 힘을 상정하게 된다. 고대에는 그것은 반드시 인격적인 '신'은 아니었더라도 문제가 되지 않았다. 그렇지만 그것은 언제나 인간에게 놀라움을 안겨 주는 존재였다. 그리스어로 신을 의미하는 '테오스'(theos)는 본래 놀랄 때 사용했던 표현이다. 인간이 자신의 힘으로 더 이상 아무것도 할 수 없는 상태에서 유일한 타결책은 바로 신과 소통하는 것이었다. 그러나 도대체 인간이 어떻게 초월적인 존재에게 접근할 수 있단 말인가? 그것은 이 우주 안에서 신적인 힘에 대해 인간의 방식으로 경외심을 표현하는 희생제의라 할 수 있다.

인간이 가지는 원초적인 불안이나 두려움은 이 세계 속에서의 인간 자신의 유한성이나 한계상황으로 인해 시작된다. 이것은 근본적으로 인간의 실존적 상황과 연관되기 때문에 항상 인간의 반성적 통찰을 통해 인식 가능하다. 이로부터 인간은 초월적인 존재에 대한 희생제의를 바치게 되었다고 할 수 있다. 플라톤은 인간만이 희생제의를 바칠 수 있는 유일한 존재라고 생각했다. 제우스는 인간들이 신들에게 도전했을 때 심각한 고민에 빠졌다. 이 지상에서 인간들을 파멸시키면 신들에게 희생제의를 바칠 존재들이 없어지기 때문이었다. 이것은 인간만이

유일한 신들을 알고 신들에게 희생제의를 바칠 수 있는 존재이라고 해
석하기 때문이다. 실제로 인간은 본성적으로 이성을 가진 존재이기 때
문에 추론적 능력을 통해 경험을 넘어서는 초월적인 것에 대한 인식으
로 나아갈 수 있다.

종교적 원인: 인간의 오만과 신성모독

둘째, 인간의 유한한 한계를 모르는 데서 오는 희생제의의 '종교적
원인'이라 할 수 있다. 이것은 신의 분노를 일으키고 인간이 스스로 극
복할 수 없는 한계상황에 마주치게 한다. 희생제의의 실존적 원인이 인
간이 자신의 한계상황을 아는 데서 출발한다면, 희생제의의 종교적 원
인은 인간이 자신의 한계상황을 잊는 데서 출발한다고 말할 수 있다.
인간이 자기 자신의 한계를 망각하여 저지른 죄가 바로 신성모독이라
할 수 있다. 근본적으로 신성모독죄는 인간의 오만(hybris)과 밀접한 관
계가 있다. 그것은 인간이 자신의 한계를 알지 못하는 데에서 나온다.
델포이신전에 새겨진 '너 자신을 알라. 인간과 신이 얼마나 다른지를
알라'는 격언도 이 세계 속에서 인간이 자신의 위치를 아는 것이 가장
중요하다는 교훈을 준다. 인간이 신의 분노를 설명하기 위해 개인뿐만
아니라 국가 공동체를 포함하여 모든 것을 반성적 성찰의 대상으로 놓
고 원인을 찾아내기까지는 많은 시간이 소요된다. 그리하여 신의 분노
를 달래기 위한 희생제의를 공식적으로 바치기 전에 인간은 이미 수많
은 고통이나 죽음을 대가로 치를 수밖에 없다.

우선 디오뉘소스신을 모독하고 박해한 사건과 관련된 신의 분노들을
살펴볼 수 있다. 보이오티아의 오르코메노스의 왕 미뉘아스(Minyas)의
세 명의 딸들은 디오뉘소스를 숭배하기 위해 그 도시를 떠나 산으로 몰
려든 여인들을 비난했다.[10] 그래서 디오뉘소스는 소녀로 변신하여 나타

나 비밀 의식을 무시하지 말라고 미뉘아스의 딸들에게 경고했지만 그들은 말을 듣지 않았다. 디오뉘소스가 처음에는 황소에서 사자로, 다시 사자에서 표범으로 변하자, 그들은 너무나 두려워하며 자신의 아이를 조각내어 희생 제물로 바쳤다.

티륀스의 프로이토스(Proitos)왕의 딸들도 디오뉘소스의 비밀 의식에 참석하지 않았다는 이유로 광기에 들렸다.[11] 예언자 멜람푸스(Melampous)는 프로이토스에게 왕국의 1/3을 준다면 그의 딸들을 치료해 주겠다고 약속했지만 프로이토스는 거절했다. 그리하여 소녀들은 점점 더 미쳐 갔고, 다른 여인들마저 미치게 되었다. 결국 프로이토스가 자신의 왕국의 2/3를 멜람푸스에게 넘겨 주고서야 여인들의 광기는 잠재워졌다.

또한 트라케의 잔인한 왕 뤼쿠르고스(Lykourgos)는 디오뉘소스의 유모들을 마치 암소인양 사냥했던 걸로 알려져 있다.[12] 공포에 사로잡힌 아직 어린 디오뉘소스신은 바다로 뛰어들고 테티스 여신이 무릎에 받아 냈다. 결국 뤼쿠르고스는 벌을 받아 미쳐 버렸다. 그는 포도나무를 없애 버리는 걸로 믿었지만 아들을 죽여 사지를 잘라 내어 버리는 끔직한 형벌을 받았다. 나아가 테베의 펜테우스(Pentheus)왕도 디오뉘소스신을 박해한 자로 등장한다. 결국 그는 디오뉘소스 축제에서 신들린 상태에 있던 어머니 아가우에(Agaue)와 이모들에 의해 사지가 찢겨 죽게 된다.[13]

신성모독과 관련된 신의 분노는 단지 디오뉘소스신뿐만 아니라 다른

10 Antotoninus Liberalis. 10: Ovidius, *Metamorphosis*. 4.1-42, 389-415.
11 Apollodoros. *Bibliotheke*. 2.2.2.
12 Homeros, *Ilias*, 66, 130: Apollodoros, 3.5.1.
13 Euripides, *Bacchai*, 1111-1145.

신들에게도 나타난다. 사냥의 여신 아르테미스를 추종하며, 아프로디테 여신은 천박하다고 비난을 일삼던 히폴뤼토스(Hippolytos)는 아프로디테 여신의 분노를 일으키게 되고 보복을 받게 된다.[14] 히폴뤼토스를 처벌하기 위한 아프로디테의 희생양은 미노스왕의 딸이자 테세우스의 아내인 파이드라(Phaedra)였다. 파이드라는 사랑의 광기에 사로잡혀 히폴뤼토스를 사랑하게 되지만 히폴뤼토스에게 모욕을 당하고 자살하게 된다. 그러나 파이드라의 죽음에 대해 오해한 테세우스(Theseus)가 히폴뤼토스를 저주하게 된다. 결국 히폴뤼토스는 바다의 신 포세이돈에 의해 처참하게 죽게 된다. 파이드라의 아버지 미노스(Minos)도 자신의 왕권을 입증하기 위해 포세이돈이 보낸 흰 수소를 희생 제물로 바치지 않았기 때문에 저주를 받게 되었다. 결국 희생양인 파시파에(Pasiphae)가 흰 수소와 결합하여 반인반수 미노타우로스(Minotauros)를 낳게 되는 형벌을 받게 된다.[15]

트로이의 왕 라오메돈(Laomedon)의 경우도 트로이 성벽을 쌓는 데 아폴론과 포세이돈의 도움을 받고도 아무런 대가를 치르지 않았기 때문에 신들의 분노를 사게 된다.[16] 아폴론은 트로이에 역병을 보내고, 포세이돈은 바다괴물을 보낸다. 결국 라오메돈은 신의 분노를 달래기 위해 신탁이 말하는 대로 자신의 딸을 바다괴물에게 바칠 수밖에 없었다.[17] 또한 트로이전쟁이 끝날 무렵 작은 아이아스(Lesser Aias)는 아테나 여신상을 잡고 자비를 구하는 카산드라를 데려왔기 때문에 아테나 여신의

---

14 Euripides, *Hippolytos*, 21.
15 Euripides, *Hippolytos*, 337.
16 Apollodoros, *Bibliotheke*, 2.5.9.
17 카시에페이아와 안드로메다도 비슷한 형태의 이야기를 가지고 있다. cf. Apollodoros, *Bibliotheke*, 2.4.3.

분노를 샀다. 그것은 결국 그리스 동맹군 전체에 미쳤고 귀향길을 순탄
치 못하게 만들었다.[18] 또한 니오베(Niobe)도 자식이 단 둘이라고 레토
(Leto) 여신을 조롱하다가 자신의 12명의 아이들이 모두 아폴론과 아르
테미스에 의해 사살당했다. 니오베의 자식들은 주변 사람들이 모두 저
주를 받아 돌로 변했기 때문에 장례 의식을 치르지 못하다가 신들에 의
해 묻혔다. 결국 니오베는 자식들 때문에 슬퍼하다가 돌로 변했다고 한
다.[19] 신의 분노로 인한 인간의 고통은 인간에게 자신의 삶의 실존적 상
황을 되돌아보게 만든다.

자연적 악과 도덕적 죄

셋째, 인간은 생의 한가운데서 부딪치게 되는 수많은 역경과 시련들
을 반성적으로 성찰하면서 희생제의의 '도덕적 원인'으로 나아가게 된
다. 그리하여 인간에게 고통을 일으키는 사건들이나 현상들의 원인을
인간 내면에서 찾으려 하면서 도덕적인 원인으로 환원시키게 된다. 구
체적으로 인간의 한계상황을 유발시키는 원인을 알 수 없는 자연현상
들이나 육체적 질병 및 정신적 질병 등의 원인은 초자연적인 원인에서
비롯된다고 생각하였다. 이와 같이 고대인들은 도덕적 원인과 관련된
신화적 설명은 대부분 '신의 분노'로 표현된다. 그리스인들에게 홍수나
가뭄 및 역병 등과 같은 자연적인 악들은 대부분 국가 공동체나 개인에
게 원인이 있다고 생각하였다. 인간이 죄를 지었기 때문에 신의 분노를
샀다는 것이다. 세계 지역 신화에 신의 분노를 일으키는 이야기들이 산
재해 있다.

---

18   Pausanias, *Description of Greece*, tr. by W.H.S. Jones, Loeb Classical Library,
Harvard University Press, 1935, 7.19.

19   Homeros, *Ilias*, 24.603.

우선 고대사회에서 인간에게 가장 큰 고통을 불러일으키는 사건들 중 하나인 홍수를 살펴보자. 일반적으로 잘 알려진 이스라엘을 비롯한 대부분의 지역에 홍수신화가 나타난다는 것은 흥미로운 사실이다. 사실 그리스와 같은 지리적 조건을 가진 나라에서도 대홍수신화가 존재한다는 사실로부터 홍수는 인간의 보편적 기억으로 일종의 원형적 사건으로 볼 수 있는 측면도 있다. 홍수는 인류의 기억에 각인된 자연현상들 중 다른 무엇보다도 공포와 두려움을 불러일으키는 사건이라 생각하면 될 것이다.

그리스의 홍수신화들 중 대표적인 것이 데우칼리온과 퓌라의 홍수신화이다.[20] 데우칼리온(Deukalion)은 프로메테우스의 아들로 에피메테우스와 판도라의 딸인 퓌라(Pyrrha)와 결혼했다. 프로메테우스는 아들에게 대홍수가 일어날 것을 알려 주었고, 데우칼리온은 퓌라와 함께 상자를 만들어 피신했다. 엄청난 비가 9일 낮과 밤 동안 내렸고 땅이 물로 뒤덮였다. 드디어 비가 그치고 데우칼리온과 퓌라는 파르나소스산 정상에 도착하여 제일 먼저 제우스에게 희생제의를 바쳤다. 그러자 제우스가 매우 기쁘게 받아들였다고 한다. 그리스인들에게 홍수는 날씨의 신으로 비바람을 관장하는 제우스의 기능이기 때문에, 당연히 홍수와 관련해서는 제우스에게 희생제의를 바친다.

다음으로 홍수와 비슷하게 인간에 공포와 두려움을 일으키는 또 다른 현상들은 가뭄이나 기근 및 역병이다. 고대 그리스인들은 원인을 알 수 없는 가뭄이나 역병 및 기근 등도 신으로부터 기원한다고 생각했다. 대부분 흉년이나 기근의 경우는 가뭄과 함께 일어난다. 따라서 기근의 경우에는 기후와 관련하여 제우스에게 원인이 돌려지거나 역병의 경우에

---

20   Apollodoros, *Bibliotheke*, 1.7.2.

는 의술과 관련하여 아폴론으로 원인이 돌려질 것으로 추정된다. 그렇지만 일단 기원신화로 들어가면 흉년 또는 기근신화의 원형은 곡물의 여신 데메테르(Demeter)와 관련된다.[21] 일반적으로 농경신화의 기원으로 설명되는 데메테르와 페르세포네의 이야기와 맞물려 있다.

하데스에 의해 페르세포네(Persephone)가 납치된 후에 데메테르(Demeter)는 딸을 찾기 위해 헤카테(Hekate)와 함께 수소문하게 된다. 태양 신 헬리오스(Helios)는 데메테르의 처지를 안타깝게 여기고 제우스의 묵인하에 하데스(Hades)가 페르세포네를 납치했다고 알려 주었다. 딸을 잃은 슬픔에 데메테르는 올림포스를 떠나 인간 세상에 내려와 아무 일도 하지 않았다. 그러자 지상에는 엄청난 재난이 닥쳐왔다. 인간은 아무것도 수확을 할 수가 없었다. 데메테르가 모든 것을 감추어 두었기 때문이다. 흉년이나 기근은 대지의 여신의 축소된 형태인 곡물의 여신인 데메테르의 영역에도 해당된다.

위대한 어머니 여신인 대지의 여신은 모든 것에 생명을 주기도 하고 빼앗기도 한다. 대지로부터 아무것도 생겨나지 않으니 모든 것이 파괴되기 시작했다. 식물이 자라나지 않으니 동물들도 죽어 나갔기 때문이다. 결국 제우스는 데메테르와 타협할 방도를 찾아 나설 수밖에 없었고 하데스에게 페르세포네를 돌려줄 것을 충고했다. 호메로스의 데메테르의 여신의 힘은 이 지상의 모든 생명체를 죽어 나가게 만들 만큼 강력한 힘을 드러내 준다. 이와 같은 원형적 형태의 기근이나 흉년에 관한 데메테르 이야기 외에는 자연적으로 가뭄이나 역병이 함께 나타나는 경우가 많다.

고대인들에게 죽음에 대한 공포를 불러일으켰던 역병의 경우도 신의

---

21 Homeros, *Hymns to Ceres* 2.

분노와 관련되어 있다. 태양신이며 의술의 신 아폴론을 원인으로 추정하는 경우가 많다.[22] 『일리아스』 제1권에서 아킬레우스는 트로이전쟁 중에 그리스군에게 역병이 돌자 회의를 소집하여 원인을 찾도록 했다.[23] 그것은 사제 칼카스를 통해 내린 신탁에 따르면 아폴론의 분노 때문이다. 아폴론은 질병을 일으키는 신이기 때문에 당연히 아폴론이 왜 분노를 일으켰는지를 찾으면 될 일이었다. 칼카스는 그리스군의 총사령관인 아가멤논이 아폴론의 사제를 모욕한 결과라는 신탁을 전한다. 예전에 아폴론 신의 사제인 크뤼세스(Chryses)가 전쟁포로로 잡힌 자신의 딸 크뤼세이스(Chryseis)를 되찾기 위해 엄청난 보상금을 가지고 아가멤논을 방문했다. 그러나 예상치 못한 수치스러운 모욕을 당하고 되돌아오면서 그는 아폴론신에게 기도하여 아가멤논을 저주하였다. 그리하여 아폴론이 그리스 진영에게 빗발치듯 화살을 쏘아 날려 역병이 돌도록 만들었다. 결국 아폴론의 진노를 가라앉히고 역병을 물리치기 위해 아가멤논은 크뤼세이스를 그녀의 아버지에게 되돌려 보낼 뿐만 아니라 오뒷세우스를 동행해 헤카톰베(hecatombe)를 바치는 대규모의 희생제의를 바치는 것으로 일단락된다.

그러나 아폴론은 단지 질병을 보내는 자로만 설정되고 질병을 일으키는 자는 독자적으로 설정된 경우도 많다. 그것은 인간에게 발생하는 고통의 종류와 밀접하게 연관되어 있다. 고통의 종류에 따라 죄의 종류가 추정되고, 죄의 종류에 따라 관련된 신이 누구인지 밝혀진다. 가령 렘노스 여인들에게 악취가 풍기는 끔찍한 질병이 생겨났다. 이로 인해

---

22 고대 그리스 서사시 시대에는 아폴론이 질병과 관련된 의술의 신으로 등장한다. 원인을 알 수 없는 전염병은 대부분 아폴론이 병을 보내기도 하고 낫게도 하는데 후대에는 아폴론의 아들 아스클레피오스가 의술의 신 역할을 대변하게 된다.

23 Homeros, *Ilias*, 1.53.

남편들은 그녀들과 멀어지게 되었고 사랑할 수 없게 되었다. 따라서 그 질병의 원인은 당연히 아프로디테 여신의 분노로 추정된다. 과거에 렘노스섬의 여인들은 아프로디테 여신에 대해 적절한 숭배를 하지 않았다.[24] 그래서 아프로디테는 다른 사람들이 접근할 수 없을 정도로 악취를 내뿜는 벌을 렘노스 여인들에게 내렸고, 렘노스의 남자들은 더 이상 그들과 함께 있을 수가 없어서 트라케의 소녀들을 데려와 함께 살았다. 그 때문에 렘노스 여인들은 남자들과 그 첩들에 대해 분노하여 렘노스섬의 모든 남성들, 즉 아버지, 남편, 아들까지도 모조리 죽여 버리는 만행을 저질렀다.[25]

이와 같이 고대 그리스인들은 우주 자연 질서의 파괴와 인간의 도덕적 죄를 연관시켜 생각했다. 고대인들은 우주 자연의 질서와 법칙과 인간 사회의 법이나 관습을 유비적으로 사유하며 상호 영향을 미친다고 믿었다. 특히 인간이 사회의 법과 관습 및 도덕을 어기게 되면 우주 자연 질서나 법칙을 깨지게 만들어 홍수나 가뭄 및 역병 등과 같은 파괴적인 현상들이 일어난다고 생각했다. 그래서 역으로 이러한 파괴적 현상들이 일어나면 인간 사회의 법과 관습 및 도덕이 무너지고 깨지지 않았는지를 반성적으로 사유하여 신들에게 죄를 청하고 희생제의를 올려 화해하려 했다. 특히 고대 그리스의 경우에 신들이 각각 고유한 영역을 가지고 있기 때문에 인간이 어떤 영역에서 죄를 지었는지를 성찰하는 것은 문제를 해결하는 중요한 단초가 된다. 그래서 그리스인들은 홍수나 가뭄, 또는 역병 등과 같은 자연적 현상들을 계기로 과거로부터 현재에 이르기까지 기억들을 불러내어 개인이나 국가 공동체의 죄나 잘

24　Apollodoros, *Bibliotheke*, 1. 9. 17.

25　Pausanias, *Description of Greece*, 3.24.3.

못을 찾아내게 된다. 그리하여 신의 분노를 계기로 그동안 인식하지 못했던 죄를 상기해 내고 문제를 인식하고 해결하려고 노력한다.

3. 희생제의와 희생양의 종류

희생제의는 신들과 인간들 간의 결합(koinoia)의 일부를 형성한다.[26] 크세노폰은 희생제의의 목적을 크게 세 가지로 구분한다. 첫째 명예(time) 때문이고, 둘째 자비(charis) 때문이며, 셋째 좋은 것들에 대한 필요 때문이다.[27] 우선 신에게 영예를 돌린다는 것은 그리스 종교의 근본적인 개념이다. 신들은 인간에게 존경을 받을 존재이다. 그래서 인간이 신들에게 희생제의를 바치는 것은 당연한 일이다. 희생제의는 근본적으로 신들을 즐겁게 하는 것(kecharismena)이다. 희생제의는 희생 제물의 종류에 따라 식물 희생제의와 동물 희생제의로 구분해 볼 수 있다.

식물 희생제의

식물 희생제의는 농경민족과 문화와 관련하여 발전되었고, 동물 희생제의는 유목 민족과 문화와 관련되어 발전되었다고 할 수 있다. 물론 세계 여러 지역의 민족 간의 이동과 통합으로 식물 희생제의와 동물 희생제의가 혼합되어 나타나는 경우도 많다. 실제로 식물 희생제의와 동물 희생제의는 어떤 측면에서는 희생 제물의 차이가 있을 뿐이다. 근본적으로 희생제의는 '죄의식'과도 밀접한 연관이 있다. 사실 동물의 경

---

26 Platon, *Symposion*, 188b.
27 Theophrastos, *On Piety*, frg. 12.42-8.

우와는 달리 식물과 관련하여 죄의식을 가지기는 쉽지 않은 일이다. 신석기 시대에 농경 생활을 하던 민족들은 대부분 대지의 여신이나 달의 여신을 숭배하였다.

특히 이 세계의 모든 살아 있는 것을 태어나게 하는 위대한 어머니 여신의 몸은 신성하게 여겨졌다. 그래서 때로는 인간이 대지에 대해 인위적으로 하는 행위에 대해 두려움을 가지게 되었다. 가령 땅을 파고 씨를 뿌리는 것이나, 또는 땅에서 자라나온 식물이나 나무를 잘라내는 것도 대지의 여신에게 상처를 입히는 것이라 생각하기도 했다. 그래서 인도의 바이가족은 숲이 타서 생긴 재에만 씨를 뿌리는 유목 농경을 했고, 알타이족은 풀을 뽑는 것조차 큰 죄가 된다고 생각했다.[28] 그러나 대지의 여신에 대한 신앙은 농경생활을 하면서 식물, 특히 곡물을 관장하는 여신에 대한 신앙으로 축소되면서 다양한 농경의례들이 생겨났다. 농경을 통해 인간은 지상에서 생존할 수 있는 조건들을 확보하기 때문이다. 그것은 단지 인간의 활동뿐만 아니라 우주의 질서와 법칙에 따른 시간과 계절의 주기가 중요하기 때문에 계절의 순환에 따른 중요한 제의들이 생겨났다.

농경은 제의와 아주 밀접한 관계를 가질 수밖에 없다. 우선 대지는 모든 생명을 태어나게 하고 자라나게 하는 힘을 가지고 있다. 특히 대지로부터 식물들이 자라나기 위해 신성한 힘이 작용해야 한다. 따라서 대지의 여신이나 곡물의 여신에 대한 제의는 필연적으로 발생할 수밖에 없는 것이다. 다음으로 농경은 계절의 주기적 변화와 밀접한 연관이 있기 때문에 매 시기마다 다양한 제의들이 발전하게 된다. 시간의 변화와 계절의 주기에 따라 농경의 주요 행위, 즉 씨를 뿌리고 곡물을 거두

---

28 Eliade, M., ibid., 331쪽.

는 일을 할 때마다 인간은 신성한 힘에 의존할 수밖에 없다. 마지막으로 농경은 탄생과 죽음, 그리고 재탄생과 관련된 순환적 세계관을 가지게 한다. 인간은 자연 세계의 현상을 관찰하면서 단지 식물뿐만 아니라 인간도 유비적인 삶을 산다고 추정했던 것으로 보인다. 따라서 농경과 관련하여 재생과 관련된 제의들이 발전되었다. 특히 대지의 신성한 힘을 재생시키기 위한 신년제의를 주목해 볼 수 있다.

그리스의 대표적인 농경의례는 테스모포리아(Thesmophoria) 축제이다.[29] 이것은 데메테르와 페르세포네 신화를 기반으로 하여 구성되었으며, 특히 하데스에 의한 페르세포네의 납치 이야기가 중심이다. 테스모포리아 축제는 그리스의 대부분의 도시들과 소아시아 지역의 도시들 및 시칠리아 등에까지 퍼져 있었다. 다산과 풍요를 기원하는 축제로서 남자들은 보거나 듣는 것도 금지되었고 여성들만 참여할 수 있었다. 아테네에서는 테스모포리아 제의가 거행되는 3일 동안 여성들은 프닉스 근처에 있는 오두막을 임시 거처로 삼아 생활하였다. 제의 첫째 날은 '상승'(Anodos)의 날로 페르세포네가 지하 세계에서 지상으로 올라오는 것을 기린다. 여성 시민들은 프닉스에서 아크로폴리스에 있던 테스모포리온 성소로 행렬을 지어 올라갔다. 둘째 날은 '단식'(Nesteia)의 날로 데메테르가 페르세포네를 잃고 단식하며 애통해 했던 것을 기린다. 셋째 날은 '아름다운 탄생'(Kalligeneia)의 날로 데메테르가 페르세포네를 만나고 다시 올림포스로 돌아가는 것을 기념하며 대지에 다산과 풍요가 깃들게 하기를 기원한다. 데메테르를 찬양하는 대규모 축하연이 베풀어진다. 희생 제물인 새끼 돼지를 메가라(Megara)에 던져 썩은 사체

---

29 테스모포리아 축제의 준비와 진행 등과 관련된 세부적인 내용은 다음 논문을 참조하시오. 문혜경, "고전기 아테네에서 여성과 종교", 『서양고대사연구』 25권, 2009, 108-114쪽.

에 곡물의 씨를 혼합하여 제단에 바치거나 밭에 뿌리는 행위를 한다.

동물 희생제의

우리가 주목해야 할 또 하나의 희생제의는 동물 희생과 관련되어 있다. 동물 희생제의는 종교제의에서 독특한 위치를 차지한다. 그리스 희생제의는 일반적으로 사냥 의식에서 왔다고 한다. 사냥꾼들은 신성한 영역인 숲이나 산으로 들어가 신들의 현현인 동물들을 살해한다. 이것은 사냥꾼의 마음에 일종의 죄의식을 느끼게 할 수 있다. 실제로 그리스신화에는 사냥과 관련하여 잔혹한 처벌을 받는 인간들의 이야기들이 남아 있다. 악타이온(Aktaion)이 아르테미스의 숲에서 사냥을 하다가 우연히 아르테미스를 보게 되었고 결국 수사슴으로 변해 사냥개에 의해 찢겨 죽는 이야기도 이러한 종류에 속한다.[30] 그리스인들은 주로 황소, 암소, 양, 염소, 돼지 등 가축들을 희생 제물로 바쳤다. 희생 제물은 흠이 없어야 했으며 화환으로 장식되었다. 동물을 희생시키는 제단을 신전 안이 아니라 밖에 있었기 때문에, 희생 제물을 데리고 제단까지 갔다. 이 때 제단 위에서 희생 제물을 죽이면서 피는 따로 모았다가 한꺼번에 제단 위에 쏟아 부었던 것으로 보인다. 희생 제물의 피는 죄를 정화하는 데 사용되었다.

부케르트(Burkert, W.)는 희생 이론의 중심은 죄의식에 있다고 말한다.[31] 인간은 동물을 죽일 때 불안을 경험하고 죄의식을 느끼기 때문에 이를 완화하기 위해 희생동물을 죽일 때 모든 사람이 참여하게 만든다. 부케르트의 주장처럼 동물 희생제의가 사냥과 밀접한 관계에서 발전되

---

30   Apollodoros, *Bibliostheke*, 3.4.4; Ovidius, *Metamorphosis*, 3.143.

31   Burkert, W., *Homo Necans*, University of California Press, 1983, pp.136-143.

었다는 사실을 의심할 여지는 별로 없다. 그렇지만 때로는 식물 희생제의에도 인신공희가 등장하는 것을 보면 필연적인 관계로 이야기할 수는 없을 것으로 보인다. 나아가 베르낭이 지적하듯이 동물 살해는 희생제의의 여러 측면들 중 하나이며 중요한 요소이긴 하지만 지나치게 강조하는 것은 희생제의의 다른 측면들을 간과할 수 있다는 사실을 유의할 필요는 있다.[32]

인신공희의 기원과 종류

희생제의에서 가장 핵심적인 요소는 신 또는 신들에 대한 희생 제물 또는 희생양이라 할 수 있다. 신들에게 죄를 지은 사람이 직접 희생 제물이 되기도 했었지만, 점차 다른 것으로 대신하는 희생양 제도로 대체되었다. 희생양이란 인간의 죄를 대신하는 다른 것들로 주로 유목 문화에서는 염소나 양 또는 황소 등의 동물이었다. 그런데 희생양은 이중적인 특징을 가진다. 그것은 그 자체로는 '죄' 와 관련하여 전혀 죄가 없지만 죄를 대신해야 하는 상징을 가지며, 또한 신과의 관계에서 신에 대한 두려움에 대한 원인으로 신의 분노를 진정시키기 위한 것이다.

희생 제물은 처음에는 바로 인간 자신이었다가 인간을 대신하는 제물로 변경된 것으로 보인다. 인신공희는 실재이든 또는 상징이든 대부분의 종교의 주요 특징이다. 그것은 네 단계를 거쳐 발전된 것으로 보인다.[33] 첫 번째 단계에서는 정기적으로 희생된 존재는 신적인 왕이었다. 두 번째 단계에서는 그 외 어떤 사람이 신적인 왕의 대체물로 정기

---

32 Vernant, J. P., *Mortals and Immortal*, ed. Froma I. Zeitlin, Princeton University Press, 1991.

33 Raglan, Lord, "Myth and Ritual", *Journal of American Folklore* 68, 1955, p.459.

적으로 희생되었다. 세 번째 단계에서 인간은 아주 위급한 시기들에 희생되었지만, 다른 때에는 인간을 살해하는 척만 했으며 어떤 다른 희생물로 대체하기도 했다. 네 번째 단계에서는 인간을 결코 희생물로 삼지 않았으나 대개 그가 희생물이었다는 것을 가리키는 방식으로 취급되었다. 그리스 서사시나 비극 작품에서 우리는 인간이 희생 제물이었다는 사실을 쉽게 찾아볼 수 있다. 사실 인간을 희생 제물로 바치는 관습이 야만적이라는 생각이 지배할 만한 고전기에도 여전히 인신공희가 기록되어 있는 것은 특이할 만하다.

우선 인신공희의 경우에도 인간에 닥친 위기와 관련해 희생 제물의 종류와 가치를 달리했던 것으로 나타난다. 가령 국가 공동체가 가뭄이나 홍수와 같은 자연적 재해나 역병이나 전쟁으로 인해 위기에 처해 있을 때에는 다른 어떤 것보다도 고귀하고 소중한 가치를 가진 존재가 희생양이 될 필요가 있다. 그래서 국가 공동체가 위협을 받는 상태에서 가장 고귀한 인물이 희생양이 되는 경우가 생겨난다. 그래서 국가 공동체에서 가장 높은 왕이 직접 희생양이 되거나 왕의 딸 또는 아들 및 가장 아름다운 처녀가 희생양이 되기도 한다. 이와 유사한 종교적 관습이 그리스 외에 다른 지역에서도 많이 발견된다.[34]

신성한 왕의 죽음

그리스에서는 국가 공동체가 위기에 처하게 되면 왕이 가장 고귀한 자에서 가장 비천한 자가 되어 살해되거나 추방되었다. 아테네의 코드로스(Kodros)왕은 비록 가장 훌륭한 왕이지만 신탁에 따라 아테네를

---

[34] 프레이저의 『황금가지』(Golden Bough)에서 살해당하는 왕의 이야기들이 상당수 나온다.

구하기 위해 노예의 옷을 입고 적진으로 들어가 살해당한다. 렘노스 (Lemnos)의 여인들이 자신들을 배신한 남자들을 모조리 죽여버릴 때, 토아스(Thoas)왕은 딸 휩시퓔레(Hypsipyle)의 도움으로 궤짝에 숨겨져 위대한 희생 제물로 바다로 던져졌다고 한다.[35]

테베의 오이디푸스(Oedipus)왕은 테베에 가뭄과 역병이 일어났을 때 추방당했다. 테베에 가뭄이 밀어닥쳐 대지에서 식물들이 자라나지 못하고 동물들이나 인간들도 자식을 낳지 못하고 있는 데다, 아폴론이 보낸 역병이 뒤쫓아 와서 사람들이 죽어 나가자 테베인들이 오이디푸스왕에게 몰려들어 탄원을 한다.[36] 오이디푸스는 백상들을 가엾이 여겨 델포이에 크레온(Kreon)을 보내 신탁을 받아오는데 테베 땅을 정화하기 위해서는 전왕 라이오스(Laios) 살해범을 추방해야 한다는 것이다. 오이디푸스는 신탁을 내린 아폴론이 역병의 해방자이자 구원자로 오기를 바라며 살해범을 반드시 찾아내어 도시를 정화시킬 것을 다짐한다.[37]

> "나는 먼 친구들이 아니라 바로 나 자신을 위하여
> 이 더러운 것을 쫓아 낼 것이오.
> [라이오스]를 살해한 자가 누구든 내게도
> 그 손으로 복수하려 할 것이오.
> 그 분을 돕는 일은 바로 나 자신을 돕는 일이오."

오이디푸스는 전왕 라이오스의 살해범을 찾는 것은 죽은 자만이 아니라 자기 자신을 위해서도 반드시 이루고 말 것이라고 한다. 그렇지만

---

35 Burkert, ibid., p.84.
36 Sophocles, *Oidipous Tyrannos*, 22-30.
37 Sophocles, *Oidipous Tyrannos*, 137-141.

이러한 판단은 오판이라는 것이 곧 밝혀진다. 죽은 라이오스의 살해범
은 밝혀지지만 바로 오이디푸스 자신이었기 때문이다. 라이오스 살해
사건을 추적하는 가운데 오이디푸스 자신이 코린토스가 아닌 테베의
왕자였고 아버지 살해라는 불길한 예언 때문에 버려졌다는 사실을 알
게 된다. 결국 아내이자 어머니 이오카스테는 자살하고 오이디푸스는
자신의 눈을 스스로 찔러 버린다. 그는 죽은 후에라도 하데스에서 아버
지와 어머니의 낯을 더 이상 볼 수 없기 때문이라고 말한다. 더욱이 그
는 테베를 정화시키기 위해 스스로 희생양이 되어 테베를 떠난다.

왕의 딸의 희생
　왕의 무고한 아들이나 딸이 희생 제물로 바쳐지는 경우는 훨씬 더 많
은 이야기가 있다. 그리스 동맹군은 트로이로 떠나기 직전 뮈케네의 아
가멤논왕의 딸 이피게네이아(Iphigeneia)를 희생 제물로 바친다. 아가
멤논은 과거에 아르테미스의 신성한 숲에서 사냥을 하다가 불경죄를
저질렀다. 그것은 아르테미스 여신의 숲에서 길게 솟아 나온 뿔과 얼룩
진 가죽을 가진 한 새끼 사슴 사냥을 하고 나서 아르테미스보다 낫다는
말을 흘렸던 것이다.[38] 그러나 그는 자신이 한 일을 후회하고 아르테미
스에게 그해 낳은 가장 아름다운 것을 바치기로 약속했다.[39] 트로이전
쟁에 참여하기 위해 모인 그리스 동맹군은 바람이 불지 않아 항해를 하
지 못하자 신탁에 이유를 물어보았고, 그리스 동맹군의 총사령관이었
던 아가멤논이 과거에 아르테미스 여신에게 저지른 불경죄가 문제라는
답을 받았다. 아가멤논의 죄에 대한 대가를 치르지 않으면 그리스 함선

38　Sophocles. *Electra*. 568.
39　Euripides. *Iphigeneia he en Tauris*. 20.

들이 출항할 수가 없다는 것이다. 결국 아가멤논의 큰 딸 이피게네이아
를 희생 제물로 바치고서야 출발할 수 있었다.[40]

또한 에우리피데스의 『트로이아의 여인들』(*Troiades*)에서는 트로이
전쟁이 끝나고 아킬레우스의 무덤에 트로이의 공주 폴뤼크세네(Polyx-
ene)가 희생 제물로 바쳐졌다는 것을 알 수 있다.[41] 과거에 아킬레우스
가 트로이에서 트로일로스를 추적하고 있을 때 폴뤼크세네는 도망간
적이 있었다. 트로이전쟁이 끝나고 아킬레우스가 자기 무덤에 나타나
프리아모스와 헤카베의 딸을 희생시켜 자신의 전리품으로 줄 것을 요
구했다고 전해진다.[42] 트로이 왕비 헤카베(Hekabe)는 폴뤼크세네까지
죽음을 당하게 된 것을 알고 비탄에 빠졌다. 그러나 폴뤼크세네는 아킬
레우스의 희생 제물이 되기를 바랐던 것으로 알려졌다. 전쟁포로가 되
어 노예로 전락하여 살기를 원하지 않았기 때문이라고 한다.

희생 제물의 종류와 가치

희생제의는 처음에 자기 자신을 희생 제물로 바치다가, 다음에는 자
신의 딸이나 아들을 희생 제물로 바치던 '인신공희'(人身供犧) 형태로
나타나고, 마지막으로 인간을 대신하여 동물을 바치는 '희생양'(Scape-
goat)의 제도로 나타난다. 희생 제물이 되는 동물들은 어느 지역인지 또
는 어떤 신인지 등 제의 구성 요소에 따라 약간씩 차이가 났다. 그리스
에서 희생 제물로 바쳐진 동물들은 대체로 가축들이었다. 그리스 신들
이 희생 제물로 받는 동물들은 지역에 따라 조금씩 달랐지만 소와 돼지
및 양과 염소가 가장 선호되었다. 일반적으로 신들에게 바쳐지는 동물

---

40 Apollodoros. *epitoma*. 3.21.

41 Euripides, *Troiades*, 261-264.

42 Euripides. *Hecabe*. 37-44.

들이 가진 특징들 중 가장 중요한 기준이 되는 것은 그것들의 성과 색깔이다. 일반적으로 남신들은 수컷을, 여신은 암컷을 주로 받았던 것으로 보인다.[43] 희생 제물로 바치는 제물은 경제적으로 가치를 따지기 어렵지만, 그리스인들이 선호했던 몇 가지 제물들이 있었다.

우선 가장 귀중하게 여겼던 제물은 '소'이다. 당시 그리스에서 소는 아주 값비싼 가축이었다.『일리아스』에서 영웅들이 희생 제물로 신들에게 바치는 동물은 소였다. 그리스인들이 가장 성대한 희생 제물로 생각하는 것은 '헤카톰베'(Hecatombe)로 소 100마리를 바치는 제의이다. 다음으로 그리스인들이 귀중하게 여겼던 제물은 '돼지'이다.[44] 돼지가 희생 제물로 많이 사용된 이유는 유용성 때문으로 보인다. 돼지를 희생 제물로 받았던 대표적인 신들로는 엘레우시스의 데메테르여신과 키프로스의 아프로디테, 화덕의 신 헤스티아와 포도주의 신 디오뉘소스 등이 있다. 사랑의 여신으로 아프로디테는 대부분의 지역에서 다산과 풍요의 기원이 되었다. 식물의 신들로 데메테르(Demeter) 및 디오뉘소스(Dionysos)도 다산과 풍요의 신들이다. 헤스티아(Hestia)는 화덕의 여신으로 그리스 사회에서는 가문의 혈통을 보장해 주는 가부장제의 수호여신이기 때문이다. 돼지는 다산과 풍요를 기원하기 위해 사용되기도 하지만, 특별히 죄의 정화를 위해 사용되기도 한다. 티륀스의 프로이토스(Proitos)왕의 딸들은 디오뉘소스 종교를 박해하다가 광기에 사로잡혔을 때 희생제의에서 돼지의 피로 정화했다. 또한 트로이전쟁에서 승리하고 귀환한 아버지 아가멤논(Agamemnon)을 살해한 어머니 클뤼타임네스트라(Klytaimnestra)에게 복수를 하기 위해 살인을 저질

43　Bremmer, J.N., "Greek Normal Animal Sacrifice", in *A Companion to Greek Religion*, Ogden, Daniel ed. Blackwell Publishing, 2007, p.134.

44　Bremmer, J.N., "Greek Normal Animal Sacrifice", p.133.

렀던 오레스테스(Orestes)는 복수의 여신 에리뉘에스(Erinyes)에게 쫓
기다가 델포이의 아폴론신전에서 돼지의 피로 정화를 받았다.

그렇지만 아무래도 그리스에서 희생 제물로 손쉽게 선택된 동물은
아무 데서나 흔하게 볼 수 있었던 '염소'나 '양'이었을 것이다.[45] 더욱
이 그리스인들은 개도 희생 제물로 바쳐졌다. 개는 '경계'와 연관되어
입문적인 특성을 드러낸다.[46] 특히 달의 상징과 밀접히 연관되어 있고
헤카테와 아르테미스의 동물로 알려져 있다. 아르테미스 여신과 헤카
테 여신은 자주 혼돈을 일으켰던 신들이었다. 헤카테(Hecate) 여신은
달의 세 가지 국면들과 연관되어 세 개의 형상으로 나타난다. 심지어
개의 형상으로 나타나기도 했고 개를 데리고 다녔다. 이외에도 에일레
이튀이아(Eileithyia)는 출산의 여신으로 아르테미스나 헤카테와 동일
한 기능을 공유하고 있다. 출생은 존재의 세계와 비존재의 세계의 경계
에 있기 때문으로 보인다.

또한 전쟁의 신 아레스(Ares)도 때때로 '개'를 희생 제물로 받았는
데, 전쟁이 삶과 죽음의 경계를 오가게 하기 때문일 것이다. 대부분의
신들이 소와 양, 염소는 먹을 수 있는 희생 제물을 받지만, 일부 신들은
새와 같은 먹을 수 없거나 아주 싼 희생 제물을 받는다.[47] 특히 사랑과
성과 관련된 아프로디테(Aphrodite)는 '새'를 받기도 했고, 프리아포스
(Priaphos)는 '물고기'를 받기도 했다. 세계의 여러 지역에서 사랑의 여
신의 상징 동물은 공통적으로 비둘기로 나타난다. 그것은 비둘기가 특

---

45   우리나라에서 희생 '양'(skapegoat)이라 불리지만 사실 염소를 가리킨다. 그리스
종교와 신화에 염소와 관련된 특징이 자주 나타나는 것은 그만큼 흔하게 볼 수 있는 친
숙한 동물이기 때문이다.

46   Bowie, A.M., "Greek Sacrifice: Forms and Functions", in *The Greek World*,
ed., Anton Powell, Routledge, 1995, p.474.

47   Bremmer, J., ibid., p.41.

히 번식을 잘하기 때문으로 설명되기도 한다. 또한 물고기도 고대로부터 다산과 생명력의 상징이었다.

4. 희생제의의 정화 수단과 의식

4.1 희생제의와 정화의 목적

인간의 죄와 오염

인간은 본성적으로 알고자 하는 욕구를 가지고 있다. 앎은 근본적으로 원인과 결과를 아는 것이라 할 수 있다. 우리는 사건이나 현상의 원인을 전혀 알 수 없을 때 아무런 대처를 할 수 없는 상태에 빠지게 된다. 이것이 인간에게 원초적인 불안과 두려움을 자아내게 된다. 이러한 상황에서 인간이 보다 적극적으로 초자연적인 원인을 찾아내어 설명을 하려고 시도하는 것도 이 세계에서 살아남기 위한 인간의 존재 방식이라 할 수 있다. 종교적으로 원인을 알 수 없는 사건이나 현상에 대한 고대인들의 해석은 신의 분노에 초점을 맞추고 있다. 신의 분노는 자연적인 악의 원인이 되기도 한다. 그것을 통해 인간은 자기 자신뿐만 아니라 국가 공동체에 대한 반성적 통찰을 하게 된다. 결국 신의 분노의 원인을 인간 자신에게로 돌아와 도덕적인 죄나 신성모독죄 등으로 해석하게 된다.

일단 신탁을 통해서든 또는 그 외 다른 방식을 통해서든 인간이 자연적 악과 도덕적 악의 원인을 알게 되면 문제를 해결하기 위해 신과 소통을 하려 시도하게 된다. 그것이 일종의 희생제의라 할 수 있다. 고대 그리스인들은 죄를 일종의 '오염'으로 보고 희생제의를 통해 정화(katharsis)할 수 있다고 생각했다. 그래서 인간을 고통 속에 빠지게 하는 외적인 악 또는 내적인 죄를 정화시킬 수 있다면, 고통에서 벗어나거나 죽음을 피할 수 있다고 생각했다. 만약 그렇게 하지 않는다면 국가나 개인에게 때로는 엄청난 불행과 고통을 가져올 수가 있다고 생각했다. 역으로 국가 공동체나 개인에게 닥친 불행과 고통이 어디서 시작되었는지를 탐색해 들어갈 때 인간의 죄나 오염에서 기원되었다고 추론되기도 하였다. 그것은 매우 광범위하게 이해되어 단순히 인간의 도덕적인 죄나 허물 뿐만 아니라 종교적인 오만 등을 포함한다.

정화의 수단

희생제의에서 죄나 오염으로부터 벗어나기 위해 사용하는 정화 수단들은 다양하게 사용되었다. 가장 일반적으로 생각해 볼 수 있는 정화 수단은 무엇인가? 그것은 아무래도 물이나 그러한 종류일 것이다. 정화의 수단을 일차적으로 '씻는 것'과 '태우는 것' 및 '터는 것'의 이미지로 분류해 보았다. 그리스인들이 가장 일반적으로 사용하던 정화 수단들을 살펴보면 물, 피, 불, 나뭇가지 등이 있다.

첫째, '씻는 것'의 이미지와 관련하여 가장 광범위하게 사용되는 정화 수단은 '물'과 그와 유사한 종류의 것들이라 할 수 있다. 물은 '씻는 것'의 이미지를 가장 먼저 떠오르게 한다. 종교적으로 정화의 의미가 부여되는 물은 주로 모든 것이 흘러나오는 원천으로서의 샘이나, 모든 것을 생성되게 하는 생명 줄로서의 강, 또는 소금을 함유하고 있는 드넓은 바다 등이 될 것이다. 물은 상징적으로 죽음을 통한 재생과 부활을 의미한다. 또한 고대 종교에서 '피'도 정화의 수단으로 자주 사용되었다. 피도 물과 같이 오염을 제거하는 이미지를 가졌다. 사실 '피에 의한 피의 정화'라는 생각은 이상해 보일 수 있다. 그렇지만 깨끗한 피로 더러운 피를 씻어 살인의 흔적을 없애 버린다는 것이다. 살인자의 경우 동물의 피를 살인자의 손에 뿌리는 방식으로 정화를 시킨다.[48] 피에 의한 정화는 단지 살인의 정화에만 제한되지는 않는다. 엘레우시스에서는 입문의식에도 사용된다. 아가멤논의 아들 오레스테스(Orestes)는 어머니 클뤼타임네스트라를 살해한 후 복수의 여신들 에리뉘에스(Erinyes)에 의해 쫓기다가 델포이의 아폴론 신전에서 돼지의 피로 정화되었다고 한다.[49] 피에 의한 정화는 고대 종교의례에서 자주 발견할 수 있다.

다음으로 '태우는 것'의 이미지를 가진 대표적인 정화 수단은 불이라 할 수 있다. 불은 그 자체로 아무런 흠이 없는 것이라 할 수 있다. 그래서 그리스의 집 안 한가운데서 늘 불이 타오르는 화덕과 희생제의는 아주 강력한 상관관계를 가지고 있다는 것을 알 수 있다. 그리스신화에서 화덕의 여신 헤스티아(Hestia)는 인간이 바치는 희생 제물을 첫 번째로 받는 신으로 이야기된다. 그것은 대부분의 희생제의가 개인이나 국가의 헤스티아, 즉 화덕에서 치러지기 때문이다. 불의 정화 기능은 그리스인들의 장례 의식에서도 찾아볼 수 있다. 그리스인들은 죽음의 제의로 매장과 화장을 병행했다. 화장은 죽은 자의 몸에서 생명력을 가진 물을 전부 말려 버려 산자의 세계로부터 완전히 분리시키려는 목적도 있었지만, 불을 통해 죽은 자를 오염된 것으로부터 정화시키려는 목적도 있었을 것이다.[50] 특히 우리가 찾아볼 수 있는 많은 의례에서 햇불

---

48 Parker, Robert, *Miasma: Pollution and Purification in Early Greek Religion*, Clarendon Press, 1983, p.372.

49 Aeschylos, *Eumenides*, 283.

50 그리스의 장례 의식과 관련해서 죽음의 의미에 대해서는 다음을 참조하시오. 장영란, 『죽음과 아름다움의 신화와 철학』, 루비박스, 2015, 34-39쪽; 장영란, "고대 그리스의 죽음과 영혼의 제의의 철학적 의미", 『동서철학연구』 제31집, 2004, 12쪽.

은 필수불가결한 것으로 등장한다. 고대인들은 횃불을 흔들어 어떤 장소나 사람을 정화시킬 수 있다고 생각했기 때문이다.[51] 이와 유사한 방식으로 황금에 의한 정화의식도 찾아볼 수 있다. 황금이 단지 값비싸고 귀한 것이라서가 아니라, 마치 '타오르는 불'과 같이 빛난다고 생각되어 정화의 기능을 가진다고 생각된 것이다.[52]

마지막으로 '터는 것'의 이미지를 가진 정화 수단으로서 나뭇가지와 그와 비슷한 종류의 수단들을 살펴보자. 고대 그리스의 경우에 월계수를 사용하여 악을 쫓아내고 깨끗이 할 수 있다고 생각했다. 아폴론의 사제가 역병을 몰아내기 위해 월계수 나뭇가지의 물을 사람들에게 뿌려서 깨끗이 했다고 한다.[53] 월계수는 아폴론에게 성별된 신성한 나무였다. 또한 월계수는 선에 대한 힘을 가지고 있다고 생각되었다. 이 외에도 올리브 나무도 정화를 하기 위해 사용된 나무였다. 신성한 나뭇가지에서 물을 터는 것은 두 가지 방식으로 정화를 하게 만든다. 고대에 나무는 해마다 새로운 나뭇가지에서 새로운 잎사귀를 내어 생명력을 재생시킬 수 있다고 생각되었다. 또한 물은 모든 것을 깨끗이 씻어 내는 기능뿐만 아니라 모든 것을 자라나게 하는 생명력을 가졌기 때문에 치유력이 있다고 생각되었다. 이 두 가지 상징들이 결합되었을 뿐만 아니라 터는 행위가 더해져서 정화 기능을 강화시킨 것으로 보인다.

51 Parker, Robert, *Miasma: Pollution and Purification in Early Greek Religion*, Clarendon Press, 1983, p.227.
52 Pindaros, *Olympia*, 1.1.
53 Parker, Robert, *Miasma: Pollution and Purification in Early Greek Religion*, Clarendon Press, 1983, p.228.

희생양과 파르마코스

희생제의에서 무엇보다도 가장 중요한 부분은 희생 제물을 바치는 것이다. 기존에는 희생 제물은 제의를 바치는 주체이거나 또는 그와 거의 유사한 존재인 자식들이었다. 그렇지만 인간의 의식이 발전하면서 희생제의는 점차 문명화되어 갔다. 그리하여 희생 제물은 인간이 아닌 다른 것으로 대체되기 시작한다. 희생양 제도는 인간 자신이 스스로 희생 제물이 되는 위험에서 벗어나게 해 주는 방법으로 사용되었다.[54] 그리스에서는 지역마다 약간씩 형식은 달리하지만 희생양 풍습이 나타난다.[55] 우선 희생양은 개인과 국가 공동체를 '정화' 시키는 역할을 했다. 사람들은 개인이나 도시국가에 닥친 불행이나 재해 등에 대해 원인을 알지 못하기 때문에 신탁에 도움을 청하지만 대부분 매우 모호한 답변을 얻게 되고 해석을 필요로 한다. 일차적으로 개인의 죄를 정화하기 위해서나 국가 공동체의 죄를 정화하기 위해 희생제의를 바친다. 그러나 모든 희생제의가 희생양을 제물로 삼는 유혈 제사를 바치는 것이 아니다.

희생물 또는 희생양은 그리스어로 파르마코스(parmakos)라고 한다. 파르마코스는 일종의 치료제라 할 수 있다. 파르마코스는 공동체의 병이나 죄를 전이시키는 대상이다. 콜로폰(Colophon)에서는 특별히 싫어하는 사람을 파르마코스로 선택하여 음식을 준 후에 무화과나무의 작은 가지로 매질을 한 후 도시 밖으로 내몰았다. 압데라(Abdera)에서는 정화를 위해 불쌍한 악마를 사서 잘 먹인 후 지정된 날에 도시 성벽 밖으로 끌고 나와 돌을 던지며 국경으로 추적했다. 아테네(Athene)에서

---

54 그리스 사회에서 희생양 제도는 그리스 문명의 절정기에 인신공희에 대한 공포로 인해 나타난 것으로 보인다.
55 희생양과 관련해 많은 학자들이 다양한 기능들을 제시하는데 여기서는 주로 고대 그리스와 관련하여 정화 기능에 초점을 맞춰 설명하고자 한다.

는 두 명의 못생긴 사람들을 선발하여 무화과나무로 화환을 만들어 씌우고 파르마코이로서 쫓아냈다.[56] 그리스의 여러 도시국가에서 파르마코스는 사람들로부터 모욕을 받고 내쫓긴다. 그는 도시국가를 '정화' 하기 위해 선택된 존재로 카타르시아(katharsia)라 할 수 있다. 그리스인들은 이러한 절차를 통해 '정화' (katharsis)가 이루어진다고 생각했다.

사실 파르마코스는 '약' 을 의미하는 파르마콘(pharmakon)과 분명히 관련이 있는데도 불구하고 연관성을 알기는 쉽지 않다.[57] 그렇지만 희생양을 통해 사람들은 자신들의 죄가 정화될 수 있다고 생각했다. 나아가 신들이 처벌로서 보낸 가뭄과 홍수 및 역병 등이 물러날 수 있다고 생각했다. 희생양은 한편으로 인간을 대신하여 특정한 개인이나 국가 공동체의 죄나 오염을 짊어진 존재로서 '독' 이라 생각할 수 있지만, 다른 편으로 희생양이 죄나 오염을 짊어지고 제물로 바쳐지거나 도시 밖으로 쫓겨나는 방식으로 제거되면 모든 것을 치료하는 '약' 이라 생각할 수도 있는 것이다. 이와 같이 인간의 죄로 인한 자연적 악이나 도덕적 악 등이 희생양을 통해 제거가 될 수 있다고 생각했기 때문에 죄에 물든 상태에서 깨끗하게 정화될 수 있다고 생각했다.

4.2 희생제의와 윤리적 비판

제의의 목적과 정화

그리스 철학자들은 때로는 희생제의와 희생양에 대해 비판적 태도를

---

56 Burkert, W., *Structure and History in Greek Mythology and Ritual*, University of California Press, 1979, p.65.

57 파르마콘(pharmakon)은 그리스어로 약, 독, 희생양 등의 의미를 가지고 있다.

보이지만 전통적인 희생제의 자체를 부정하지는 않는다. 플라톤은 오히려 전통적으로 내려온 희생제의의 방식을 중시해야 한다고 말한다. 국가 공동체의 법률을 만드는 사람은 '옛날'에 세워진 희생제의를 매우 존중해야 한다. 이것들 중 어떤 것은 델포이의 아폴론의 신탁이나, 도도나의 제우스의 신탁, 또는 암몬의 신탁에서 받은 신탁일 수 있으며, 다른 것들은 신들의 환영들(phasmata)이 나타났든 또는 영감들(epinoiai)을 통해서든 사람들을 설득했던 '옛 설명들'(palaioi logon)에 기초했다.[58] 사실 희생제의는 자연(physis)에 따라 만들어진 것은 아니다. 그러나 법(nomos)은 인간의 산물이다. 따라서 법은 인간에 의해 변화될 수도 있다. 그렇지만 희생제의와 관련된 법률들은 신탁의 강제력 또는 신적 강제력 때문에 아주 조금일지라도 변경할 수 없다고 한다.[59] 플라톤은 희생제의에 대해 생각보다 엄격하게 전통적 입장을 고수하고 있다.

　그렇지만 플라톤을 비롯하여 상당수의 그리스 철학자들은 희생제의를 바치는 목적과 방식 및 자세 등과 관련하여 비판적 입장을 제시하는 경우가 많다. 특히 희생제의에서 희생 제물을 바치는 방식에 대해 부정적이다. 인간이 희생제의를 통해 죄를 정화하는 목적의 본질적 의미를 망각하고, 단지 신들에게 희생 제물만 바치면 죄가 정화된다고 생각하는 것은 어리석다. 헤라클레이토스(Herakleitos)는 정화의식을 통해 인간은 오히려 자신을 오염시킬 수 있다고 말한다. 어떤 사람은 정화한다고 하면서 다른 동물의 피로 자신을 더럽힌다. 이것은 진흙탕에 들어가 진흙으로 자신을 씻으려는 것과 같다.[60] 고대 그리스인들은 피 속에 영

58　Platon, *Nomoi*, 5.738b-c.

59　Platon, *Nomoi*, 5.738d.

60　DK 22B5.

혼이 있다고 생각했다.[61] 따라서 다른 동물의 피를 바르는 것은 다른 영혼에 의해 오염되는 것으로 볼 수 있다.

실제로 인간이 죄를 인식하고 회심하고 용서를 구하는 일련의 정신적 변화과정이 선행하거나 동반하지 않는다면, 희생제의에서 희생양을 바치는 행위는 아무런 의미가 없다. 왜냐하면 모든 종교적인 의례 행위는 그것이 가진 상징적 의미를 인간에게 끊임없이 요구하고 있기 때문이다. 인간 내면의 일련의 종교적 변화가 전제되지 않고는 희생 제물을 바치는 행위는 아무런 종교적 의미를 포함할 수 없다. 따라서 헤라클레이토스가 비판하듯이 단지 피로서 자신을 깨끗이 하려 하는 것은 진흙으로 자신을 깨끗이 하려 하는 것처럼 오히려 자신을 더 지저분하게 오염시키는 행위에 불과할 뿐이다.

금기와 정화의식

이미 오르페우스종교와 피타고라스학파에서는 영혼을 가진 것들을 희생 제물로 바칠 수 없도록 하였다. 오르페우스종교는 영혼이 있는 것들, 즉 피를 가진 것들인 동물을 먹는 것을 금지했다. 이것은 피에 영혼이 존재한다는 호메로스 종교관과 일맥상통한다. 그리하여 오르페우스교는 자연스럽게 채식주의를 따랐던 것으로 보인다. 그러나 피타고라스학파도 기본적으로 동물 희생제의를 피하려 했지만, 때로는 동물 희생을 했다는 기록도 남아 있다.[62] 플라톤은 과거에 희생동물들을 바치

61　고대 그리스인들은 전쟁을 통해 피를 많이 흘리면 죽는다는 것을 알고 있었기 때문에 피에 영혼이 깃들어 있다고 생각하여 죽음과 관련된 흥미로운 견해를 보여 주고 있다. 장영란, 『죽음과 아름다움의 신화와 철학』, 루비박스, 2015, 28-30쪽: 장영란, "고대 그리스의 죽음과 영혼의 제의의 철학적 의미", 『동서철학연구』 제31집, 2004, 10쪽 이하 참조.
62　Diogenes Laertius, 8.12. 영혼윤회와의 모순을 피하기 위해 인간의 영혼이 들어

지 않고 빵이나 꿀에 절인 과일 등과 같은 순수한 희생 제물을 바친 적이 있었다고 한다. "동물의 고기를 먹거나 또는 신들의 제단들을 피로써 더럽히는 것이 불경스러워서 금했습니다. 그때 오르페우스적인 삶의 방식대로 살았던 사람들이 있었는데 완전히 영혼이 없는 것만 먹고, 반대로 영혼이 있는 것은 모두 금했던 것입니다."[63] 플라톤의 입장은 동물 희생이 반드시 전통적인 희생제의의 관행이 아니며 오히려 정결하지 못하다는 것이다.

플라톤은 동물을 희생양으로 바치는 희생제의를 비판적으로 말하지만, 희생제의 자체를 부정했던 것은 아니며 희생제의를 올바로 바쳐야 한다는 것을 강조하기 위한 조처일 뿐이다. 신들은 항상 그 자체로 존재하고 선한 존재이다.[64] 누구나 희생 제물을 바친다고 해서 신들이 죄를 용서해 주지는 않는다. 신들이 인간들에게 일종의 뇌물을 받고 용서해 준다면 '선한' 존재라 할 수 없기 때문이다. 신들은 선한 사람의 제물을 즐겁게 받아들인다. 크세노폰은 만약 악한 사람이 바치는 제물이 선한 사람이 바치는 제물보다 더 신들을 즐겁게 한다면, 선한 사람은 살 만한 가치가 없다고까지 말한다.[65] 그러므로 신들이 선한 사람인지 악한 사람인지를 가리지 않고 누구라도 희생 제물을 받아들이고 용서해 준다고 믿는다면, 오히려 그들은 신들을 모독하는 일을 하게 되는 것이다.

갈 수 없는 동물들은 신성한 법에 따라 희생된 것으로 말한다. cf. Porphyry, *De Abstinensia*, 1.26.

63   Platon, *Nomoi*, 6.782c.

64   Platon, *Politeia*, 379b.

65   Xenophon, *Memobilia*, 1.3.3.

희생제의의 주체

플라톤은 신과 소통하기 위해서 우리는 적절한 사람이 되어야 한다고 말한다. 신들에게 올바르게 희생제의를 바치기 위해서는 희생제의를 바치는 사람이 선한 사람이거나 '좋은' 사람이어야 한다.[66]

> "좋은 사람으로서 신들에게 제물을 바치거나, 기도(euchais)와 봉헌 및 모든 종류의 숭배를 함으로써 항상 신들과 교류하는 것이 가장 아름답고(kalliston) 좋은 것(ariston)이며, 행복한(eudaimona) 삶과 관련해서도 매우 효과적이고 적절합니다. 그렇지만 나쁜 사람의 경우에는 이와 반대입니다. 나쁜 사람은 그 영혼이 순수하지 못하나 좋은 사람은 그 영혼이 순수하기 때문입니다. 그러나 영혼이 더럽혀진 사람한테서 선물을 받는다는 것은 선한 사람의 경우이든 신의 경우이든 결코 옳지 못합니다."

플라톤은 단호히 선한 사람이 희생제의를 바침으로써 신들과 교류하는 것이야말로 아름답고 좋은 것이라고 말한다. 희생제의는 신을 따르는 행복한 삶을 사는 데에도 매우 중요한 요소라 할 수 있다. 그렇지만 악한 사람은 아무리 희생제의를 바쳐도 신들이 받아주지 않는다. 그것은 신들이 선한 존재이기 때문이다. 플라톤은 이미 『국가』에서 신들이 인간들의 선물에 의해 좌지우지되지 않는다고 말했다.[67] 신들은 선한 존재이기 때문에 단지 인간들의 선물에 의해 마음을 바꾼다고 생각하는 것은 잘못이다. 그래서 신을 만나려는 사람은 개인적인 준비가 필요하다. 플라톤에 따르면 그것은 스스로 좋은 사람이 되려고 노력하는 것이

---

66 Platon, *Nomoi*, 4.716e-717a

67 Platon, *Politeia*, 365e.

다. 그렇지 않으면 기도와 봉헌 및 봉사가 아무런 소용이 없는 것이다.

사실 희생제의 자체가 인간을 정화시켜 주는 것이 아니다. 인간은 초월적인 신 앞에서 자신의 근본적인 한계상황을 인식하거나 또는 자신의 죄와 허물을 인식하고 변화한 상태를 상징적으로 희생제의를 통해 드러내는 것일 뿐이다. 인간은 신들 앞에서 끊임없이 자기 자신을 되돌아보며 탁월성을 훈련할 필요가 있다. 그것을 통해 좋은 사람이 된다면 신들은 희생제의를 즐겁게 받아들이게 된다. 그리스 종교의 희생제의에 대한 비본래적인 태도에 대해 철학은 희생제의의 근본적인 목적이나 방법에 대해 반성적 성찰을 통해 희생제의의 본질에 대해 윤리적 성찰의 단초를 제시하고 있다.

5. 희생제의의 만찬과 폭력의 원리

종교 만찬과 성스러움

그리스 종교제의와 축제에서 신들과 하나가 되고 신들과 닮으려고 하는 것은 신들이야말로 가장 축복된 존재이기 때문이다. 신적인 삶을 사는 것이 고통에서 벗어나는 길이며 행복에 이르는 길이라 생각되었다. 그리스 종교 축제의 또 다른 주요 특징은 희생제의를 바친 후 참여자들이 함께 나누는 '만찬'이다. 인간에게 먹고 마시는 것은 늘 반복할 수밖에 없는 일상적인 일이다. 만약 아무것도 먹고 마실 수 없다면 생존 자체가 힘들어진다. 그러므로 그것은 자연적이고 필연적인 것이기도 하다.

그런데 인간이 살아 있는 한 일상적으로 먹고 마시는 반복적인 행위를 형이상학적으로 변화되는 종교적 행위로 만들 수 있는 것은 바로 제의를 통해서이다. 종교적 만찬은 크게 두 가지 측면에서 다루어질 수 있다. 하나는 희생제의를 통해 신과 인간 사이에 희생 제물이 분배되는 방식과 관련된 것이다. 다른 것은 희생제의를 통해 축성된 희생 제물을 먹는 행위는 인간에게 성스러움이 드러나는 방식과 관련되어 있다.

희생제의는 인간이 신에게 바치는 종교적 제의이다. 그렇다면 희생제의에서 바쳐진 희생 제물은 비록 인간이 준비하지만 신들을 위한 것이다. 그러나 희생제의가 끝난 후 희생 제물은 신과 인간이 함께하는 잔치에서 먹었다. 초기 서사시에는 신들이 인간들과 희생 제물을 함께 나눠 먹으며 기름을 태우는 연기를 좋아하는 것으로 나온다. 탄탈로스(Tantalos)는 신들의 향연에 초대받기도 하고 인간들의 향연에 신들을 초대하기도 했다고 한다. 초기에는 신들이 인간들과 만찬을 함께 했다고 말했다. 그렇지만 그리스인은 분명히 신들이 인간들이 즐기는 방식으로 음식을 먹고 마신다고 이야기하는 데 불편함을 느꼈을 것이다. 그리하여 신들은 '썩지 않는 것'을 의미하는 암브로시아(Ambrosia)를 먹고 즐긴다고 말한다.[68] 이것은 신들이 인간의 음식과 전혀 다른 것을 즐긴다는 것을 가리킨다. 그렇지만 신들은 어떤 방식으로든 인간들의 희생제의를 즐겨한다.

희생 제물의 분배

그리스의 동물 희생제의는 일종의 번제라 할 수 있지만, 희생 제물을 완전히 불태워 버리는 것은 아니었다. 그리스인들은 신들과 인간들은 각자의 몫을 가지고 있다고 생각하였다. 헤시오도스는 신들과 인간들이 희생 제물을 어떻게 나누는지에 대해 다음과 같은 신화를 전한다.[69] 프

68 장영란, 『장영란의 그리스신화』, 살림, 2005, 67쪽.
69 Hesiodos, *Theogonia*, 535-57.

로메테우스는 자신과 자신의 민족을 위해서는 소의 위장을 얇게 썬 고기와 기름진 고기 부스러기로 채워 놓았고, 제우스를 위해서는 소의 뼈를 윤기 나는 지방으로 솜씨 좋게 덮어 놓아 내용물은 전혀 보이지 않았다. 제우스는 사악한 의도를 알아차렸지만 하얗고 지방이 많은 부분을 잡았다. 그러나 제우스가 교묘하게 감춰진 흰 뼈를 보았을 때 증오심으로 가득 찼다. 그때 이후로 땅의 인간들은 신들에게 제물을 바치는 경우 그들의 제단 위에서 흰 뼈만을 태웠다고 한다. 그리스의 번제는 희생 제물을 통째로 모두 태워버리는 번제가 아니라 흰 뼈와 기름 덩어리만 태워 올렸다. 당연히 나머지 고기 부분은 인간들의 차지였다. 그리스인들의 희생 제물을 나누는 방식은 충분히 합리적이라 할 수 있다.

희생 제물의 분배 신화는 인간적인 관점에서 진행된다. 희생 제물은 인간에게 소용이 없는 부분과 인간에게 소용이 있는 부분으로 나뉘진다. 사실 신에게 뼈이든 고기이든 아무 상관이 없다. 신이 그 자체를 먹는 것이 아니기 때문이다. 그렇지만 인간에게 매우 중요한 문제이다. 대부분의 희생 제물은 인간이 생존하는 데 매우 중요한 물건이 된다. 그러나 신에게 희생제의를 바치면서 인간이 스스로 자신의 이익을 선택하는 것은 불경스러운 일이다. 그러므로 오히려 신에게 훨씬 더 좋은 몫을 바치든지, 아니면 모든 것을 바쳐야 한다. 이러한 상황은 아마도 영리한 그리스인들에게 최대의 난관이 되었을 것이다. 도대체 그리스인들은 무엇을 어떻게 선택했을까?

그리스인들은 이 문제를 매우 기발하게 풀어낸다. 신에 대한 불경을 회피하기 위해 인간들이 직접 개입하지 않고 신들 간의 갈등으로 문제를 변환시키는 것이다. 신들 중에 한 명을 선택하여 인간을 위해 대신 나서서 다른 신들을 속이게 하는 것이다. 그렇게 하면 신들 간의 갈등이 증폭되지만 인간들은 안전하게 희생 제물의 중요한 몫을 차지하게 되는 것이다. 그리스신화에서는 프로메테우스가 '트릭스터'의 역할을 하고 있다. 그래서 제우스와의 갈등이 심화되고 결국 인간을 위해 고난을 받는 신이 되는 것이다. 그렇지만 이로 인해 인간은 신의 분노로부터 비껴날 수 있다. 그렇지만 베르낭은 신들과 인간들의 조건이 다르기 때문에 다른 몫을 선택한다고 말한다.[70] 신들은 결코 파괴되지 않는 뼈들과 영혼과 같이 불꽃 속에서도 죽음을 피할 수 있는 부분들을 받지만, 인간들은 배고픔에서 벗어나기 위한 끝없는 시도에서 생명이 없는 짐승의 살을 먹는다. 이러한 방식으로 희생 제물의 특징에 따라 해석해도 신들과 인간들의 몫에 대해 충분한 설명이 될 수 있는 것처럼 보인다.

그리스 종교에서 신들에게 희생제의를 바친 후 희생 제물을 함께 나눠 먹는 것은 매우 중요한 일이다. 희생 제물을 살해하지만 단순한 폭력이 되지 않는 이유는 그것을 성스럽게 만드는 행위(sacrifice, sacrificium), 즉 제의를 통해 성스러움에 참여하고 또 참여하게 만들기 때문이다. 그래서 희생 제물은 성스러운 존재가 되어 성(聖)과 속(俗)을 매개한다. 한 마디로 성(hieros)은 신에게 속한 것이고, 속(bebelos)은 신에게 속하지 않은 것이다.[71] 성과 속은 인간에 의해 구별된다.[72] 희생 제

---

70 Vernant, J.P., *Mortals and Immortals*, p.280-81.
71 cf. Burkert, W., *Greek Religion*, Basil Blackwell, 1985, pp.269-271. 그리스어로 '성'에 대한 용어는 히에로스(hieros), 호시오스(hosios), 하기오스(hagios)/하그노스(hagnos) 등 세 가지가 넘는다. 일단 뮈케네 시대로부터 종교 영역에서는 그리스인들에게 가장 결정적인 개념이었던 히에로스에 대한 번역어로 성(聖)을 사용했다. 히에로스는 신이 아니라 신에 의해 비춰진 것에 적용되는 용어이다.
72 성 또는 성스러움이란 용어는 매우 포괄적으로 사용되는 용어라 할 수 있다. 인간은 성과 속에 의해 때로는 공간을 구획하기도 하고, 때로는 죄, 허물, 흠 등 윤리적 구별을 생각하기도 한다.

물은 성과 속의 경계에 있다. 사실 희생제의에서 희생 제물의 기능은 매우 독특한 것이다. 인간은 다양한 시간과 공간에서 성스러움에 참여할수 있다. 일정한 주기로 일어나는 제의를 통해 원형적 시간으로 돌아가성스러움을 접할 수 있으며, 자연적이든 또는 인위적이든 신전이나 성역 등과 같은 신성한 공간에 들어가면서 성스러움을 접할 수 있다.

신의 현현과 신과의 일치

인간이 신의 현현(theophany)을 체험하는 방식은 다양하다. 그렇지만 희생제의를 통해 성화된 제의 음식을 먹는 것은 전혀 다른 차원의현상이라 할 수 있다. 왜냐하면 인간이 직접 신체로 체험하기 때문이다. 희생제의를 통해 신이 현현된 제의 음식을 나눠먹는 방법을 통해희생주체는 자신의 신체로 직접 성스러움을 체험하게 된다. 그러므로희생제의에 참여한 사람들은 신의 현현인 희생 제물을 나눠 먹고 성스러움을 나눠 받는다. 이것을 통해 희생주체는 신비적인 변화를 일으킬수 있다. 신의 현현인 희생 제물을 죽이고 먹는 주체는 동일한 존재이다. 신이 곧 인간의 희생 제물이 되기도 하고 인간의 제의 음식이 되기도 한다. 이러한 특징은 특히 가톨릭의 성찬례에도 희생 제물의 원형이그리스도를 통해 전형적으로 드러난다고 볼 수 있다. 신성한 희생 제물을 죽이고 음식으로 먹고 마시는 행위를 통해 희생주체도 신성한 변화를 일으키게 된다.

희생주체는 희생 제물을 먹고 마심으로써 총체적인 변화를 가지게된다.[73] 일차적으로 희생주체는 신성에 참여할 수 있다. 성스러움이 현

---

[73] 희생제의는 희생 제물의 성스러운 변화를 통해 희생제의를 수행하는 도덕적인 인격의 상태나, 그와 관련된 대상의 상태를 변경시키는 종교적 행위라 할 수 있다. Henry Hubert and Marcel Mauss, *Sacrifice*, University of Chicago Press, 1986, p.13.

현한 희생 제물을 통해 인간은 신성한 세계로 고양될 수 있다. 나는 희생주체의 변화를 수직적 관계와 수평적 관계로 나누어 다음과 같이 분석해 보았다. 첫째, '수직적인 관계'에서 희생주체는 희생 제물을 먹음으로써 신과 하나 되는 일치감을 얻으며 세속적 삶 속에서 벗어나는 신성한 삶에 참여함으로써 일상생활에서 힘들고 괴로운 일들을 극복할 수 있게 된다. 둘째, '수평적인 관계'에서 희생주체는 희생 제물을 먹음으로써 함께 음식을 나눠 먹은 다른 구성원들과 일치감과 유대감을 얻음으로써 공동체 의식을 가질 수 있다. 인간은 종교적 희생제의를 통해 영혼을 정화시키고 초월적인 세계로 비상할 수 있거나, 또는 공동체 안에서 진정한 의미의 실존적 경험을 할 수 있다. 이것은 궁극적으로 개인의 영혼뿐만 아니라 공동체의 고통과 상처를 치유하고 극복할 수 있는 토대를 제공한다.

폭력과 성스러운 인간

르네 지라르는 희생제의와 희생양의 문제를 사회학적 관점에 분석하고 있다. 인간은 본성적으로 '모방적'이다. 사실 이 명제는 이미 아리스토텔레스가 『시학』에서 언급했었고, 르네 지라르도 『폭력과 성스러움』에서 언급했다. 그런데 르네 지라르는 모방에 대해 독특한 논의를 제시하고 접근한다. 인간의 욕망은 모방에서 출발한다. 타인의 지위를 차지하려는 욕망, 타인의 것을 원하다가도 자신의 것이 되면 사라진다. 욕망의 대상은 그것 자체로는 가치가 없고 타인에 의해 소유되고 있을 때만 가치가 있다. 우리 욕망은 모델이나 중개자를 모방하여 그의 욕망 대상이 우리 욕망 대상이 된다. 그러나 그가 욕망하거나 소유하고 있다고 생각되는 똑같은 것을 우리가 욕망한다면 우리가 모방하는 모델은 경쟁자가 될 수 있다. 또는 같은 모델을 모방하는 다른 모방자들은 같은 대상을 두고 우리와 경쟁을 할 수도 있다. 모든 인간 관계에서 폭력적인 요소가 들어 있다고 할 수밖에 없다.

폭력은 우리가 사회 속에서 살아가면서 언제든지 어디서나 마주칠 수 있는 것이다. 인간은 타자의 욕망을 모방하기 때문에 필연적으로 갈등을 빚게 되고 폭력은 항상 도사리고 있다. 이것을 '내재적 폭력' 또는 '모방적 폭력'이라 부른다. 그러나 이와 달리 공동체 안의 폭력을 제거하고 질서를 회복하기 위해 집단적으로 제시하는 해결책이 '대체 폭력' 또는 '희생적 폭력'이라 할 수 있다. 여기서 폭력은 피할 수 없는 인간의 조건이지만 또한 그것을 극복하고 회복하려는 수단이기도 하다. '대체 폭력'이라는 표현 자체에서도 알 수 있듯이 어떤 폭력을 제거하기 위해서 다른 폭력을 행사하는 것이다. 공동체가 자신을 보호하기 위해 모든 갈등과 폭력의 원인을 전가한 후 제거하는 방식이다. 사실 그것은 하나의 폭력을 다른 폭력으로 제거하는 방식이다.

'희생양' 만들기는 공동체가 내부적 갈등과 분열로 치달아서 위기 상황에 봉착할 때 한 사람에게 책임을 전가하여 폭력이 집중되도록 하여 공동체의 내부 갈등을 회복하고 평화를 회복하기 위한 것이다. 그래서 희생양이 동물인 경우에는 인간과 차이가 분명하게 나타나기 때문에 별 문제가 생기지 않는다. 그렇지만 희생양이 인간인 경우에는 공동체의 구성원과 다른 예외적인 인물이 되거나 주변적인 인물이 된다. 더욱이 그는 다른 사람에게 복수할 수 없는 존재여야 한다. 물론 힘이 없어서 복수하지 못하는 이방인이나 거지 또는 부랑자 등도 될 수 있지만, 힘을 가졌으나 스스로 희생 제물이 되려는 왕도 있을 수 있다. 따라서 이상적인 희생물은 공동체에 속하면서도 속하지 않는 존재로 공동체의 경계에 존재해야 한다. 희생양은 증오를 유발시키는 어떤 특징을 무의식적으로 타자에게 투사하는 현상으로 일종의 자기 방어기제이다.

죄의식, 수치심과 같은 인간 본성의 어두운 면을 타자에게 투사하여 타자를 비난하고 그에게 폭력을 집중시킴으로 내면의 갈등을 해결하는 방식이기도 하다.

호모 사케르와 무제한의 폭력

원시사회에서는 폭력에 대한 예방 수단은 희생제의였다. "폭력이 행하는 피해는 너무도 심각하지만 치유책은 아주 불확실하므로 예방책이 강조된다. 그런데 예방은 우선 무엇보다도 종교의 영역이다. 종교적 예방책은 폭력적인 성격을 갖는다."[74] 폭력은 공동체의 파멸을 막기 위해 희생제의로 성화되었다. 그리하여 희생양은 흠이 없는 것으로 성화된다. 그리하여 폭력과 성스러움은 뗄 수 없는 것이다. 종교에서 희생제의의 기능은 간단히 좋은 폭력으로 나쁜 폭력을 막는 것이다. 좋은 폭력은 나쁜 폭력과 차별화되어 '성스러운 폭력'으로 정당화된다. 그것이 폭력이라는 사실이 드러나지 않게 하기 위해 '성스러움'이 부가된다. '성스럽다'는 말은 라틴어의 '사케르'(sacer)에서 왔다. 사케르는 '성스러운'을 의미하기도 하고, '저주받은'을 의미하기도 한다.

아감벤(Agamben)은 '호모 사케르'(Homo Sacer)라는 표현을 사용하여 법이나 어떤 사회적 책임에서 벗어나 있어 보호를 받지 못하는 대상들을 가리킨다. 호모 사케르는 벌거벗은 생명을 의미한다. 그것은 사회적으로 무화된 존재가 폭력에 무방비 상태로 노출되어 있는 형태이기 때문이다. '성스러운 인간'이 되는 순간 벌거벗은 생명이 된다. 그는 신들의 세계에도 인간들의 세계에도 속하지 않는다. 그는 아무런 보호

---

74 Rene Girard, *La Violence et le Sacre*, 『폭력과 성스러움』, 김진식, 박무호 옮김, 민음사, 1997, 35쪽.

도 받지 못하는 폭력의 대상이 되기 쉬운 존재이고 죽음에 노출된 존재이다. 로마시대에 최초의 호민관 법에는 누가 의결을 통해 호모 사케르를 죽여도 살인죄에 해당되지 않는다고 한다.[75]

호모 사케르는 완전히 버림받은 존재로 무제한의 폭력 앞에 놓인 무력한 존재이다. 특히 근대 국가는 '생명 권력'을 갖고 있어 보호받아야 할 생명과 보호받지 못한 생명을 규정한다. 주권자는 모든 사람을 잠재적인 호모 사케르로 간주할 수 있다.[76] 이 때 호모 사케르는 누구에게나 살해될 위험에 처해진 존재이다. 그러나 지라르의 희생양과는 달리 죽음을 당하더라도 성스러움이 부여되지 않는다. 현대인들은 누구나 언제든지 호모 사케르가 될 수 있다. 아감벤은 "오늘날 우리가 직면하고 있는 것은 가장 세속적이고도 진부한 방식으로 선례가 없는 폭력에 노출되어 있는 삶이다"고 말한다.[77] 현대사회는 위험사회이다. 언제 우리는 폭력에 노출될지 모른다. 우리는 벌거벗은 생명으로 무방비 상태로 희생될 수 있다.

---

75 Agamben, Giorgio, *Homo Sacer: Il potere sovrano e la nuda vita*, 『호모 사케르』, 박진우 옮김, 새물결, 2008, 71쪽 참조.

76 Agamben, Giorgio, 같은 책, 178쪽.

77 Agamben, Giorgio, 같은 책, 114쪽.

놀이와 예술의 탄생

IV

인간은 축제를 즐긴다. 축제는 종교제의에서 유래되었다. 종교적 제의는 기본적으로 신을 '즐겁게' 해 주는 것이다. 그것은 인간이 자신이 가진 능력을 탁월하게 보여 주는 데에 있다.

아리스토텔레스가 말하듯이 인간은 탁월성을 발휘해야 행복하게 살 수 있다. 그렇지만 탁월성의 훈련을 통해 적절히 체화시키는 힘든 과정을 통과하고 나서야 즐거움을 느낄 수 있다. 나아가 단지 탁월성을 발휘하는 사람들뿐만 아니라, 때로는 탁월성을 발휘하는 것을 '보는' 사람들도 즐거움을 느낄 수 있다. 피타고라스는 인간의 삶을 축제라고 말하며, 운동선수는 시합을 위해 참가하지만 다른 사람은 장사를 하기 위해 참가한다고 한다. 그러나 가장 좋은 사람들은 구경하는 사람들로서 참가하는 것이라 한다.[1] 축제가 벌어질 때에는 축제 자체를 즐길 수 있

---

1 Diogenes Laertius, *Lives of Eminent Philosophers*, VIII. 8.

어야 한다.

사실 축제는 '재미'나 '즐거움'이 중요한 요소가 된다. 인간이 축제를 하는 이유는 당연히 즐겁기 위해서 하는 것이기 때문이다. 하위징아는 축제나 제의도 일종의 놀이라고 말한다. 그는 인간의 중요한 기능으로 '놀이'를 말한다. 그리하여 기존에 인간을 정의하는 주요 개념들이었던 호모 사피엔스나 호모 파베르와 같은 수준으로 호모 루덴스(Homo Ludens)를 올리려고 한다. 하위징아가 놀이 개념을 너무 확대하여 해석하는 것처럼 여겨지는 부분은 분명히 있다. 하지만 하위징아가 말하듯이 놀이는 문화 현상으로 확대되어 작동한다. 그렇다면 제의, 축제, 종교, 예술, 지식 등을 모두 포괄하는 현상으로 설명하는 것은 가능하다.

1. 놀이와 웃음의 철학

웃는 인간

아리스토텔레스는 『시학』에서 인간은 본성적으로 모방적인 동물이라고 한다. 인간은 모방을 하면서 배우고, 모방을 통해 즐거움을 느낀다. 놀이는 재미있기 때문에 하는 활동이기도 하고 재미있기 위해서 하는 활동이기도 한다. 물론 우리는 우연히 재미있는 활동들을 발견하기도 한다. 인간은 재미있으면 웃는다. 웃음은 단순히 생리적인 현상은 아니다. 인간은 기본적으로 신체적일 뿐만 아니라 정신적인 존재이다. 그렇기 때문에 인간의 웃음도 때로는 신체적인 원인으로, 때로는 정신적인 원인으로, 때로는 신체적이고 정신적인 원인으로 일어난다. 웃음도 다양한 형태로 나타난다. 아리스토텔레스는 '희극'(komeidia)에서

는 보통 사람보다 탁월하지 못한 사람을 모방한다고 한다.[2]

"희극은 보통 이하의 악인을 모방한다. 그런데 악인은 모든 종류의 악 (kakia)과 관련해서라기보다는 우스꽝스런 것과 관련해서 그렇다. 우스꽝스 러운 것은 수치 혹은 추악(aischron)의 일종이다."

희극이 보통 이하의 악인을 모방한다는 주장은 특이하게 보일 수 있다. 희극배우가 악인을 모방하는 행위를 한다는 것은 이상하기 때문이다. 아리스토텔레스는 모방하는 사람은 행동하는 인간을 모방하는데, 모방 의 대상은 선인이거나 악인이라고 한다. 이것은 모든 인간이 덕과 부덕 에 의해 성격이 구별되기 때문이라고 한다.[3] 여기서 악인은 도덕적으로 나쁜 사람만을 가리키는 것이다. 아리스토텔레스는 '덕'(arete), 즉 탁 월성에 의해 선인과 악인을 나누고 있다.[4] 여기서 탁월성은 어떤 것이 그것의 고유한 기능을 잘 발휘한 상태를 의미한다. 따라서 인간이 자신 의 고유한 기능을 잘 발휘하면 선인이고 그렇지 못하면 악인이라고 하 는 것이다. 이것은 우리말의 의미와 상당히 거리가 있다.

그렇다면 희극은 자신의 고유한 능력이나 기능을 탁월하게 발휘하지 못하는 사람을 모방한다. 아리스토텔레스는 탁월성을 인간의 이성적 측면과 관련된 지성의 탁월성과 비이성적 측면과 관련된 성품의 탁월 성으로 구분한다. 따라서 희극에서 모방하는 인간은 성품의 탁월성을 발휘하지 못하거나 지성의 탁월성을 발휘하지 못한다. 일반적으로 이

2 Aristotle, *Poietike*, 1449a31-35.
3 Aristotle, *Poietike*, 1448a1-5.
4 물론 여기서 선인과 악인이라는 표현도 그리스어로 '진지한'을 의미하는 spoudaios 와 paulos로 표기하고 있기 때문에 우리에게 떠오르는 도덕적인 개념과 거리가 있다.

러한 사람은 여러 가지로 표현한다. 성품의 탁월성과 관련해서는 나쁜 사람, 못된 사람, 성급한 사람, 둔한 사람 등이 있을 것이고, 지성의 탁월성과 관련해서는 어리석은 사람, 현명하지 못한 사람, 우스꽝스러운 사람 등이 있을 것이다.

나는 아리스토텔레스의 설명을 구체적으로 적용하여 희극을 표현하는 데 두 가지 계기를 찾았다. 하나는 외형적 시도이고, 다른 하나는 내면적 시도라고 할 수 있다. 우선 희극배우들은 두 가지 측면에서 외형적 시도를 한다는 것처럼 보인다. 일단 희극배우들은 얼굴 자체가 질서나 조화가 깨지는 방식으로 분장을 하거나, 아니면 기이하거나 과장된 표정을 가진 가면을 쓰고 행위를 한다. 다음으로 희극배우들은 두 가지 내면적 시도를 할 수 있다. 여기서 나는 아리스토텔레스가 구분한 지성의 탁월성과 성품의 탁월성을 활용하여 분석한다.

첫째, 지성의 탁월성이 제대로 발휘되지 않아 우스꽝스러운 것은 지적인 능력이 너무 부족한 경우에 나타난다. 특별히 어리석거나 바보스러운 것과 연관된다. 희극에서 배우들이 광대나 바보 역할을 하는 경우들이 많다. 바보 연기를 하는 것은 바보가 아닌데 바보인 척하는 경우가 많다. 그리하여 바보인 척하면서 현실을 조롱하고 비판한다. 둘째, 성품의 탁월성이 제대로 발휘되지 않아 우스꽝스러운 것은 성격과 감정이 적절하지 않고 너무 과도하거나 너무 부족한 경우에 나타난다. 두려워해야 할 것에 두려워하지 않거나, 두려워하지 않아야 할 것에 두려워하는 것도 우스꽝스러울 수 있다. 희극은 다른 사람에게 고통이나 해를 끼치는 것이 아니다. 그래서 희극에서는 유쾌한 측면이 있다.

웃음의 철학
인간은 즐거울 때 웃는다. 인간에게 웃음이란 무엇일까? 사실 인간

의 웃음에 대한 철학적 논의는 아리스토텔레스에게로 거슬러 올라간
다. 아리스토텔레스는 인간만이 웃는 동물이라고 주장한다.[5] 인간의 횡
경막을 통해 웃음이 발생한다. 여기서 호모 리덴스(Homo Ridens)라는
별칭이 유래한다고 볼 수 있다. 그렇지만 과연 인간만이 웃을 수 있을
까? 인간 이외에도 웃는 것처럼 보이는 동물들이 있기 때문이다. 그렇
다면 웃는 것이 인간에게만 고유하다고 말할 수는 없다. 그럼에도 불구
하고 아리스토텔레스 외에도 보에티우스(Boethius), 라블레(Rabelais),
볼테르(Voltaire), 보들레르(Baudelaire), 베르그송(Bergson), 하위징아
등도 인간을 웃는 동물이라고 정의하였다.[6] 하위징아는 아리스토텔레
스적인 '웃는 동물'(Animal Ridens)이라는 개념은 호모 사피엔스보다
더 확실하게 인간을 동물로부터 구분해 준다고 말한다. 그는 웃음은 인
간에게서만 발견되는 생리적 행위라고 말한다.[7]

크리츨리(Critchley)는 '유머'(humour)가 인간적(human)이라고 한
다.[8] 그것은 사람을 웃게 만든다. 웃는 것은 지성의 능력과 밀접하기 때
문에 무엇보다도 인간적이라는 것이다. 『구약』에서 히브리어로 '이
삭'(Isaac, Isha-ak)은 '웃을 사람'을 의미한다. 「창세기」 제17장에서
하느님은 99살인 아브람(Abram)과 90살인 사래(Sarai)에게 아들이 태
어나게 하고는 '이삭'이라는 이름을 주었다. 하느님 또한 유머 감각이
있는 것으로 보인다. 아이가 태어날 것이라는 이야기를 듣고 아브람은
믿을 수가 없어 웃었다.[9] 하느님은 그 늙은 커플의 이름들도 다음과 같

---

5 Aristotle, *On the Parts of Animals*, 673a8.

6 Lydia B. Amir, *Humour and the Good Life in Modern Philosophy: Shaftesbury,
Hamann, Kierkegaard*, Sunny Press, p.262.

7 Huizinga, Johan, *Homo Ludens: a study of the play element in culture*, Rout-
ledge, 1949. p.6.

8 Simon Critchley, *On Humour*, Routledge, 2002, p.34.

이 손을 보았다. 아브라함(AbrAHm)과 사라하(SarAH)로 이름을 바꾸었는데 '하하'(Ha-Ha)라는 음이 나오게 하였다.[10] 이 정도면 히브리인들의 유머 감각은 인간뿐만 아니라 신에게서도 탁월하게 드러난다고 할 수 있겠다.

과연 인간만이 웃을 수 있는 동물이라 할 수 있을까? 사실 어떤 동물들은 인간이 웃는 모습과 비슷한 표정과 소리를 내기도 한다. 이러한 외적 특징만을 기준으로 삼는다면 확실히 인간만이 웃는 동물이라고 말하기는 어렵다. 그렇지만 베르그송이 생각하는 것처럼 웃음이 지성의 산물이라고 생각한다면 인간만이 웃을 수 있는 동물이라 할 것이다. 사실 웃음이 지성의 산물이라는 주장은 논란의 여지가 있다. 인간 이외의 다른 동물도 웃는 것처럼 보이기 때문이다. 그렇지만 웃음의 차원도 여러 가지가 있을 수 있다. 베르그송이 말하는 웃음은 지성의 능력이 적절히 발휘가 되어 유발되는 웃음을 말하는 것으로 보인다.

웃음의 원인

베르그송은 웃는 인간이라는 중요한 사실이 인류 역사를 통해 철학자들에게 별다른 관심을 끌지 못했다는 점을 놀라워했다. 사람들은 무엇에 대해 웃는가? 베르그송은 크게 행위와 상황, 그리고 성격에 대해

9 「창세기」 1장 17절. "아브라함은 얼굴을 땅에 대고 엎드려 웃으면서 마음속으로 생각하였다. '나이 백 살 된 자에게서 아이가 태어난다고? 그리고 아흔 살이 된 사라가 아이를 낳을 수 있단 말인가?'"

10 Simon Critchley, ibid., p.42. 크리츨리는 하위징아가 인간을 정의한 '호모 루덴스'(Homo Ludens)는 호모 사피엔스(Homo Sapiens)와 동등하게 취급될 수 없다고 한다. 인간성을 놀이할 수 있는 능력과 동일하게 말할 수 없다고 생각했기 때문이다. 그래서 오히려 웃는 동물, 즉 호모 리덴스(Homo Ridens)가 우리에게 더 적절한 것으로 보인다(p.41). 이러한 차이는 인간에게 놀이보다 웃음이 그만큼 더 고유하다는 생각 때문일 것이다.

웃는다고 한다.[11]

첫째, '행위'의 웃음거리로 인간이 하는 특정한 행동의 메커니즘이 웃음을 유발시킨다. 그것은 행동의 경직화와 자동화이다. 길을 걷다가 돌부리에 걸려 우스꽝스러운 모습으로 넘어졌을 때 발생하는 웃음이 경직성에서 비롯된다. 또한 매번 동일한 실수를 하는 동일한 행동을 되풀이하여 발생하는 웃음이 자동화에서 비롯된다. 이것들은 삶의 유연성이 부족해서 생긴다. 일반적으로 손과 다리가 엇갈리면서 걷는데 같은 방향으로 동시에 올리는 방식으로 걸을 때도 웃음이 유발된다. 또한 동일한 행동을 반복적으로 계속하는 것도 웃음을 유발한다. 찰리 채플린이 〈모던 타임즈〉에서 계속적으로 반복하여 나사를 조이는 것도 웃음을 유발할 수 있다.

둘째, '상황'의 웃음거리로 특정한 상황이 웃음을 유발한다. 베르그송은 깍꿍 놀이, 꼭두각시놀이, 도미노 놀이 등 세 가지 사례를 통해 설명한다. 깍꿍 놀이는 누군가 예상치 못한 일에 놀라게 하는 놀이이다. 어떤 사람이 커다란 선물 상자를 열었는데 갑자기 사람이 튀어나와 놀래는 것을 보고 웃는 것을 말한다. 꼭두각시놀이는 어떤 사람이 자신의 의지와 상관없이 기계처럼 반복적으로 움직이는 자동화 상황을 보고 웃는 것을 말한다. 또한 도미노 놀이는 어떤 사람이 지나가면서 다른 사람과 부딪치는데 그 사람은 버스정류장에서 줄을 서 있다가 넘어지면서 뒤에 있던 사람들이 연속으로 넘어지는 상황이 벌어지면서 유발되는 웃음이다.

셋째, '성격'의 웃음거리로 일상생활이나 드라마에서 표현된 인물들

---

11   Bergson, Henri, *Laughter: An Essay on the Meaning of the Comic*, 『웃음, 창조적 진화, 도덕과 종교의 두 원천』, 이희영 옮김, 동서문화사, 2008.

의 성격에서 유발된다. 그런데 그것이 부정적으로 인식되면 비웃음거리나 조롱거리가 될 수 있다. 어떤 사람이 지나치게 고집스럽거나 지나치게 완고한 성격을 반복해 드러내면 웃음거리가 될 수 있다. 이것도 역시 '경직성'과 연관된다. 말하자면 현대사회에서 구시대적인 인물이 비웃음거리가 되는 경우가 여기에 해당된다. 또한 너무 지나치게 비사회적이고 비사교적인 성격을 보이는 사람도 경직되어 있다. 그래서 돈키호테가 우스꽝스러워 보일 수 있다.

반대로 폐쇄적 사회에서 새로운 가치를 구현하거나 실천하려는 사람도 비웃음을 유발할 수 있다. 플라톤의 동굴의 비유에서 동굴 밖에서 진리의 태양을 바라보고 다시 동굴 안으로 돌아와 진리를 가르치려는 사람이 비웃음거리가 되는 경우도 마찬가지이다. 희극은 기본적으로 사회적 특성을 보인다. 성격은 주로 공동체 안에서의 특정 지위나 직업의 성격에 따른 과장, 허영, 부조리 등을 드러낸다. 기존의 사회생활을 하지 않는 사람에게 웃음이 있을 수는 없다. 아리스토텔레스가 정의한 대로 인간은 본성적으로 정치적 동물이다. 인간이 국가 공동체 속에서 살아가는 한, 웃지 않을 수가 없다.

2. 놀이의 특징과 종류

놀이의 문화 현상

하위징아는 인간의 특성에 대해 논하면서 흥미로운 명칭을 제안한다. 그것은 호모 루덴스(Homo Ludens), 즉 '놀이하는 인간'이다. 인간의 주요 특성들 중의 하나로 '놀이'라는 특성을 선택한 것이다. 물론 인간만이 놀이하는 존재가 아니며, 다른 동물들 중 일부도 놀이를 한다.

놀이는 순수한 신체적 활동이나 생물학적 활동을 넘어선다. 그것은 삶
이 필요로 하는 것을 넘어서며 그 행동 자체의 가치를 보여 준다. 이것
은 인간이 단지 생존을 위해 하는 행동들의 반경을 넘어서는 행동들을
하기도 한다는 것이다. 놀이는 노동과 대비되기도 한다. 놀이는 생산적
인 활동은 아니다. 놀이는 "낭비된 시간"이라고 하며, "아무것도 생산하
지 않는"다고 한다.[12] 그러나 놀이는 아무것도 하지 않는 것은 아니다.
사실 놀이도 노동에 맞먹는 상당한 활동을 하는 것이다. 그러나 노동과
일차적인 차이점은 놀이는 즐거움을 목표로 한다는 것이다. 하위징아는
놀이의 본질적 요소로 '재미'를 제시한다.[13] '재미'(fun)는 사실 즐거움
의 일종이다. 놀이를 통해 인간은 즐거움을 느낀다. 흔히 일상적 표현
으로 '재미있다'는 표현을 자주 사용한다. 놀이는 재미있는 활동이다.

　하위징아는 놀이를 일종의 문화 현상이라 생각한다. 그는『호모 루덴
스』의 첫 부분을 "놀이는 문화보다 더 오래된 것이다. 그러나 일반적인
문화의 정의는 다르다. 아무리 개략적으로 문화를 정의한다 할지라도
인간 사회가 먼저 있고 그 다음에 문화가 있다고 가르쳐 왔다"는 말로
시작한다. 하위징아는 놀이가 인간에게 고유한 특성이라 생각하기 때
문에 일정한 체계를 가진 문화보다 앞서 존재했다고 주장한다. 그러나
놀이에도 일정한 규칙이나 법칙이 생기고 특정한 형식에 따라 이루어
지면서 문화 현상으로 나타난다고 할 수 있다. 더욱이 인간 사회의 중
요한 '원형적' 행위들에 놀이의 요소가 포함되어 있었다고 한다. 말하
자면 언어, 신화, 의례 등에는 놀이 정신이 구체화되어 있다고 한다. 하

12　Caillois, Roger. *Le Masque et Vertige*.『놀이와 인간: 가면과 현기증』. 이상률 옮
김. 문예출판사, 1994. 9쪽.

13　Huizinga, Johan. *Homo Ludens: a study of the play element in culture*. Rout-
ledge, 1949. p.3.

위징아는 놀이와 문화가 서로 긴밀하게 짜여졌다는 사실이 관찰되거나 설명된 적이 없다고 말하며, 진정하고 순수한 놀이가 문명의 주요 토대들 중의 하나라는 것을 증명하려 한다.[14]

놀이의 일반적 특징

인간의 본성상 놀이는 매우 특이한 현상이다. 그것은 단지 그 자체를 위해서 하는 행위이기 때문이다. 놀이가 가진 일반적인 특징은 무엇일까? 하위징아는 놀이에 대해 학문적으로 접근해 가면서 놀이의 특징들을 몇 가지 제시하고 있다. 여기서는 놀이의 대표적 특징들이라 할 수 있는 '자발성', '일탈성', '질서와 규칙', '시공간의 제약', '비밀과 차별성', '경쟁과 재현' 여섯 가지를 선별하여 분석해 보고자 한다.[15]

첫째, 놀이는 '자발적'(voluntary) 행위이다. 그것은 강제적 행위가 아닌 자유로운 행위이다. 어린아이와 동물은 재미있어서 놀이를 하는 것이며 거기에 그들의 자유가 깃들어 있다고 할 수 있다. 더욱이 놀이는 언제든지 연기되거나 중지될 수 있다. 아이들은 전쟁놀이를 하다가도 저녁을 먹으라는 소리를 들으면 갑자기 끝내고 돌아서기도 한다. 그것은 언제든지 다시 할 수 있다. 그것은 의무적으로 해야 하는 행위는 아니다. 만약 그렇다면 전혀 놀이라고 할 수 없다. 놀이의 가장 대표적인 특징은 언제든지 자유로운 시간에 한가롭게 할 수 있는 행위라 할 수 있다.

---

14 Huizinga, Johan, ibid., p.5.

15 cf. Huizinga, Johan, ibid., p7-15. 이상봉은 하위징아와 카이와의 놀이 담론을 처음으로 도입하여 그리스신화와 철학을 놀이의 관점에서 분석하였다. 그는 하위징아의 놀이 개념의 특징들을 크게 세 가지만 설명한다. 첫째 자유, 둘째 일상생활과의 구별, 셋째, 장소의 격리성과 시간의 한계성 등이다. 이상봉, "희랍신화와 고대 자연철학에 나타난 놀이개념 연구", 『철학연구』 124권, 대한철학회, 2012. 299-300쪽.

둘째, 놀이는 '일탈'적 행위이다. 그것은 일상적인 혹은 실제 생활에서 벗어나는 특징을 가진다. 무엇보다도 '~인 척하기'(only pretending)의 특징을 가진다.[16] 만약 아이가 소꿉놀이를 하면서 엄마 역할을 맡았다면 아이는 소꿉놀이를 하는 동안 자신이 엄마인 척한다. 그렇기 때문에 그것은 항상 현실과 일정한 거리를 두고 있지만 완전히 분리되지 않는다. 그렇지만 놀이는 때로 놀이하는 사람을 완전히 몰두하도록 만들기도 한다. 그렇지만 놀이는 그 자체로 만족감을 얻는 일시적 행위이다. 놀이는 일차적으로 일상생활의 하나의 간주곡으로 나타난다. 인생을 살아가면서 긴장감을 완화시키는 데 필요한 요소가 되기도 한다. 나아가 놀이는 중요한 사회적 기능을 한다. 그것은 정치적이나 사회적 결속을 하는 역할을 한다.

셋째, 놀이는 '시공간의 제약'을 받는 행위이다. 시간적으로 놀이는 시작과 끝이 있다. 놀이는 일단 시작되면 적절한 순간에 끝나게 되어 있다. 또한 놀이는 일종의 반복 기능을 가지고 있다. 그것은 아무 때나 반복될 수 있다. 놀이는 어느 정도 시간이 경과하면 문화 현상이라는 고정된 형태를 취한다. 나아가 공간적으로도 제약이 있다. 놀이를 하기 위해 사전에 공간을 마련해야 한다. 그것은 금지되고 격리된 장소, 특정한 규칙이 지배하는 신성한 장소로서 놀이터, 경기장, 영화관, 법정 등과 같이 우리의 일상생활 속에 존재한다. 하위징아는 놀이의 장소는 일상생활의 세계 속에 있는 일시적 세계라고 한다.[17]

넷째, 놀이는 '질서'와 '규칙'을 가졌다. 놀이는 스스로 질서를 만들어 내는 경향이 있다. "놀이는 먼저 질서를 창조하고 그 다음에는 스스

---

16 Huizinga, Johan, ibid., p.22.
17 Huizinga, Johan, ibid., p.10.

로 하나의 질서가 된다."[18] 놀이는 질서 있고 조화로운 형태를 창출하려는 충동 때문에 미학적 가치를 가진다. 나아가 놀이하는 사람은 놀이를 하기 위해 용기, 인내, 끈기, 지혜, 공정 등을 필요로 하기 때문에 윤리적 가치도 가진다. 더욱이 모든 놀이에는 규칙이 있다. 그렇지만 놀이에는 반드시 속이는 사람도 있다. 놀이의 파괴자도 있기 마련이다. 그는 놀이로부터 환상을 빼앗아 버리기 때문에 놀이 공동체를 위협하게 된다. 그러므로 그는 놀이의 세계에서 축출되어야 한다. 놀이 공동체가 때로는 항구적인 조직으로 남을 수도 있으며, 반대로 놀이의 파괴자 집단도 또 다른 새로운 공동체를 만들 수 있다. 놀이는 질서를 추구하기 때문에 미학의 영역에 포괄된다. 하위징아에 따르면 "놀이에 아름다움의 속성이 덧붙여 있지 않지만, 놀이는 아름다움의 특출한 요소들을 가지려는 성향이 있다"[19] 최고 형태의 놀이를 할 때 인간의 미적 감각의 특성인 리듬과 하모니가 작동하면서 인간을 매혹시키는 기능을 가지고 있다.

다섯째, 놀이는 '비밀'(secret)과 '차별성'(differentness)을 가진다. 놀이를 비밀로 만들게 되면 더욱 매혹적으로 만들 수 있다. 놀이가 비밀이 되면 우리만의 놀이이고 남들은 끼지 못한다. 우리는 남들과 다른 존재이고 다르게 행동한다. 놀이 집단은 비밀스럽게 자신을 감추면서 위장과 단절이 일어난다. '가면무도회'나 '가장극'의 경우에는 다른 존재로 가장을 하거나 가면을 쓰고 다른 존재의 역할을 하는 방식으로 놀이를 한다. 또한 놀이는 어떤 예외적이고 특별한 지위를 부여하는 활동과도 연관된다. 특정 집단에 가입하기 위해 밟아야 하는 입문식은 일종

---

18 Huizinga, Johan, ibid., p.10.
19 Huizinga, Johan, ibid., p.7.

의 통과의례와 유사하다. 원시사회에서 한 공동체의 성인이 되기 위해 치르는 통과의례도 유사하다. 그러나 하위징아와 달리 카이와는 놀이 활동에 비밀이나 신비 또는 가장 등이 끼어들 수는 있지만 놀이 활동은 비밀로부터 비밀의 성질을 빼앗아 버린다고 한다. 즉 "비밀을 소비하는 것"이라고 한다.[20] 하위징아의 놀이에서의 비밀의 특징은 카이와의 비판에도 불구하고 여전히 의미 있다. 놀이 현상에서 비밀이 소비되거나 상실되기 위해서는 비밀이 어떠한 방식으로든 존재해야 하기 때문이다.

여섯째, 놀이는 '경쟁'(contest)과 '재현'(representation)이다. 이것은 최고 형태의 놀이에 나타나는 두 가지 양상이다. '경쟁'은 어떤 것을 얻기 위한 것이고, '재현'은 어떤 것을 드러내는 것을 말한다. 재현은 일종의 전시(exhibition)이다. 아이들은 실제의 자신과 다른 이미지나, 더 아름답거나 더 숭고한 어떤 것, 또는 일반적인 것보다는 더 위험한 어떤 것의 이미지를 만들고 있다. 그래서 아이는 왕자가 되기도 하고 아버지가 되기도 마녀가 되기도 한다. 아이는 일상적 현실에 대한 감각을 유지하면서도 상상력을 통해 왕자나 아버지 또는 마녀가 되었다고 생각한다. 따라서 어떤 것을 재현하는 데에는 상상력이 매우 중요한 역할을 한다. '경쟁'은 그리스어로 아곤(agon)이다. 일반적으로 올림픽 '경기'(Olympiakoi Agones)와 같이 경쟁을 하는 경기에 대해 사용되기도 한다. 그러나 그것은 문학, 예술, 종교 등 다양한 영역에 사용되었으며, 심지어 전쟁하는 것도 아곤이라 부를 정도로 폭넓게 사용되었다. 경기는 게임의 형태적, 기능적 특징을 가지기 때문에 놀이의 특성이 나타나

20   Caillois, Roger, *Le Masque et Vertige*, 『놀이와 인간: 가면과 현기증』, 이상률 옮김, 문예출판사, 1994, 27쪽.

지 않을 수 없다.

놀이의 항목과 분류

하위징아의 영향을 받은 카이와(Caillois)도 놀이의 형식적 특징을 여섯 가지로 제시하고 있다.[21] 첫째, 놀이는 자유로운 활동이다. 만약 강요에 의해 이루어진다면 놀이가 아니다. 둘째, 놀이는 분리된 활동이다. 처음부터 시공간적으로 제한되어 있다. 셋째, 놀이는 확정되어 있지 않은 활동이다. 과정이나 결과가 정해져 있지 않다. 넷째 놀이는 비생산적인 활동이다. 어떤 것의 소유의 이동은 있을 수 있지만, 새로운 것이 만들어지지 않는다. 다섯째, 놀이는 규칙이 있는 활동이다. 일시적으로 세운 법이나 규칙만이 통용된다. 여섯째, 놀이는 허구적 활동이다. 그것은 비현실이라는 의식을 수반한다. 여기서 하위징아와 구별되는 것처럼 보이는 것은 '비생산적 활동'이라는 것과 '허구적 활동'이라는 사실을 보다 명확하게 지적한 점이다. 사실 카이와는 놀이의 형식적 특징과 관련하여 하위징아의 주장을 보다 분명하게 설명했다는 점에서 차이가 있다.

놀이에 대한 카이와의 독자적인 측면은 놀이의 역할 분류와 항목 분류에 대한 제안이다. 카이와는 놀이의 영역을 크게 두 영역으로 나누고, 다시 각 영역마다 두 종류가 있는 것으로 설명한다. 한 영역은 '경쟁' 놀이와 '우연' 놀이라 칭해지고, 다른 영역은 '흉내' 놀이와 '연기' 놀이라고 칭해지며 총 네 가지 영역으로 구분된다. 카이와는 각 놀이에서 어느 것이 우위를 점하느냐에 따라 놀이는 '경쟁', '우연', '모의', '현기증' 등 네 가지 항목으로 구분된다고 한다.[22]

---

21 Caillois, Roger, 같은 책, 34쪽.

첫째 아곤(Agon)은 "경쟁자들이 서로 싸우도록 하며 기회의 평등이 인위적으로 설정된 투쟁"이다. 특정 분야에서 자신의 탁월성을 인정받고 싶어 하는 인간의 욕망이 놀이를 하게 한다. 이러한 유형의 놀이에서 승리하기 위해서는 강한 인내심을 발휘해야 하고 지속적인 훈련이 필요하다.

둘째, '알레아'(Alea)는 프랑스어로 '우연', '운', '불확실성' 등을 의미하며, 라틴어로는 '주사위'를 의미한다. 아곤에 필요한 끊임없는 노력과 훈련이 알레아와 관련된 놀이에는 아무 영향력을 갖지 못한다. 즉 알레아는 놀이의 주체가 놀이 자체에 아무런 영향력을 발휘하지 못하는 놀이를 가리킨다. 이러한 종류의 놀이에서는 우연이나 운명이 승리를 가져다준다. 아곤은 자기 자신에게만 의지하지만 알레아는 모든 것에 의지한다. 엄밀히 말하자면 알레아는 자신의 의지를 포기하고 운명에 맡기는 것이다. 따라서 아곤과는 달리 주체의 능력이나 노력이 무력화되는 특징을 보인다. 아곤과 알레아는 대립적으로 보이지만 공통점이 있다. 그것은 현실의 정상적 특징인 혼란 상태를 완벽한 상태로 바꾸려는 시도라는 점이다. 아곤에서는 모든 사람이 각자의 역량을 보일 수 있는 가능성을 똑같이 가지며, 알레아에서는 행운을 얻을 수 있는 가능성을 똑같이 갖는다.[23] 아곤과 알레아가 세계를 달리 만들어 세계에서 벗어나려는 시도였다면, 미미크리와 일링크스는 자기 자신을 다르게 만들어 세계에서 벗어나려는 시도이다.

셋째, 미미크리(Mimicry)는 그리스어 미메티코스(mimetikos)에서 나왔고 '모방' 또는 '흉내'를 의미한다. 알레아와 같이 우연이나 운명

---

22   Caillois, Roger, 같은 책, 37쪽 이하.

23   Caillois, Roger, 같은 책, 46쪽.

에 복종하려는 것이 아니라, 미미크리는 자신이 허구의 인물이 되어 행동하는 것이다. "놀이하는 자가 자신의 인격을 일시적으로 잊고 바꾸어 버리고 다른 인격을 가장한다."[24] 이것은 일종의 모방과 역할 놀이이다. 아이들은 어른들을 모방하고 흉내 낸다. 소꿉놀이를 하면서 마치 엄마와 아빠가 된 것처럼 따라 한다. 이와 같이 누군가로 가장을 할 때 갖는 즐거움이 있다. 마치 내가 아니고 엄마가 된 듯한 즐거움이 있다. 이러한 흉내나 모방 및 연기를 통해 아이들은 배운다. 미미크리가 아곤과 결합하면 독특한 현상이 나타난다. 아곤, 즉 경쟁을 하는 사람이 아니라 경쟁을 보는 사람이 미미크리의 주체가 된다. 말하자면 스포츠 시합에서 선수가 아니라 관중이 흉내 또는 모방의 주체가 된다. 관중은 자신을 선수와 동일시함으로써 스스로 선수를 모방하고 있는 것이다. 또한 독자가 소설의 주인공에게서 자신을 발견하거나, 또는 관객이 영화의 주인공에게서 자신을 발견하는 것도 미미크리라 할 수 있다.

넷째, 일링크스(Ilinx)는 '소용돌이'(whirlpool)나 '어지럼증'(vertigo)을 의미한다. 우리의 지각활동을 불안정하게 만들고 일종의 현기증이나 어지럼증을 일으켜 유쾌한 공포(panic) 상태를 일으키는 놀이를 가리킨다. 가령 지중해 지역의 터키나 이집트에서 이슬람 수도승이 추는 수피 댄스(Sufi Whirling)는 제자리에서 반복적으로 빙빙 돌면서 신과의 합일을 추구한다. 수피 댄스를 추는 사람이나 보는 사람은 현기증이나 어지럼증이 일어난다. 수도승은 신에 집중하여 제자리를 중심으로 점점 빨리 돌아가면서 신비적인 황홀경에 빠지는데 수피 댄스를 보는 사람도 유사한 상태에 빠지게 된다. 이 외에도 아슬아슬한 공중 곡예나 위험천만한 서커스같이 약간의 공포감을 일으키는 놀이나, 또는

---

24 Caillois, Roger, 같은 책, 47쪽.

놀이동산에서 수직으로 급강하를 하거나 수평으로 흔들어 대는 기구들
이나 또는 원형으로 반복적으로 돌리는 기구들을 타고 느끼는 현기증
이나 어지럼증을 일으키는 놀이, 또는 귀신이나 괴물이 빈번하게 갑자
기 등장하는 동굴 탐사 등의 놀이 등이 일링크스에 해당된다.

놀이와 제의 및 축제

놀이는 제의의 특징을 가지고 있다. 제의는 드로메논(dromenon)이
다. 그것은 행동으로 보여 주는 것을 의미한다. 이로부터 무대 위에서
재현된 행동으로 드라마(drama)가 파생된다. 하위징아는 여기서 재현
(representation)이란 사건의 동일화(identification), 신비적 반복(mys-
tic repetition)이나 재-표현(re-presentation)이라고 한다.[25] 원시사회
의 신성한 의례에는 더 많은 정신적 요소가 작동한다. 그것에서 "보이
지 않고 비현실적인 어떤 것이 아름답고 현실적이고 성스러운 형태를
취한다."[26] 제의는 "비유적으로 뭔가 보여 주는 것이 아니라 행동을 실
제로 재생산하는 것"이다. 제의는 참여자에게 신성한 행동 그 자체에
참가하도록 유도한다. 제의는 단순히 모방적인 것은 아니다. 그것은 신
성한 사건에 참여하도록 만든다.[27] 희생(sacrifice), 경기(contest), 공연
(performance) 등과 같은 제의는 우주적 사건을 재현함으로써 현실에
그 사건이 일어나도록 신들에게 바라는 것이다.

그러므로 제의는 재현이나 드라마 공연 등과 관련 있다. 고대제의는
계절의 변화, 별들의 생성과 소멸, 곡식의 성장과 수확, 동물의 삶과 죽

25　Huizinga, Johan, ibid., p.14-5.
26　Huizinga, Johan, ibid., p.14.
27　Harrison, J. E., *Themis: A Study of the Social Origins of Greek Religion*, The
World Publishing Company, 1927. p.129

음 등에서 일어나는 주요 사건들을 축하했다. 프로베니우스(Leo Frobe-
nius)는 원시인들이 자신들의 정신 속에 새겨진 자연 질서를 '놀이' 했
다고 한다. 우주 전체의 운행과 변화에 대한 이해를 통해 일종의 놀이
로서 그 사건들을 새롭게 현실화 또는 창조하여 우주적 질서를 유지하
는 데 도움을 얻었다. 놀이는 우주적 사건을 재현하면서 그 사건을 다
시 발생시키려는 목적을 갖고 있다. 그리하여 제의는 놀이의 본질적 특
징들을 가지고 있다.

  놀이의 특징들 중 하나가 일상생활로부터 떨어지거나 멀어지는 것이
다. 놀이를 통해 우리는 아름다움과 신성함의 세계에 들어갈 수 있다.
제의는 성스러운 공간과 성스러운 시간을 필요로 한다. 그것은 일상생
활로부터 우리를 시공간적으로 분리시킬 수 있다. 공간은 질적으로 동
일하지 않다. 엘리아데는 "종교적 인간에게는 공간이 균질하지 않다.
종교적 인간은 공간 내부의 단절과 균열을 경험한다. 공간의 어떤 부분
은 다른 부분과 질적인 차이를 보인다."[28] 그리하여 신성한 제의를 위해
공간을 구획하고 시간을 구분 짓는 것은 반드시 필요하다. 이러한 형태
에서 놀이는 매우 진지하고 진정한 의미를 가질 수 있다. 신성한 제의
는 신성한 축제의 일부이다.

  하위징아는 놀이와 축제가 유사한 점들을 네 가지로 제시한다.[29] 첫
째, 놀이와 축제는 일상생활의 정지를 요구한다. 둘째, 놀이와 축제는
모두 환희와 즐거움이 지배하지만 단지 그것들만을 추구하지는 않는
다. 그것들은 매우 진지할 수 있기 때문이다. 셋째, 놀이와 축제는 시공
간의 제약을 받는다. 넷째, 진정한 자유와 엄격한 규칙이 있다. 하위징

---

28 Eliade, Mircea, *Das Heilige und das Profane: Vom Wesen des Religiosen*, 『성과
   속: 종교의 본질』, 이동하 옮김, 학민사, 1997, 55쪽.
29 Huizinga, Johan, ibid., p.22.

아는 원시문화 전체를 놀이의 영역을 파악하였다. 원시제의는 신성한 놀이였으며, 공동체의 안녕을 기원하였고, 우주적 통찰에 기초했으며, 사회적으로 발전하는 데 필수적인 것이라고 말한다.[30] 하위징아는 놀이 개념을 확장시켜 제의, 축제, 종교까지도 놀이의 일종으로 설명하여 주요 특징들을 비교하여 제시하였다.

3. 예술과 놀이의 원형

3.1 예술의 주요 개념과 특징

고대 그리스에서 예술과 관련된 주요 개념들을 검토할 필요가 있다. 일단 예술(art)이라는 용어의 기원을 살펴본다면 라틴어의 아르스(ars) 에서 유래되었으며, 다시 그리스어에서 테크네(techne)에서 유래되었다. 그렇지만 현대에서 생각하는 예술의 영역을 설명하는 데에는 적당한 용어라고 하기는 어렵다. 그리스어로 테크네(techne)는 "많은 개념들에 대한 경험으로부터", "비슷한 대상들에 대해", "하나의 보편적인 판단"을 추출할 때 이루어지는 지식의 하나이다. 아리스토텔레스는 '생산하는 기술에 대한 지식'이라고 설명한다.[31] 현대에서는 테크네라는 용어가 기술 공학의 영역에 나오는 전문적인 연구를 지칭하기 위해 사용되고 있다. 그러나 본래 테크네는 경험과 판단으로부터 생겨나는 지식과 관련이 있다. 그리하여 라틴어에서 아르스로 번역하여 사용하였

---

30 Huizinga, Johan, ibid., p.25.

31 Aristotle, *Metaphysica*, 1.980a22-982a3.

지만 현대어에서 art는 단지 물리적인 기술과 관련된 용어만은 아니고 현실적 삶 속에서 경험적 지식이나 실천적 지식과 관련해서도 자주 사용되는 용어라 할 수 있다.

나는 여기서 먼저 고대 그리스의 예술, 즉 예술의 기원과 개념을 이해하기 위해 반드시 필요한 세 가지 주요 개념으로 무시케, 포이에시스, 미메시스 등을 살펴보고자 한다. 이 세 가지 개념 모두 현대어에서는 오해를 불러일으킬 수 있는 부분이 있지만, 예술에 나타나는 놀이의 현상과 연관 지어 설명하는 데 필요하다. 또한 놀이 개념과 관련하여 중요한 용어들로 사용되는 개념들로 파이디아, 파이데이아, 디아고게를 설명하고자 한다. 이 세 가지 개념은 상호 연속적인 측면도 없지 않으나 실제로 분명히 구분되고 있다. 이 세 가지 개념의 차이는 그리스 문화와 예술을 이해하는 데 매우 유용하다고 판단된다.[32]

무시케(mousike)

사실 고대 그리스어에서 예술과 관련해서 영역이 보다 많이 겹치는 용어라면 무시케(mousike)라고 할 것이다. 현대에서 무시케는 '음악'을 의미하는 뮤직(music)의 어원이 되기 때문에 흔히 음악으로 번역하거나 이해한다. 그러나 그리스어 무시케는 음악보다 훨씬 넓은 영역을 포함하고 있다. 무시케를 관장하는 무사 여신들(Mousai)은 기억의 여신 므네모쉬네(Mnemosyne)의 딸들이다. 고대 그리스 암흑기에 음유

---

32 하위징아는 예술에 나타난 놀이 현상을 살펴보기 위해 세 가지 주요 용어를 검토하고 있다. 그것은 무시케, 디아고게, 미메시스이다. 사실 무시케와 미메시스는 예술을 설명하는 데 반드시 언급되는 용어들이라 할 수 있다. 그런데 하위징아는 여기에 디아고게라는 특별한 용어를 포함시켰다. 디아고게는 놀이와 관련하여 예술 개념을 이해하는 데 매우 중요한 요소라 할 수 있다. Huizinga, Johan, ibid., p.161.

시인들은 서사시를 암송하며 돌아다녔다. 문자가 없었던 시기에 '기억'의 여신 므네모쉬네의 역할은 거의 절대적이었다고 할 수 있다.[33] 기원전 7-8세기에 기록된 호메로스의 『일리아스』와 『오뒷세이아』는 페니키아의 알파벳 영향을 받아 만들어진 그리스문자로 기록된 것이다. 초기 서사시나 찬가는 첫 부분에 므네모쉬네 여신에 대해 노래하거나 무사 여신들에 대해 노래하면서 시작한다.

무사 여신들은 학문과 예술의 여신들로 단지 음악뿐만 아니라 서사시, 비극, 희극, 역사 등 9가지 영역을 관장한다. 고대 그리스에서 무사 여신들이 관장하던 영역은 시, 음악, 춤을 포함한 9개 영역이었다. 일반적으로 무사이는 아홉 명으로서 영웅 서사시를 관장하고 '아름다운 목소리를 가진 자'를 의미하는 칼리오페(Kalliope), 역사를 관장하고 '명성을 주는 자'를 의미하는 클레이오(Kleio), 찬가를 관장하고 '많은 찬미가를 가진 자'를 의미하는 폴림니아(Polymnia), 서정시와 음악, 노래를 관장하며 '즐거움을 주는 자'를 의미하는 에우테르페(Euterpe), 춤과 코러스를 관장하며 '춤을 즐기는 자'를 의미하는 테르프시코레(Terpsichore), 서정시를 관장하며 '욕망을 일으키는 자'를 의미하는 에라토(Erato), 비극을 관장하며 '춤과 노래로 축하하는 자'를 의미하는 멜포메네(Melpomene), 희극을 관장하며 '번영을 주는 자'를 의미하는 탈리아(Thalia, Thaleia), 천문학을 관장하며 '하늘의 여인'을 의미하는 우라니아(Urania) 등이 있다.

이처럼 무사 여신들은 서사시, 서정시, 찬가, 비극, 희극, 역사, 천문학, 춤, 노래 등을 관장한다. 따라서 무시케를 단순히 '음악'이라고 번

---

33 장영란, 『영혼의 역사』, 글항아리, 2010. 189-193쪽. 므네모쉬네와 무사 여신의 역할과 기능에 대해서는 위의 책의 세부적인 논의를 참조하시오.

역하는 것은 지나치게 협소하여 오해를 불러일으킬 수 있다. 국내에서는 '시가'로 번역하는 경우도 많은데 음악보다는 무난하지만 여전히 현대인들이 알아듣기는 쉽지 않다. 오히려 현대적으로는 당시 학문과 예술을 총망라하는 것으로 교양교육에 해당된다고 볼 수 있다. 플라톤은 약 19세까지 이루어지는 교육에서 특히 영혼을 위한 교육으로 무시케를 제시하고 있다. 말하자면 태어나서 19세까지 받을 수 있는 교육은 모두 무시케이다. 물론 신체를 위한 교육으로서 체육교육도 병행해야 한다. 사실은 국가적 차원에서 본다면 모든 사람들이 받아야 하는 교육과정으로 일종의 공교육의 대상이 되는 기초 교육이라 할 수 있다. 고대 그리스인들이 받던 시가교육과 체육교육은 일반 시민들이 교육 받아 왔던 것과 유사하다.

포이에시스(poiesis)

포이에시스라는 말은 엄밀히 '만드는 행위'를 가리킨다. 우리가 일반적으로 생각하는 것처럼, 시를 짓거나 소설을 쓰는 것만을 가리키는 말은 아니다. 그것은 말 그대로 무언가를 만드는 것에는 모두 적용될 수 있는 용어이다. 그래서 글 쓰는 것 외에 책상이나 의자를 만드는 것도 포이에시스이다. 포이에시스의 동사형인 포이에인(poiein)은 '만든다'는 말이다. 그래서 그것은 매우 넓게 사용될 수 있다. 플라톤은 포이에시스를 매우 다양한 영역에서 사용한다. 데미우르고스가 이데아를 보고 우주를 제작하는 행위를 묘사할 때 포이에시스라는 표현을 썼다. 그러나 포이에시스는 아리스토텔레스에게서 특별한 위치를 차지하게 된다. 그는 『시학』에서 '시를 만드는 것'에만 국한하여 사용하였다. 아리스토텔레스가 시가를 다룬 책은 '포이에티케에 관하여'(peri poietike)라는 제목이 붙어 있다. 그것은 만드는 '기술'을 의미한다.

포이에시스가 아리스토텔레스의 의지와 상관없이 이후 서구 사상에
서 시를 만드는 일에 국한되어 사용되었다는 것은 사실이다. 아리스토
텔레스의 『시학』은 한국어로 번역되면서 시학(詩學)이라는 이름이 붙여
졌다. 이것은 영미 쪽 번역과 유사하다. 왜냐하면 영미어로 그것은 Po-
etics로 쓰였기 때문이다. 또한 포이에시스에 의해 만들어진 것이 포이
에마(poiema)인데 여기서 현대어에 '시'를 의미하는 poem이 나왔다.
또한 시를 만드는 사람을 포이에테스(poietes)라고 하는데, 여기서 현대
어로 시인을 의미하는 poet가 나왔다. 다시 말하자면 포이에시스는 매
우 포괄적인 용어였지만 아리스토텔레스 이후 특히 '시', 즉 문학 전체
와 예술의 일부에 국한되어 사용되었다. 서구 현대어의 영향으로 포이
에티케(poietike)가 『시학』으로 번역되기는 했지만, 시 즉 문학과 예술
을 만드는 기술 또는 실천적 지식이라 하겠다. 따라서 현대어로 번역할
만한 적절한 용어를 찾기는 어렵다. 그렇지만 단어의 본래적 의미를 살
려 poiesis를 '창작 활동'으로 번역하고 포이에티케는 '창작론'으로 번
역하면 무난해 보인다. 인간이 하는 창작 활동 중에 문예활동이 가장 핵
심적인 것이라 생각해서 포이에티케라는 제목을 사용한 것으로 보인
다.[34]

그렇다면 시학은 무엇을 만드는 것과 연관이 있는가? 아리스토텔레
스의 『시학』은 최소한 '이야기'를 만드는 기술과 관련되어 있다. 아리
스토텔레스는 시인이 운율이나 리듬이 아니라 이야기를 만드는 사람이
라고 한다.[35] 다른 말로 이야기가 없으면 시(문학)가 아니라는 것이다.
사실 아리스토텔레스가 말하는 비극의 구성 요소 중의 첫 번째는 영어

---

34 이태수, "아리스토텔레스의 시학", 『철학과 현실』 29권, 1996, 284쪽.

35 Aristotle, *poietike*, 1451b28.

식으로 말하면 '플롯'(plot)이고 우리말로는 줄거리라 번역된다. 그런
데 이 말은 그리스어로 뮈토스(mythos), 즉 '이야기'이다. 뮈토스는 현
대어로는 '신화'(神話)로 번역된다. 그것은 신들의 이야기를 의미한다.
본래 그리스어로 이야기를 의미하는 단어들 중에 뮈토스 외에도 로고
스(logos)가 있다. 그리스 초기 서사시 전통에서는 뮈토스와 로고스가
'말' 또는 '이야기'를 의미하며 혼용되다가 점차 구별되어 사용되었
다.[36] 뮈토스는 초자연적인 원인을 가지고 설명하고 로고스는 경험적인
원인을 가지고 설명한다는 점에서 일차적인 차이가 드러난다.

미메시스(mimesis)

고대 그리스인들은 예술을 미메시스(mimesis)의 일종이라 생각했다.
서구 전통에서 미메시스를 예술로 가리키기도 한다. 특히 고대에서는
미메시스 없이는 예술을 말하기 힘들다. 그것은 한국어로 '모방'이라
번역된다. 그렇다면 예술은 모방이다. 그러나 현대인들은 예술이 모방
이라는 주장에 쉽게 동의하기 어려울 것이다. 그러면 고대 그리스인들은
어떤 의미에서 모방이란 용어를 사용했는지를 알아볼 필요가 있다. 일반
적으로 현대에서 모방이라 하면 대상을 똑같이 따라 하는 것을 말하거
나 또는 대상을 그대로 베끼는 것을 말한다. 고대에서나 현대에서나 모
방의 일차적인 의미로 떠올리는 것은 흉내 내기나 따라 하기 등이다.

플라톤은 『국가』에서 모방에 대해 비판한다. 그것은 모방의 대상에
따른 비판이다. 플라톤은 진리의 인식과 관련하여 모방을 문제 삼는다.
플라톤이 비판하며 이상국가에서 추방해야 한다고 주장하는 예술가들
은 참된 존재가 아니라 일종의 허상을 모방한다. 따라서 이러한 모방은

---

36 장영란, 『영혼의 역사』, 글항아리, 2010, 381-2쪽.

'진지하지 않은 장난(paidia)'과 같은 것이다.[37] 이와 같은 모방 행위는 지성과 감정에 모두 혼란을 일으킨다.[38] 먼저 대상을 그 자체로 모방하지 못하기 때문에 지성에 혼란을 주어 대상을 인식하는 데 방해를 한다. 다음으로 모방은 감정에 혼란을 주어 즐거움과 고통이 우리를 지배하게 만든다. 따라서 인간이 좋은 삶을 사는 데 방해를 한다.

사실 플라톤과 아리스토텔레스가 모방에 대해 전혀 다른 평가를 내리는 것처럼 보이는 이유는 모방을 설명하는 맥락이 다르기 때문이다. 플라톤도 모방의 긍정적 의미를 알고 있다. 그는 모방에 대해 맥락에 따라 다르게 평가하고 있다. 말하자면 모방에 대해『국가』에서는 일반적 맥락에서 부정적인 측면을 부각하였다면,『법률』에서는 긍정적인 측면을 부각시켰다.

아리스토텔레스는 '미메시스'의 수단, 대상, 방식 등의 세 기준에 따라 예술의 종류를 나눈다. 여기서 예술의 종류로서 시, 음악, 춤 및 조형예술을 제시하고 있다. 아리스토텔레스는 일차적으로 인간은 가장 모방을 잘하는 동물로 모방을 통해 배운다는 점에서 다른 동물과 구별된다고 한다. 즉 인간은 모방(mimesis)하는 동물이다. 다른 동물도 모방을 할 수는 있지만 인간이 모방하는 것과는 구별된다는 것이다. 아리스토텔레스는 미메시스의 대상이 '성격'(ethe)과 '감정'(pathe) 및 '행위'(praxeis)라고 말한다.[39] 비극을 정의하면서 다시 한 번 "인간들이 아니라 행위들과 삶의 미메시스이다"라고 말한다.[40] 따라서 단순히 흉내내기나 따라 하기와 같이 외관만 모방하는 것과 전혀 다르다. 플라톤이

---

37 Plato, *Politeia*, 602b.

38 Plato, *Politeia*, 605b-c, 606d.

39 Aristotle, *Poietike*, 1447a27-8.

40 Aristotle, *Poietike*, 1450a16-7.

미메시스를 비판했을 때 모방의 대상으로 침대와 같은 물리적 대상을
제시한다. 하지만 아리스토텔레스는 모방의 대상으로 성격, 감정, 행위
등을 제시한다. 따라서 모방의 대상이 달라지고 모방의 방식도 달라지
며 모방의 차원도 달라진다. 그래서 현대의 학자들은 미메시스에 대한
번역으로 '모방'(imitation)이 아니라 '재현'(representation)으로 제안
한다. 여기서 모방이란 행위로 드러나는 인간의 생각과 감정 및 성격
등을 모방하는 것이다. 다시 말하면 인간이라는 또 하나의 세계를 모방
하는 것이라고 할 수 있다. 따라서 고대 그리스의 모방 개념을 피상적
으로 이해하고 비판하는 것은 지양되어야 할 것이다.

3.2. 놀이의 주요 개념과 특징

파이디아(paidia)

그리스어로 놀이에 해당하는 단어는 '파이디아'(paidia)인데 '어린
아이'를 의미하는 그리스어 파이스(pais)에서 유래되었다. 그래서 유치
한 어린 아이들의 장난이나 놀이 정도를 가리키는 용어이다. 그런데 놀
이의 개념은 아이들에게만 국한된 것이 아니라는 점에서 차이가 있다.
따라서 파이디아는 놀이와 같이 포괄적 의미를 함축하지 못한다. 플라
톤은 파이디아가 선이나 악을 포함하지 않는 즐거움이라고 한다.[41] 그
것은 기분 전환을 위한 재미나 오락 정도로 생각되는 것이었다. 우리말
로 굳이 번역하자면 장난 정도가 적당하다고 할 수 있지만 우리말에는
지나치게 가볍게 느껴질 수 있고 부정적인 측면도 포함되어 있어 원래
의 의미를 벗어난다.

---

41   Plato, *Nomoi*, 2.667e.

놀이와 파이디아와 명확하게 구별되는 지점이 '경쟁'이나 '경기'의 의미를 가진 그리스어 아곤(agon)과 관련된다. 하위징아는 놀이에 '경쟁'을 포함시켰다. 그러나 이러한 하위징아의 주장에 당대 학자들 중에는 경쟁이라는 요소를 놀이에 포함시킬 수 없다는 비판을 하기도 하였다. 그러나 하위징아는 아곤의 기능이 축제와 너무 밀접하고 축제는 놀이의 영역에 포함되기 때문에 아곤은 문화 현상인 놀이에 포함된다고 판단한다. 사실 인간의 삶 전체가 놀이이기 때문에 아곤은 일상적인 문화적 기능이라 할 수밖에 없다.[42]

아리스토텔레스도 그 자체로는 중요하지도 진지하지도 않지만 즐거움을 가져와 근심을 없애 주는 방법으로 음악, 술, 잠, 춤 등 네 가지를 말하고 있다.[43] 옛날이나 지금이나 가장 일반적으로 사용하는 방법이라 하지 않을 수 없다. 사실 춤을 추거나 음악을 듣는 것은 기분 전환할 수 있는 적극적인 방법이라 할 수 있다. 그렇지만 좀 더 쉽고 강력한 방법은 잠을 자거나 술을 마시는 길일 것이다. 그러나 여기서 하위징아는 음악이 디아고게와 실천적 지혜에 유용한지를 검토한다. 하위징아는 파이디아 외에 좀 더 높은 형태의 놀이와 관련된 용어들로 '경쟁'을 의미하는 아곤(agon)과 '여가를 갖는 것'을 의미하는 스콜라제인(scholazein), 그리고 디아고게(diagoge)를 언급할 필요가 있다고 한다.[44] 근본적으로 그리스어로는 포괄적인 의미의 놀이를 한 단어로 표현하기는 어렵다. 그러나 라틴어에서는 루두스(ludus)라는 단어로 포괄적으로 표현할 수 있다.

---

42   Huizinga, Johan, ibid., p.31.

43   Aristotle, *Politike*, 8.1339a.

44   Huizinga, Johan, ibid., p.160.

디아고게(diagoge)

디아고게는 일차적으로는 시간을 보내는 것을 의미한다. 일반적으로 취미(pastime) 생활이나 문화생활 정도로 번역할 수 있다. 따라서 놀이나 여가와 매우 밀접한 단어이다. 디아고게는 진지한 대화, 음악, 드라마 등과 같은 문화적인 여가 생활을 추구하는 경우에 사용된다. 아리스토텔레스에 따르면 노동은 여가(schole)를 목적으로 한다. 우리가 노동을 하는 이유는 여가를 위해서이다.[45] 여가를 즐기기 위해서 여러 가지 필요조건이 갖춰져야 하기 때문이다. 그렇다면 여가 시간에 무엇을 해야 하는 것일까? 여가에 파이디아를 추구하는 것은 어리석은 짓이다. 왜냐하면 파이디아는 문자 그대로 단지 어린아이의 놀이나 장난을 가리키기 때문이다. 따라서 그리스인들에게는 성인이 파이디아를 삶의 목표로 삼는 것은 원천적으로 불가능하다. 최소한 아리스토텔레스에 의하면 여가 시간 동안 우리의 삶을 가장 좋은 것으로 만들기 위해 노력해야 한다. 그리하여 우리는 디아고게를 필요로 하며 파이데이아(paideia)도 필요로 한다. 디아고게는 처음에는 일반적인 취미에서 전문적인 지적인 또는 문화적 기분전환(diversion)으로 변화된다. 아리스토텔레스는 디아고게를 다음과 같이 설명한다.[46]

"파이디아(paidia)를 위해 아이들을 가르쳐서는 안 된다는 것은 분명하다. 아이들이 배울 때는 장난을 하지 않으며, 배운다는 것은 힘든 일이기 때문이다. 디아고게(diagoge)는 그 나이의 아이들에게는 적합하지 않다. 아직 완전하지 못한 것이 완전한 것을 요구할 수 없기 때문이다."

---

45 Aristotle, *Politike*, 8.1333a 30ff.
46 Aristotle, *Politike*, 8.1339a26-30.

디아고게는 어린아이들이 접근할 수 있는 종류의 것이 아니라 성인이 좋은 삶을 살기 위해 필요로 하는 것이다. 그것은 완성을 목표로 하기 때문에 어린아이는 접근할 수 있는 것이 아니다. 아리스토텔레스의 입장에서는 현대어로 '교육'을 의미하는 파이데이아는 어떠한 유용성을 위해서 배우는 것이 아니라 그 자체를 위해 배우는 것이다. 우리는 디아고게에 자신을 교육시켜야 하고 어떤 것을 배워야 한다. 그것은 노동을 위해서가 아니라 우리 자신을 위해서이다.

파이데이아(paideia)

그리스어 파이데이아(paideia)는 '교육'을 의미한다. 그것은 '아이들'(소년)을 의미하는 파이데스(paides, pais)와 밀접하게 연관된다. 고대 그리스의 교육이 주로 아이들과 관련되었다는 사실을 알 수 있다. 당대 아이들을 관리하는 사람들은 파이다고고스(paidagogos)라고 불렸는데, '아이들'(paides)에다 '이끄는 자'를 의미하는 아고고스(agogos)를 결합하여 만든 용어이다. 당대 아테네 교육제도에는 아이들을 교사에게 데려다 주고 데리고 오는 관리자로서 노예신분의 사람들이 있었다. 고대 그리스에서 파이데이아는 탁월성(arete)을 목적으로 하는 훈련이라 말할 수 있다.

플라톤은 개인적으로나 국가적으로 각자의 고유한 탁월성을 발휘하는 것이 좋은 삶을 영위할 수 있는 방법이라 생각했다. 그래서 플라톤은 19세까지 일반 시민교육에서 생산자계층을 선별하고, 다시 20세부터 30세까지는 수호자계층을 선별하고, 30세부터 50세까지는 통치자계급을 선별하는 교육을 제안한다. 첫 번째 단계에서는 영혼을 위한 교육으로 무시케(mousike)와 신체를 위한 교육을 시켜야 한다고 주장한다.

플라톤은 『법률』에서 교육에서의 놀이의 역할에 주목했다. 특히 어린아이들에게 놀이는 영혼의 교육에 필요한 수단이다. 최소한 여섯 살까지 어린아이에게 놀이를 통한 교육이 필요하지만 지나치지 않도록 해야 한다고 말한다.[47] 플라톤은 교육은 좋은 사람을 길러내는 것이고 이를 위해서는 어린 시절부터 지속적으로 훈련을 해야 한다고 말한다.[48] 궁극적으로 아이들을 교육시키는 목적은 탁월성(arete)을 갖도록 하는 것이다. 그것은 개인에게 좋은 삶을 살 수 있도록 해 줄 뿐만 아니라 공동체 전체에도 좋은 삶을 가져올 것이다. 따라서 즐겁게 교육을 시키기 위한 장치로서 놀이를 활용하는 것은 효과적이다.

4. 예술의 장르와 놀이 현상

4.1 비조형예술과 놀이

놀이는 예술의 영역에서 특히 흥미로운 특징들을 드러낸다. 여기서는 하위징아가 예술의 영역에서 놀이 현상이 어떻게 드러나는지를 분석한 내용을 검토해 보려 한다. 하위징아는 예술 안에서 놀이 형태를 개별적으로 다룬다. 그는 7장에서 시를 독립적으로 다루고 8장에서 10장까지에서 음악, 춤, 조형예술을 다룬다. 나는 여기서 도식화를 위해 비조형예술과 조형예술로 구분하여 설명하고자 한다. 비조형예술에는 시, 음악, 춤을 다루고, 조형예술에서는 주로 회화나 조각을 중심으로 다루려 한다. 여기서 시를 비조형예술로 분류하는 것에 문제를 삼을 수

47　Plato, *Nomoi*, 794a.

48　Plato, *Nomoi*, 643b.

도 있다. 시가 말로만 사용되지 않고 글로 남겨지면 파피루스나 종이와 같은 물질을 필요로 하고 고정되기 때문이다. 비조형예술은 행위 또는 공연과 연관되는데 고대의 시의 경우에는 음유시인들이 기억해서 말로 노래했다면 이후에는 글로 읽혀졌기 때문에 경계선에 있다고 말할 수 있다.

사실 고대에서 비조형예술은 시, 음악, 춤 등을 가리키며 '행위'와 연관되어 주로 공연되던 예술 영역을 가리킨다. 조형예술은 구체적 형상을 만드는 회화나 조각 등을 가리키며 '기술'에 훨씬 가깝다고 할 수 있다. 니체는 『비극의 탄생』에서 모든 예술은 아폴론적인 것과 디오뉘소스적인 것이 어떻게 대립하느냐에 따라 새로운 양식으로 태어난다고 한다.[49] 아폴론적인 것은 꿈에의 충동에 기초하여 개별화를 원리로 삼으며 조형예술과 서사시 등의 예술이 사례로 제시되는 반면에, 디오뉘소스적인 것은 도취에의 충동에 기초하여 일체화를 원리로 삼으며 비조형예술과 서정시 등의 예술을 사례로 제시한다.[50] 니체는 시문학의 경우에 서사시는 아폴론적인 것으로 분류하고, 서정시는 디오뉘소스적인 것으로 분류한다.

여기에서 시나 음악 및 춤에 관련된 무사는 많이 찾을 수 있지만 회화나 조각과 관련된 무사를 찾을 수는 없다. 그런데 그리스인들이 회화와 조각에 따로 무사를 배정하지 않은 이유는 무엇일까? 시나 음악 및 춤은 무사 여신들에게 영감을 받지만, 화가와 조각가는 그렇지 않다는

---

49 Nietzsche,F., *Die Geburt der Tragödie*, 『비극의 탄생』, 박찬국 옮김, 아카넷, 2007, 50쪽.

50 장영란, "니체의 비극정신과 신화적 원형", 『문화와 융합』 제39권 6호 통권50집 2017, 421쪽 참조. *아폴론적인 것과 디오뉘소스적인 것을 몇 가지 기준들에 의해 구별하여 도식화하였다.

생각이 깔려 있다. 현대에서는 그렇게 생각하지 않지만, 고대에서는 회화나 조각은 기술에 더 가깝다고 생각되었다. 따라서 무사 여신들이 아니라 오히려 헤파이스토스(Hephaistos)나 아테나(Athena)와 같은 기술의 신들이 관장하는 영역으로 생각했던 것으로 보인다. 전체적으로 비조형예술로 분류되는 예술 영역은 무사 여신들이 관장하지만, 조형예술로 분류되는 예술 영역을 관장하는 신은 분명하지 않다.

하위징아는 무사 여신들이 관장하는 시, 음악, 춤 등의 핵심적 요소는 '행동'이라고 한다.[51] 이것은 공연과 연관되어 일회적인 특성을 가진다. 그렇지만 조형예술의 경우는 만들어지면 행위의 결과는 특정한 방식으로 고정화된다. 따라서 조형예술가는 동일한 작품을 만드는 행위를 반복적으로 보여 줄 필요도 없고 보여 줄 수도 없다. 단지 일회적인 작업을 통해 만들어진 작품을 지속적으로 보여 주기만 하면 된다.

시와 놀이

시는 놀이의 활동과 확실히 밀접한 관계가 있는 것으로 보인다. 시(potery)는 '만들다'를 의미하는 그리스어 포이에시스(poiesis)에서 왔다. 아리스토텔레스의 『시학』에는 '만드는 것에 관하여'라는 의미를 가진 peri poietike라는 제목이 붙어 있다. 포이에티케를 구성하는 '포이에(poie)'는 '만들다'는 의미를 가지며, '티케'(t-ike)는 기술과 관련된다. 그러므로 말의 의미에 따르면 엄밀히 시학이 아니라 '만드는 기술에 관하여'를 의미한다. 그러므로 단지 시만이 아니라 배나 구두, 집 등을 만드는 기술에도 적용될 수 있다. 그렇다면 도대체 시란 무엇이고 시를 만드는 시인은 어떤 사람인가? 아리스토텔레스는 시인이란 운율

---

51 Huizinga, Johan, ibid., p.166.

을 기준으로 운율을 가지고 시를 만드는 사람이라 말한다.[52]

사실 그리스에서는 시와 음악 및 춤은 뗄래야 뗄 수 없는 관계이다. 당대에 시에는 음악이 동반되는 경우가 많았고, 춤이 동반되는 것으로 경우도 있었다. 시는 이야기(mythos)가 있는 것이다. 그런데 그것은 운율과 리듬과 화음을 갖춘 이야기이다. 그렇다면 당시에 이야기가 있는 서사시와 비극 및 희극은 모두 '시'라고 할 수 있다. 하위징아에게 있어 시를 만드는 것은 놀이의 기능이기 때문이다.[53]

> "시는 정신의 놀이터 안에서 이뤄진다. 그것은 정신이 자신을 위해 창조한 그 자신만의 세계이다. 거기서 사물들은 '일상생활'에서 걸쳤던 것과 전혀 다른 형상을 가지고 있으며, 논리와 인과관계와는 다른 연관 관계에 의해 묶여 있다."

정신은 자신만의 세계를 만들어 놀이를 하고 있다. 그것은 오로지 자신만을 위한 만든 놀이터이다. 모든 일상적인 것은 전혀 다른 새로운 형상으로 나타난다. 여기서는 우리가 속한 물리적 세계의 논리나 인과법칙이 기계적으로 작동하지 않는다.

시는 언어로 하는 놀이이다. 시인은 특정한 기술-언어(art-language)를 구사하는 사람이다. 그것은 일상적으로 누구나 즉각적으로 이해하는 언어가 아닌 이미지나 상징을 사용하는 언어이다. 사실 생각을 완벽하게 담아 낼 수 있는 언어도 없고, 사물을 완벽하게 표현할 수 있는 언어도 없다. 나아가 사물에 대한 생각을 완벽하게 담아 내어 표현할 수

---

52 Aristotle, *Poietike*, 1.1447b14-16.

53 Huizinga, Johan, ibid., p.119.

있는 언어도 없다. 우리는 단지 이미지 속에서 사물과 생각을 통합적으로 그려 낼 수 있을 뿐이다. 그런데 이미지를 만들어 내는 단어는 상징적인 단어이다.[54]

> "시적 언어가 이미지들을 가지고 하는 일은 놀이하는 것이다. 그것은 이미지들에 스타일을 주고 신비로움을 심어 모든 이미지는 어떤 수수께끼(enigma)에 대한 답변을 담고 있다."

시적 언어는 이미지들을 가지고 놀이를 한다. 현실 속에 머무르는 구체적인 사물은 관념 속에 머무르는 추상적 생각과 전혀 다른 공간에 존재한다. 그러나 시는 그것들을 하나로 연결시키는 데 성공한다. 그것은 존재(being)와 관념(idea) 간의 영원한 간극(eternal gulf)을 상상력이라는 무지개에 의해 연결시키는 역할을 한다.[55] 시는 엄격한 규칙을 따르지만 무한한 변형을 허용하기 때문에 다양한 놀이를 할 수 있다.

음악과 놀이

고대 그리스 사회에서는 음악교육이 매우 중요했던 것으로 보인다. 플라톤도 『국가』에서 시가교육의 중요성을 말하면서 태어나서 19살까지 영혼을 위한 시가교육과 신체를 위한 체육교육을 할 것을 권장했다. 영혼을 위한 교육에 '음악교육'이 들어간 것은 당연한 일이었다. 아리스토텔레스도 『정치학』에서 이상적인 교육에 대해 말하면서 음악교육에 특별히 많은 배려를 했다. 음악은 인간에게 놀이와 휴식을 제공하고

---

54 Huizinga, Johan, ibid., p.134.
55 Huizinga, Johan, ibid., p.133.

근심을 잊게 한다. 나아가 음악은 올바른 방식으로 즐거움을 느끼는 습관을 들여 좋은 성품을 형성하는 데 도움이 되기 때문이다.[56] 아리스토텔레스는 아이들에게 음악을 직접 가르쳐야 한다고 한다. 그것은 어른이 되었을 때 즐길 수 있는 수단을 갖기 위한 목적이다. 단지 남이 연주하는 것을 듣기만 하지 않고 배워야 하는 이유는 다른 사람의 연주를 판단할 수 있기 위해 직접 연주를 해 봐야 하기 때문이다. 그렇지만 음악을 즐길 수 있고 자아를 완성할 정도만큼만 훈련하면 된다. 지나치게 전문 기술이 필요한 악기를 배우거나, 또는 경연을 위한 지나친 전문적인 교육을 배울 필요는 없다. 그것은 청중의 저속한 즐거움을 위해 연주하게 되므로 저속한 사람이 된다.[57]

　음악의 전문적인 기술 교육에 대한 부정적인 인식은 역사적으로 상당히 오랫동안 지속된 것으로 보인다. 하위징아는 실제로 음악이 그 자체의 가치를 인정받고 적절한 존중을 받기까지는 상당히 오랜 세월이 필요했다고 한다. 더욱이 연주자의 기술적 능력은 매우 찬사 받았으나, 음악가 자신은 경멸당했고 음악은 하찮은 일로 분류되었다.[58] 이것은 사실 고대사회의 경우에 동서양이 모두 마찬가지일 것이다. 음악가는 기껏해야 광대나 특정한 기술자로 생각되었기 때문에 당연히 사회적 지위가 높을 수가 없었다. 하위징아는 음악이 다른 분야보다 경쟁을 더 중시한다고 말한다.[59] 그리스신화에서도 사튀로스였던 마르시아스(Marsyas)가 피리(aulos)를 가지고 아폴론에 도전한다. 학문과 예술의 신 아폴론(Apollon)은 마르시아스의 도전을 받아들이지만 리라(lyra)를

---

56 Aristotle, *Politike*, 1139a15-24.
57 Aristotle, *Politike*, 1340b20-1341b18.
58 Huizinga, Johan, ibid., p.162-3.
59 Huizinga, Johan, ibid., p.163.

가지고 연주를 한다. 결국 마르시아스는 불공정한 시합 끝에 아폴론에게 패배하게 되고 껍질이 벗겨지는 고통을 당하게 된다.[60] 그러나 단지 음악만이 아니라 다른 예술도 경쟁을 중시하는 것으로 보인다. 그것은 기술의 영역과 관련되어 있기 때문에 경쟁적인 측면이 발달되지 않을 수가 없다.

춤과 놀이

하위징아는 시와 음악 및 놀이는 상호 밀접한 관계가 있다고 보았다. 왜냐하면 그것들은 모두 리듬과 하모니를 공통적으로 갖고 있기 때문이다. 그러나 시가 관념화와 판단의 영역에서 순수한 놀이의 영역에서 벗어나게 되는데 반해, 음악은 놀이의 영역을 결코 떠나지 않는다.[61] 음악은 종교적 기능뿐만 아니라 교육적인 오락, 즐거운 기술, 또는 단순히 경쾌한 여흥 등으로 칭송되었다. 그리하여 음악은 순전히 사교적(social)이고 놀이적(ludic)이었던 것으로 취급되었다.

음악은 춤(dancing)과 항상 쌍둥이 자매와 같아서 놀이와 매우 밀접하다.[62] 춤은 음악과 마찬가지로 원시시대부터 가장 순수하고 완벽한 놀이 형태라고 할 수 있다. 구석기 시대의 동물 가죽을 둘러쓴 샤만의 춤이나 그리스의 제의적 춤, 그리고 계약의 궤 앞에서 추었다는 다윗왕의 춤 등도 춤의 원형적 특징을 알 수 있게 해 준다. 하위징아는 춤과 놀이와의 관계는 너무나 밀접해서 예증할 필요조차 없을 정도라고 말한다. 춤 자체 안에 놀이의 특질이 있다기보다는 춤이 놀이의 필수적인 부분이기 때문이다. 그래서 "춤은 놀이의 개별적이고 특히 완벽한 형태

---

60 Apollodorus, *Bibliotheke*, 1.4.2.
61 Huizinga, Johan, ibid., p.158.
62 Huizinga, Johan, ibid., p.164ff.

이다."[63] 춤의 특수한 지위는 다음에서 찾아볼 수 있다.

춤은 비조형예술과 조형예술(the plastic arts)의 변형적 위치에 있다. "춤은 음악적인 동시에 조형적이기 때문이다. 리듬과 동작이 주요 요소라는 점에서 음악적인가 하면, 불가피하게 물질(matter)에 매여 있다는 점에서는 조형적이다."[64] 춤을 추는 것은 제한적으로 움직이는 인간의 신체에 의존하며, 춤의 아름다움은 움직이는 신체 자체의 아름다움이라고 할 수 있다. 춤은 조각과 같이 조형적 창조이다. 그렇지만 단 어느 한 순간에만 조형적 창조일 뿐이다. 그것은 신체를 통해 매 순간 조형적인 것처럼 나타난다. 그렇지만 춤은 연속적으로 움직이는 동작으로 구성되기 때문에 조형적이지 않다.

4.2 조형예술과 놀이 현상

조형예술은 놀이에서 약간 독특한 위치를 점유한다. 하위징아는 조형예술이 음악이나 춤과는 달리 놀이와의 관계가 덜 분명하다고 한다.[65] 고대 그리스의 경우에 비조형예술은 무사가 관장하지만, 조형예술은 기술과 예술의 신 헤파이스토스(Hephaistos)나 아테나 에르가네(Athena Ergane)의 소관이라 생각하였다. 고대부터 조형예술은 아무래도 놀이적 요소가 적고 기술적 요소가 강하다고 생각되었던 것이 분명하다. 실제로 조형예술은 할 때 놀이 개념으로 하면 작품이 완성되기는 어려운 법이다. 일단 조형예술은 재료를 가지고 만들고 재료에 제한될 수밖에 없다. 조각을 만든다면 대리석이나 흙 등과 같이 특정한 유형의 재

---

63   Huizinga, Johan, ibid., p.165.

64   Huizinga, Johan, ibid., p.166.

65   Huizinga, Johan, ibid., p.165.

료로 만들게 된다. 그렇기 때문에 무엇보다도 자유롭지 않다는 특징을 가진다. 조형예술가가 신적 영감을 받아 작품을 구상을 했다고 해도 재료가 가진 물질적 특성에 구애될 수밖에 없다. 하위징아는 조형예술이 물질에 매여 있기 때문에 자유로운 놀이가 되기는 어렵다고 생각했다. 그래서 시나 음악처럼 비물질적인 특성으로 인해 천상의 공간을 날아가는 것도 어렵다고 한다.[66]

조형예술은 다른 예술 장르와 달리 구체적인 작업을 성실히 하는 것처럼 보인다. 헤파이스토스가 대장간에서 항상 열심히 일하는 것처럼 부지런히 작업을 한다. 하위징아는 조형예술작품을 만들기 위해 필요한 손재주, 근면성, 불굴성 등의 특질은 놀이의 요소를 가로 막으며, 항상 진지하고 책임감 있게 일을 하지 않을 수 없다고 한다.[67] 조형예술은 실제로 아무것도 아닐 수 있는 물질에 대해 어떤 미학적 충동을 부여하는 것이다. 그것은 일단 한번 만들어지면 지속성을 가지기 때문에 바로 사라지지 않으며 어떤 방식으로든 공간적인 위치를 차지하고 있다. 조형예술의 작품은 완성이 되면 말이 없고 움직일 수 없지만 감상자가 있다면 유사한 효과가 지속적으로 발생한다.[68] 물론 특정 개인이 소장하고 비공개로 한다거나 박물관에서 특별 전시를 위해서 내보내는 행사 등을 하게 된다면 감상을 하는 데 제한이 있을 수 있다. 그렇지만 일회적인 예술행위를 통해 지속적인 특성을 가진 작품은 일정한 생명력을 가질 수 있다.

그러나 조형예술에도 놀이 현상이 없지 않다. 고대사회에서 조형예술의 대표적인 작품은 제의와 밀접한 연관을 가지고 있다. 축제와 제의

66 Huizinga, Johan, ibid., p.166.
67 Huizinga, Johan, ibid., p.166.
68 Huizinga, Johan, ibid., p.166.

에 놀이의 현상이 분명하게 나타난다면 자연히 조형예술에도 나타날
수밖에 없다. 고대사회에서 조형예술은 주로 제의에서 성스러운 물체
로서 인식되었다. 성스러운 물체들은 신비적이고 마술적인 힘을 가지
고 있다고 생각되었을 뿐만 아니라 상징적인 의미와 가치도 포함하고
있다.[69] 예를 들어 회화의 경우에 구석기 시대의 알타미라 동굴 속의 벽
화는 단순한 낙서가 아니라 제의적 의도를 가진 그림이다. 사냥제의와
관련하여 들소들을 사냥할 수 있도록 해 달라는 목적이나, 또는 사냥했
던 들소들이 다시 재탄생하여 다산과 풍요를 이루도록 기원하는 목적
등을 가지고 만들어진 것이다.

고대사회에서 종교적 목적으로 만들어진 신전이나 신상들은 모두 성
스러움이 현현해 있는 것이다. 그리스의 신상들 중에 아테네의 파르테
논 신전의 아테나 여신상이나 올림피아의 제우스 신상은 기록에 따르
면 신전 높이만큼이나 엄청나게 거대한 크기로 만들어졌다고 한다. '처
녀의 신 아테나'를 의미하는 아테나 파르테노스(Athena Parthenos)라
고 불리던 조각상은 당대 최고의 조각가인 피디아스(Phidias)가 제자들
과 함께 황금과 상아로 만들었다고 한다.[70] 아테나 여신상은 단상을 제
외하고 신상 크기만 11m로 거대한 모습으로 만들어졌다. 올림피아의
제우스 상도 기원전 435년도에 피디아스에 의해 황금과 상아 및 보석
등으로 만들어졌는데 약13m의 크기로 어마어마하게 컸다고 한다. 이것
은 고대세계의 7대 불가사의 중의 하나로 불린다.

고대 그리스의 신상들이 거대하게 만들어진 이유는 성스러움의 현현
과 밀접한 연관이 있다고 할 수 있다. 하위징아는 제의와 예술 및 놀이

69   Huizinga, Johan, ibid., p.167.
70   Pausanias, *Description of ancient Greece*, 24.5.

간의 어원적 연결을 증명하기 위해 그리스어에서 아갈마(agalma)를 제시한다.[71] 원래 아갈마는 '축하하다', '빛나게 하다', '자랑삼아 보이다' 등의 뜻을 가지며 귀중한 물건을 가리킨다. 그것은 일반적으로 봉헌물로 번역되며 신성한 상을 가리키는 말이다. 고대 시대에 조형예술이 종교적 제의나 축제에서 중요한 상징적 역할을 했다는 점은 충분히 인지할 수 있다. 고대 그리스인들은 신상이 신비적이고 주술적 힘을 가지고 있다고 생각했기 때문에 다른 것과 구별짓기 위해 엄청난 크기로 만들었던 것으로 보인다. 이것은 신전을 건축하는 데도 마찬가지였다. 신전은 말 그대로 지상에 신들의 집을 짓는 것이다. 그것은 일상적인 주거 공간과는 달리 특별한 방식으로 지었다. 예술가들에 의해 객관적으로 성스러움을 드러내려는 시도들이 다양하게 구현되어 나타난다. 그렇지만 아무리 성스러움이 드러난 신상이나 신전을 만들려고 시도했더라도, 우리가 성스러움을 경험하지 못한다면 구별되지 않을 수 있다.[72]

하위징아에 따르면 비조형예술이든 조형예술이든 간에 놀이 본능에서 나온 것이다.[73] 예술이 재현되는 과정에서 여러 가지 조건에 의해 놀이적 특성이 강화되거나 또는 약화될 수는 있어도, 예술은 놀이적 본능과 특성을 상당히 함축하고 있다는 것은 분명하다.

---

71 Huizinga, Johan, ibid., p.167.

72 Eliade, Mircea, *Das Heilige und das Profane: Vom Wesen des Religiosen*, 『성과 속: 종교의 본질』, 이동하 옮김, 학민사, 1997. 엘리아데는 종교적 인간에게 시간과 공간은 균질적이거나 지속적인 것이 아니라고 한다. 어떤 대상을 성스러움이 현현한 것으로 경험하는 사람에게 그 대상은 초자연적인 실재로 변형된다.

73 Huizinga, Johan, ibid., p.168.

4.3. 삶의 긍정과 놀이 정신

인간의 삶은 고통이다. 그렇지만 항상 고통만이 있지 않다는 생각은 희망은 붙들고 있다. 인간에게 즐거움은 너무 가볍고 고통은 너무 무겁다. 그래서 즐거움은 쉽게 날아가 버리고 고통은 깊이 가라앉아 버린다. 그래서 삶의 즐거움은 짧고 삶의 고통은 길게 느껴진다. 그러나 인생에서 일어나는 모든 사건들은 우리가 어떻게 바라보느냐에 따라 더 즐거울 수도 있고 더 고통스러울 수도 있다. 나아가 인간이 삶을 어떻게 바라보느냐에 따라 훨씬 가볍게 생각할 수도 있고 훨씬 무겁게 생각할 수도 있다.

'인생은 놀이이다.' 인생은 너무 진지하게 대할 필요는 없다. 인간은 항상 진리를 관조할 수는 없는 존재이다. 그저 진리를 향해 나아가고 있는 존재이다. 그렇지만 최대한 진지해질 필요가 있다. 왜냐하면 인간은 본성적으로 진지하지 않을 때가 많기 때문이다. 플라톤도 인간의 삶을 놀이로 말하고 있다. 그러나 그것은 인간이 하는 놀이가 아니라 신이 하는 놀이라고 한다. 놀이라고 해서 인간의 삶의 가치나 의미가 없다는 것은 아니다. 신이 하는 놀이는 인간이 하는 놀이와 다르다. 신이 하는 놀이는 다른 차원의 놀이일 것이다. 인간의 놀이는 일종의 문화현상으로 삶을 훨씬 아름답게 만들 수 있다.

플라톤은 인간이 신의 장난감으로 만들어졌고 인간은 신이 놀이하는 대로 놀이하는 것이 최선의 역할이라고 한다. 그래서 인생을 놀이하면서 사는 것이 올바른 삶의 방식이라는 것이다.[74]

---

74 Plato, *Nomoi*, 7.803e.

"인간이 올바로 살아가는 방법은 무엇인가? 인간은 전 인생을 놀이하면서 살아가야 한다. 즉 제물을 바치고 노래를 하며 춤을 추면서 살아야 할 것이다."

그렇지만 그것은 우리 욕망이 원하는 대로 마음대로 사는 삶이 아니다. 신은 인간이 살아가야 할 우주와 자연의 질서와 법칙을 만들었고 신의 놀이에 따라 사는 삶이 최선이라는 것이다. 플라톤은 인간이란 존재를 그냥 아무런 자유의지도 없이 존재하며 단지 신의 장난감처럼 사는 존재라고 폄하시키는 것만은 아니다. 플라톤은 인간이 신의 호의를 얻는다면 자신의 천성에 따라 살아갈 수 있으며 대부분은 신이 정해 놓은 대로 살아가지만 조금은 진리에 참여하여 살아갈 수 있다고 한다.[75] 여기서 플라톤은 종교적 존재로서 인간이 살아가야 할 최선의 길을 제시한 것일 뿐이다.

니체도 인간의 삶을 일종의 신적인 놀이라고 본다. 니체는 이 세계가 영원한 생성 속에 있다고 한다. 그것은 신적인 초월적 목적이나 인과적 관계에 의해 파악될 수 없다. 인간은 영원히 생성하는 세계를 하나의 체계로 엮어 내고 이해하고 설명하려는 욕망을 가졌다. 이것이 새로운 가치 창조를 하지 못하게 만들어 니힐리즘을 낳게 만든다.[76] 우리는 이 니힐리즘을 극복하기 위해서 이러한 욕망을 포기해야한다. 여기서 니체는 '놀이'를 발견한다. 우주의 변화와 인간의 삶의 여정이 놀이라는 것이다.

인생을 놀이라고 생각할 때 삶을 긍정하며 살아갈 수 있다. 니체는

---

75 Plato, *Nomoi*, 7.804b.
76 정낙림, 『놀이하는 인간의 철학』, 책세상, 2017, 206쪽.

자신의 철학의 위대한 과제를 놀이로 이해하기를 바랐던 것으로 보인다. 그는 삶의 우연을 긍정하고 운명을 사랑할 수 있게 해 주는 것이 놀이 정신이라고 보았다. 놀이하는 아이는 삶을 긍정한다. 그것은 순간과 영원의 일치, 우연과 필연의 일치가 긍정의 최고 형식이다. 삶에 대한 무조건 긍정은 바로 '운명애'(amor fati)이다. 그것은 영원히 다른 것을 갖기를 원하지 않는 것이다. 웃음은 인간이 삶을 긍정하며 명랑성을 지지하는 핵심적 요소이다. 웃음은 무의미에서 느끼는 기쁨이다. 그것은 삶에서 전도되어 버린 무거움과 가벼움을 되돌리는 힘이라 할 수 있다. 그래서 니체는 우리에게 웃는 법을 배우라고 한다. 웃음은 우리 자신을 넘어서는 힘이다.

5. 대중 예술과 문화산업

5.1 벤야민의 전통 예술의 아우라 개념

예술작품의 복제와 아우라의 붕괴

현대사회에서 대중문화는 일상생활의 가장 중요한 일부가 되었다. 전통적으로 예술은 한정된 방식으로 제작되었기 때문에 제한된 범위 안에서만 향유될 수 있었다. 예술의 대중화는 대중매체가 발달하게 되면서 가능하게 되었다. 현대 과학기술에 의해 예술작품이 복제되면서 대중들이 예술에 대해 보다 쉽게 접근할 수 있게 되었다. 말하자면 과학기술이라는 물질적 조건이 예술작품의 존재론적 위상을 변화시켰다. 벤야민은 마르크스 유물론의 영향을 받아 하부구조의 변화가 상부구조의 변화를 가져온다고 생각했다. 말하자면 생산력과 생산관계와 같은 물적 토대로서의 하부구조가 예술, 종교, 문화, 법, 도덕과 같은 사회적 의식 형태로서의 상부구조를 변화시킨다는 것이다. 예술과 문화는 당대의 경제적 토대에 의해 규정된다. 예술작품 생산의 물적 토대가 변화되면 예술작품의 존재론적 위상도 변화한다.

전통적인 예술과 비교하여 기술복제시대 예술의 가장 큰 특징은 '아우라'의 몰락이다. 벤야민은 기술에 의한 재생산에 의해 '아우라의 붕괴' 현상이 발생한다고 주장한다. 벤야민은 1936년에 『기술재생산시대의 예술작품』(*Das Kunstwerk im Zeitalter seiner technischen Reproduzierbarkeit*)이라는 에세이에서 예술작품 원본과 복제품과의 차이점을 아우라(Aura)라는 개념을 통해 설명한다. 아우라는 사전적 의미로는 사람이나 사물 및 장소 등을 둘러싸고 있는 것처럼 보이는 또는 그것들에 의해 생겨나는 것처럼 보이는 독특한 분위기나 특성을 말한다. 벤야민은 아우라를 예술작품이 지니고 있는 고유한 본질을 가리키는 용어로 사용하였다.[77]

"아우라는 시공간으로 짜인 특이한 직물로서, 아무리 가까이 있을 수 있더라도 떨어져 있는 어떤 것의 일회적인 현상이다"

아우라는 그 외 다른 어떤 것은 절대 유사할 수 없는 것으로 존재하는 것이다. 왜냐하면 그것은 특정한 시공간에 의해 짜여진 '직물'과 같은 독특한 것이다. 나아가 그것은 아무리 가까이 있어도 멀리 있는 것으로 느껴지는 시공간을 넘어서는 초월적 경험을 하게 해 준다고 할 수

---

77 Benjamin, Walter, The Work of Art in the Age of Mechanical Reproduction, tr. by Harry Zohn, Schockerl Random House, 2005, p.7.

있다.

벤야민은 예술작품의 물질적 특성을 원본성(Originalitat), 진품성(Echtheit), 일회성(Einmaligkeit) 등 세 가지로 설명했다. 전통적으로 예술작품은 단 하나의 원본만을 가지고 있다. 물론 고대로부터 예술작품을 재생산하는 기술은 항상 있었다. 위대한 예술가의 작품들은 제자들이 훈련의 일환으로 습작하여 복제품이 생기는 경우도 있고, 부정한 방식으로 이익을 위해서 만들어지는 경우도 있다. 그러나 예술작품을 아무리 완벽하게 복제해 낸다고 하더라도 단 하나의 원작이 존재한다는 사실을 전제할 수밖에 없다. 그것이 바로 진품성을 가리킨다. 원작이나 진품이라는 것은 복제 가능성의 영역에서 완전히 벗어나 있다. 예술작품은 진품으로서 그것이 있는 '여기'와 '지금'과 맞물려 있을 때 아우라적 권위를 발휘한다. 그러나 예술작품이 복제된다면 그것은 자연히 '여기'와 '지금'이라는 가치를 하락시킬 수밖에 없다.

아우라의 객관적 특성과 주관적 경험

예술작품은 그 자체로 일종의 아우라를 갖고 있다. 벤야민이 말하는 아우라는 '대상이 가진 객관적 특성으로서의 아우라'와 '대상에 대한 주체적 경험으로서의 아우라' 등 두 가지 측면에서 분석해 볼 수 있다.

첫째, '대상이 가진 객관적 특성으로서의 아우라'는 전통적으로 예술작품은 종교적 숭배 가치를 가지고 있어 접근하기 어려웠다. 원시시대에 동굴 속에 주술적인 목적으로 그린 그림들은 신성한 의미를 가진 제의적 그림들이다. 이것은 예술작품이 그 자체로서 권위를 갖게 되는 객관적 속성이라 할 수 있다. 예술작품은 진품으로서 '여기'와 '지금'이라는 시공간의 형식에 따라 일회적인 존재로 나타난다. 그것이 예술작품의 진품성을 결정해 준다. 고대의 예술작품은 제의적 기능과 밀접하다. 그것은 주술적 종교적 기능에서 생겨난다. 예술작품이 갖는 유일한 가치는 제의 가치에 토대를 둔다.

원시시대 동굴 속에 그려진 들소나 사슴의 그림은 주술적이고 제의적인 특징을 지녔다. 신성한 힘이 내재해 있는 동물들을 사냥하는 것에 대한 두려움을 사냥 의식을 통해 승화시킨다. 중세시대에 성상들이나 성화들은 그 자체로 특별한 지위를 가지고 있었다. 그것은 특정한 권한을 가진 사제들이나 수도자들에 의해 접근되기도 하였다. 고중세에는 유명한 예술작품들을 일반인들이 직접 볼 수 있는 기회는 별로 없었다. 아마도 성당이나 교회 내부에 그려진 그림들이나 놓인 조각들을 보는 것에 불과했을 것이다. 오늘날과 유사한 형태의 미술관이 생겨난 시기는 르네상스 시대라고 할 수 있다. 르네상스 시대에 예술 후원가와 수집가들이 기다란 홀을 이용한 갤러리에 작품을 전시하기 시작했던 것으로 보인다. 일반인들이 접할 수 있는 미술관은 18세기 말엽부터 나타났기 때문에 이때부터 점차 다양한 예술작품들을 접할 수 있었을 것이다. 진품이나 원본을 보기 어려웠던 시기에 예술작품들을 보게 될 때 그 작품 자체에서 나오는 아우라는 말로 표현하기 어려웠을 것이다.

둘째, '대상에 대한 주체적 경험으로서의 아우라'는 대상의 물질적 특성이 아닌 주체의 경험에서 예술작품의 권위를 설명한다. 아우라는 예술작품에 대한 주체의 인식작용과 밀접하게 연관된 측면이 있다. 내 견해로는 '대상의 객관적 특성으로서의 아우라'와 '대상에 대한 주체적 경험으로서의 아우라'는 상반된 개념들은 아니다. 양자는 연속적인 측면도 있고 단절적인 측면도 있다. 예술작품 자체가 가진 물리적 특성으로 인해 발생되는 일회성, 원본성, 진품성은 예술작품으로부터 일정한 거리를 만들어 내며 접근하기 어렵게 만든다. 그리하여 예술작품을

'볼 수 없는 특성'과 '가까이 할 수 없는 특성'은 감상 주체에게 특별한 경험을 하도록 만든다.[78] 우리가 생각하는 예술작품의 객관적 특성으로서의 아우라로부터 주체적 경험으로서의 아우라가 상호 연계되면 더 이상 형용할 수 없는 최고의 경험을 할 수 있다. 실제로 대부분 우리가 아우라를 경험할 때 대상 자체에 대한 객관적인 특성으로서의 아우라와 대상에 대한 주관적 경험으로서의 아우라가 완전히 분리되어 경험되는 경우는 별로 없는 것 같다.

5.2 기술재생산시대의 예술의 대중화

예술작품의 제의 가치와 전시 가치

벤야민은 예술의 가치를 제의가치(Kultwert)와 전시가치(Ausstellungswert)로 구분한다. 여기서 예술작품의 기원은 '제의적 기능'과 연관되어 있다고 한다. 원시사회에서 최초의 예술의 표현은 종교적 제의에서 유래되었다. 현대사회에서는 과학기술의 발달에 의해 예술작품의 대량 복사가 가능해졌고 어느 특정한 장소에서만 볼 수 있게 된 것이 아니라 어디서나 접할 수 있게 되었다. 따라서 예술작품의 원작 또는 진품의 유일한 가치가 감소되었고, 그것을 가까이 할 수 없어서 생긴 자신의 제의적 숭배가치가 상실되었다. 그러나 아우라의 몰락이 예술 그 자체의 몰락이 아니라 전통적인 예술작품이 가졌던 제의적 가치의

---

[78] 가령 「플랜더스의 개」(1872)에서 할아버지와 함께 사는 넬로(Nello)는 길에서 죽어가는 개 파트라슈를 구하고 우유배달을 하며 살아가다가 할아버지의 죽음을 맞이하게 된다. 그는 크리스마스 이브에 극적으로 안트베르펜성당에 들어가서 루벤스의 "십자가에서 내려지는 그리스도"(1612-1614)를 보고 죽게 된다. 마지막으로 넬로는 "아, 신이시여, 이제 충분해요"라고 말한다.

몰락이고 이와 무관한 새로운 형태의 예술의 시작이다.

벤야민은 현대를 기술재생산시대라고 말한다. 현대의 예술은 '제의 가치'를 상실하고 '전시 가치'(Ausstellungswert)를 획득하고, 이제 예술작품은 숭배의 대상이 아니라 전시의 대상이 된다. 예술 작품을 기술적으로 복제할 수 있는 방법이 많아지면서, 예술 작품을 전시할 수 있는 기회가 늘어났기 때문이다.[79]

과거에는 예술작품이 제의적 가치가 강했다면 현대에는 재생산이 가능해지면서 전시 가치가 훨씬 높아졌다. 벤야민은 특히 사진예술에서는 전시적 가치가 제의적 가치를 밀어내고 있다고 단언한다.[80] 그렇지만 제의적 가치는 그냥 밀려나지는 않으며 마지막 보루를 가지고 있다고 한다. 그것이 바로 '인간의 얼굴'이 갖는 독특성과 관련된다. 초기 사진예술에서 사람의 얼굴에 순간적으로 나타나는 표정은 마치 아우라가 스쳐 지나간 것처럼 보였다. 그것은 특정한 시공간이 엮어 낸 단 일회적이고 유일한 표정을 짓고 있을 것이다. 특히 초기에 사진은 헤어졌거나 이미 죽은 사람을 기억하는 데에서 제의적 가치를 지니고 있다. 나아가 전통적인 예술작품들 중 초상화가 지닌 숭배적 기능을 일부 대신하기도 하였다. 그렇지만 점차 사진에서 사람들이 사라지면서 다른 사물이나 풍경의 전시적 가치가 우위를 차지하게 되었다.

사진기술과 사진예술의 경계

현대사회에서 예술작품의 대량 복제가 이루어진 것은 19세기 사진기 발명 때문이다. 벤야민은 사진의 등장으로 예술작품을 기계적으로 복

---

79 Benjamin, Walter, ibid., p.10.
80 Benjamin, Walter, ibid., p.7.

제 가능하게 되었다고 생각했다. 사진을 통해 누구나 예술작품에 접근할 수 있는 기회를 가질 수 있었기 때문이다. 사진은 초창기에는 회화를 보조하는 도구로 인식되기도 했으며, 예술이라기보다는 기술의 영역에 속하는 것으로 생각되었다. 그러나 현대에는 사진은 분명히 하나의 독립된 예술 형태로 자리매김했다. 일반적으로 사진을 일상적인 삶에 대한 일종의 기록 정도로 생각하는 사람도 많다. 사실 사진은 대상세계를 기계적으로 반영하는 특징이 있다. 더욱이 누구나 단순한 조작만 해도 유사한 사진을 찍을 수 있다. 그러나 예술작품은 누구나 단 시간에 작업해 낼 수 없으며 기나긴 복잡한 훈련을 통해 가능하다. 전통적인 의미에서 예술은 이미 '시작'부터 상당한 훈련을 받지 않으면 실제로 어느 정도 형태를 갖추기가 쉽지 않다. 그렇기 때문에 사진이 아무런 훈련을 받지 않고도 바로 어느 정도 형태를 갖는 것에 대해 거부감을 가질 수 있다.

그러나 사진도 단순히 기억을 기록하는 차원을 넘어서 '여기'와 '지금'의 특정한 순간에 개입할 수 있는 기술이 상당히 많다. 동일한 장소에서 찍은 사진이라 할지라도 어떤 순간에, 어떤 각도로, 어떤 자세로, 어떤 기술로 찍었는가에 따라 천차만별이다. 더욱이 현대에 디지털 기술이 발달하게 되면서 사진의 이미지를 작가에 의해 재창조되는 작업이 훨씬 많아졌다. 과거에 사진은 특성상 회화와 경쟁 구도를 이루는 것처럼 보인 적이 있다. 그러나 사진은 예술작품을 기계적으로 복제해 낼 수 있었으며, 대중은 누구나 손쉽게 사진을 획득할 수 있었다. 예술작품을 가까이 할 수 있는 가능성이 생기면서 비판적으로 관찰할 수 있는 기회도 생겼다. 그것은 예술작품의 가치만이 아니라 기능도 변화되었다는 것을 함축한다.

전통적인 예술과의 차이점은 사진에는 원작이 존재하지 않는다는 것이다. 그렇다면 사진에는 아우라가 없어야 할 것이다. 그러나 벤야민은 사진에도 아우라가 있다고 한다. 물론 그것은 사진의 역사에서 초창기에만 해당된다고 한다. 초기에는 사진은 기술적인 한계로 인해 한 장을 만들기 위해 한 장소에서 4-5시간을 촬영해야 했다. 지금처럼 특정한 순간에 바로 찍을 수 없었기 때문에 사진 한 장에 매 시간의 흐름과 특징이 모두 담겨 있었다. 그래서 동일하거나 유사한 사진들이 대량 생산될 수 없었다. 그러므로 벤야민은 초기 사진에는 아우라를 인정하였다. 그렇지만 사진 기술이 발달되면서 이러한 아우라도 사라지게 되었다. 사진은 무제한으로 복제될 수 있으며 재생산도 가능했다.

그러나 디지털 기술이 발달되면서 사진은 새로운 국면을 맞이하게 되었다. 사진은 외부 대상 세계를 기록하는 수단이나 장치의 역할을 넘어서는 계기가 되었다. 디지털 기술로 사진의 이미지를 재구성할 수 있으며 다양한 기술들을 통해 현상을 소멸시켜 버릴 수 있게 되었다. 디지털 기술로 우리가 바라볼 수 있는 객관적 실체로서의 현상이 사진에서 사라지게 만들 수 있다. 우리가 현실에는 결코 존재하지 않는 이미지를 가진 사진을 볼 수 있도록 해 준다. 디지털 기술은 우리에게 아무 실체가 없는 상상력의 세계를 그려 내어 보여 준다. 디지털 사진은 이제 사진의 한계를 스스로 넘어 버렸다. 우리는 이제 사진이라고 부르지만 동시에 사진이 아닌 독특한 현상을 체험하고 있다.

영화의 지각혁명과 편집의 환영

영화는 일종의 지각 경험의 혁명을 가져왔다. 그것은 살아 움직이는 그림들로 이루어진 화면들을 편집 기술에 의해 시각적 환영을 그려 왔다. 영화는 기존 예술작품 제작과는 확연한 차이점을 가지고 있다. 가령 고대 그리스의 예술은 청동, 테라코타, 동전 외에는 기술적으로 복제할 수 없는 유일한 작품이기 때문에 영원한 가치가 부여되었다. 그러나 현대 예술에서 특히 영화는 엄청난 규모와 분량이 복제되는 놀라운 작품이다. 벤야민은 영화가 가진 개선능력(Verbesserungsfahigkeit)에 주목했다. 영화는 수많은 영상들을 어떻게 편집하느냐에 따라 달리 될 수 있는 특별한 종류의 작품이다. 영화의 편집 기술은 시공간의 연대기적 구성을 해체시킨다.

영화배우들은 연극배우들과 달리 관객들 앞에서 연기하는 것이 아니다. 일단 그들은 제작자, 감독, 카메라맨, 음향 담당자, 조명 담당자 등과 같은 전문가들과 함께 기계장치 앞에서 연기한다.[81] 영화를 완성하기 위해 감독은 계속해서 배우의 연기에 개입을 하면서 감정은 반복되고 소외된다. 실제로 촬영 현장에서 영화배우들을 보고 있는 것은 관객들이 아니라 기계들이다. 이러한 촬영 환경으로 인해 배우를 둘러싸고 있는 아우라는 사라지게 되고 배우가 연기하는 인물의 아우라도 사라지게 된다.[82] 촬영장에서 찍힌 장면들과 영화 속에서 나타난 장면들은 당연히 구별될 수밖에 없다. 영화의 장면들은 수많은 부분들로 분할되어 촬영된다. 연극배우는 무대 위에서 자신을 극중 인물과 동일시하기 쉽지만, 영화배우는 극중 인물과 동일시하는 데 실패하기 쉽다.[83] 영화배우는 매번 연기를 조각내어 파편화시킬 수밖에 없다. 그리하여 그는 하나의 통일된 작업이 아니라 여러 개의 개별 작업을 할 수밖에 없기 때문이다.

영화는 다른 어떤 문화상품보다 변화될 가능성이 높은 예술작품이라 평가되었다.[84] 편집자는 수많은 촬영장면들 중에 영화에 들어갈 장면들

81   Benjamin, Walter, ibid., p.10, p.15.
82   Benjamin, Walter, ibid., p.10.
83   Benjamin, Walter, ibid., p.11.

을 결정하는 역할을 한다. 오늘날 벤야민이 사례로 들은 영화만이 아니라 드라마나 예능 프로그램도 편집에 의해 굉장히 많이 영향을 받는 콘텐츠이다. 일단 드라마나 영화의 경우에는 시나리오와 대본이 있기 때문에 전체 내용의 기본 형태는 어느 정도 예측 가능하다. 그렇지만 기본 컨셉만 존재하고 특별히 따로 대본이 없는 예능의 경우에는 예측 불가하다. 더욱이 편집자가 어떤 의도를 가지고 어떤 방식으로 편집하느냐에 따라 예능 현장과는 전혀 다르게 조합이 이루어질 수 있다.

예술을 감상하는 방식도 전통적 예술과 현대적 예술은 차이가 있다. 전통적 예술은 작품을 관조하며 그것에 몰입 집중하여 침잠하여 하나가 되는 경험을 하는 방식으로 감상한다. 그렇지만 현대적 예술은 보고 듣고 즐기기 위한 감각적 대상으로 판단된다. 예술작품은 대중에게 오락의 한 계기일 뿐이지만, 예술애호가에게 예술작품은 경배의 대상이라 할 수 있다.[85] 예술애호가들은 예술작품에 정신 집중(Sammlung)을 하여 그 작품 속으로 들어간다. 그러나 대중들은 예술작품에서 정신이 분산(Zerstreuung)되어 예술작품이 자신 안으로 들어오게 한다. 그들은 영화가 제공하는 내용을 맹목적으로 수용하지 않고 분산적 지각을 통해 그것을 즐김과 동시에 비판한다. 연극에서는 배우가 직접 관객과 호흡하므로 그때그때의 객석 상황에 따라 관객이 몰입하도록 연기를 변화시킬 수 있다. 영화에서 관객은 배우와의 직접적 관계에 의해 영향을 받지 않는 '비평가의 태도'를 취할 수 있다.

---

84 Benjamin, Walter, ibid., p.9.
85 Benjamin, Walter, ibid., p.18.

5.3 대중문화산업의 비판

벤야민의 예술의 정치화

사실 벤야민이 기술에 의한 예술작품의 복제나 재생산이 가능하다는 사실에 주목한 것은 전통적인 예술에서 아우라가 몰락한 사실을 안타까워했기 때문이거나 기술재생산시대에 예술작품의 복제가 가져올 위기를 염려했기 때문은 아니다. 그는 마르크스의 역사유물론에 따라 하부구조의 물적 토대가 상부구조의 역할을 변화시킬 수 있다고 생각했기 때문이다. 그리하여 현대사회의 기술에 의한 예술작품의 재생산은 예술의 사회화 또는 정치화를 가능하게 만들었다. 파시즘과 같은 정치권력이 '정치의 심미화'를 추구하며 대중들을 무비판적으로 열광시키거나, 종교적 제의와 같은 정치집회 등을 통해 정치적 열광 상태에 빠트린다.

『기술복제시대의 예술작품』의 끝에서 당대의 이탈리아가 에티오피아 침략전쟁을 미화하는 마리네티(Marinetti)의 미래주의 선언문을 인용한 후에 벤야민은 파시즘의 정치 심미화를 비판한다. 마리네티는 "전쟁이 아름답다"는 말을 반복적으로 하며 전쟁의 미학을 칭송한다. "전쟁은 아름답다. 왜냐하면 전쟁은 인간 육체의 강철화라는 꿈을 꾸게 하기 때문이다. 전쟁은 아름답다. 왜냐하면 전쟁은 꽃피는 초원을 불꽃 같은 기관총의 난초들로 가득차게 하기 때문이다. 전쟁은 아름답다. 왜냐하면 전쟁은 포화, 총성, 정전, 냄새, 부패의 악취들이 하나의 교향곡으로 결합되기 때문이다."[86] 파시즘은 감각 지각의 예술적 만족을 전쟁에서 기대하며 "예술은 지속되리라. 세상이 멸망할지라도"라고 주장한

---

[86] Benjamin, Walter, ibid., pp.94-95.

다. 이에 대해 벤야민은 호메로스 시대에 인간들은 올림포스 신들에게 자신들을 구경거리로 제공했지만, 이제 인간들이 오히려 자기 자신에게 자기 자신을 구경거리로 제공한다고 말한다. 그리하여 인류는 자기 자신을 파괴하는 데에서 최고의 미적 쾌락을 체험할 수 있을 정도로 자기 자신으로부터 소외되었다고 한다.

사실 벤야민의 말은 니체가 『비극의 탄생』에서 주장했던 이야기를 떠올리게 만든다. 니체는 그리스인들이 존재의 공포와 끔찍함을 알고 있었기 때문에, 이를 극복하기 위해 올림포스라는 찬란한 꿈의 산물을 내세울 수밖에 없다고 말한다.[87] 그리스 신들은 인간들이 하는 것을 바라보고 인간들이 하는 것을 신들도 하였던 것이다. 누구보다도 인간적인, 너무나 인간적인 신들을 바라보며 인간은 자신들의 삶을 살 만한 것으로 생각했다. 니체는 그리스인들이 올림포스 신들의 세계를 통해 인간의 비극적 삶을 극복했다고 말한다. 벤야민이 파시즘을 비판하면서 던지고 있는 의미는 비교적 단순하다. 고대 그리스인들은 인간 자신을 신들에게 구경거리로 제공했지만, 동시대인들은 자신에게 구경거리로 제공한다는 것이다. 마치 자기 자신이 아닌 것처럼 자기 자신을 구경거리로 삼고 있다. 그리하여 인간은 스스로 자기 자신을 파괴해 가는 것을 즐기고 있다.

벤야민은 전체주의의 '정치의 심미화'를 명확하게 반대한다. '예술을 위한 예술'이라는 이름으로 대중매체가 지닌 힘을 폄하하는 사람들을 비판했다. 이미 파시즘은 대중매체의 힘을 인식하고 정치적 선전 도구로 활용했다. 벤야민은 대중매체를 사회 비판의 도구로서 활용해야 한다고

87 Nietzsche,F., *Die Geburt der Tragödie*, 『비극의 탄생』, 박찬국 옮김, 아카넷, 2007, 73쪽.

한다. 그는 '예술의 정치화'를 내세우며 예술의 정치적 기능의 중요성을 강조한다. 현대사회의 재생산 기술은 누구나 예술작품을 쉽게 접근할 수 있게 해 준다. 특히 사진이나 영화와 같은 장르를 통해 대중은 이제 이 세계를 새롭게 지각하고 인식할 수 있는 능력을 함양하게 된다. 이제는 일상적으로 대중매체를 통해 누구나 사물의 본래의 모습에 접근할 수 있다. 벤야민은 대중문화예술이 일종의 '교육'이나 또는 '훈련'의 역할을 할 수 있다고 생각하여 긍정적으로 수용한다. 그리하여 예술이 대중의 해방을 위해 사용될 수 있다는 낙관주의적인 입장을 주장했다.

문화 소비와 사유 주체의 몰락

　그러나 아도르노는 대중매체에 대한 지나친 낙관주의를 경계했다. 그는 오히려 대중의 해방보다는 지배를 위해 사용될 수 있는 가능성을 강조하고 있다. 이제 문화가 상품 논리에 의해 의도적으로 조직되고 계획될 수 있는 위험성이 있다. 아도르노는 예술의 목적은 자명하지 않지만 문화산업의 목적은 자명하다고 한다. 문화산업의 목적은 '이윤'이다. 대중문화는 문화산업이다. 문화는 다른 재화처럼 시장의 법칙에 종속되어야 하는 상품이다. 아도르노가 문화산업을 비판하는 이유는 분명하다. 문화산업은 탈이데올로기를 추구하지만 또 다른 정치이데올로기를 갖고 있기 때문이다. 그것은 결국 사람들의 일상생활을 지배하게 될 것이다.

　문화산업은 사유하는 주체의 몰락을 가져올 수 있다. 여기서 사유는 엄밀히 사유가 본래적 목적으로 사용되는 것을 말한다. 그것은 사유의 주체가 능동적으로 사유의 대상을 선별하여 분석하고 해석하는 것과 다르다. 문화상품을 감상하는 관객은 스스로 능동적으로 사유하는 것

이 불가능하다.[88]

가령 영화를 보는 관객은 스크린에서 재빨리 지나가는 이미지의 흐름에 민첩하게 반응하고 상당한 관찰력을 요구한다. 그러나 만약 영화를 보면서 그것에 대해 독자적인 상상력을 발휘하거나 적극적으로 사유하거나 반성적 성찰을 하게 되면 영화를 제대로 감상할 수 없다. 더 나아가 문화산업은 사람들의 여가 시간을 통제한다. 사람들의 여가 시간을 꽉 채우고 있는 문화산업의 상품을 통해 일상생활을 지배한다. 아도르노는 문화산업이 '새로움'을 배제하고 항상 동일한 것을 재생산하는 데 만족한다고 한다.[89]

금욕주의적 요구와 도피의 불가능성

문화산업은 새로운 기획이나 아이디어를 제공하는 것처럼 보이나 단지 유사한 기획이나 아이디어를 재생산할 뿐이다. 문화산업은 소비자를 끊임없이 '기만'한다. 줄거리나 겉포장을 제공하는 즐거움을 계속해서 바꿔 나간다. 나아가 문화산업은 충동을 승화시키는 것이 아니라 '억압'한다. 그것은 성적 욕망의 대상을 끊임없이 노출시켜 자극하지만, 현실적으로는 결코 충족시킬 수 없는 것을 반복적으로 습관화하여 마조히스트적으로 만들어 버린다.[90] 그리하여 아도르노는 "문화산업은 도취 속에서든 '금욕' 속에서든 현존하는 고통을 쾌활한 거세로 대체한다"고 말한다.[91] 우리는 결코 자신의 욕망을 만족시킬 수 없다는 사실을

---

88 Adorno, W.T & Horkheimer, M.,(1948) *Dialektik der Aufklarung: Philosophische Fragmente*, 『계몽의 변증법』 김유동 옮김, 문학과지성사, 2001, 192쪽.

89 Adorno, W.T & Horkheimer, 같은 책, 204쪽.

90 Adorno, W.T & Horkheimer, 같은 책, 212쪽.

91 Adorno, W.T & Horkheimer, 같은 책, 214쪽.

깨닫게 된다. 그리하여 우리는 이러한 사실을 웃음으로 체념하고 만족
해야 한다.

　일상적 삶에 깊이 파고 들어온 문화산업은 개인들이 동일시해야 할
삶의 모델들을 끊임없이 제공한다. 그리하여 소비자는 자신의 취향에
따라 다양한 문화상품에 대한 선택하는 것처럼 생각하게 만들지만, 생
산자가 어떤 방식으로든 결정해 놓은 특정한 범위 안에서만 선택할 뿐
이라고 말할 수 있다. 아도르노는 "문화산업은 소비자의 모든 욕구가
실현될 수 있는 것처럼 제시하지만 그 욕구들은 문화산업에 의해 사전
결정된 것"이라고 한다.[92] 그것은 소비자의 욕망을 끊임없이 재생산한
다. 그래서 소비자는 자신의 욕망이 본래적인지, 아니면 문화산업에 의
해 만들어진 것인지를 구별하기 어렵다. 더욱이 문화산업은 그것이 제
공하는 것이 욕구의 충족인양 소비자를 설득하고 소비자는 무조건 만
족해야 한다고 주입한다.

　문화산업은 '타락'이다.[93] 그것은 재미에만 바쳐졌기 때문이다. 사실
문화산업의 위험은 그것이 소비자의 욕구를 만들어 내고 조종하고 교
육시킬 수 있다는 것이다. 상품을 구매하도록 만드는 것은 산업의 특징
이다. 문화산업은 끊임없이 소비자들에게 오락이나 유흥을 제공한다.
문화산업이 제공하는 즐거움은 일종의 '망각'이거나 또는 '비사유'이
다. 아도르노에 의하면, "즐긴다는 것은 항상 무엇인가에 대해 더 이상
생각하지 않는 것, 고통을 목격할 때조차 고통을 잊어버리는 것은, 즐
김의 근저에 있는 것은 무력감이다."[94] 그것은 더 이상 사유하지 않게
하며 망각하게 만든다. 그래서 그것이 도피의 일종이라고 말한다.

92　Adorno, W.T & Horkheimer, 같은 책, 215쪽.
93　Adorno, W.T & Horkheimer, 같은 책, 216쪽.
94　Adorno, W.T & Horkheimer, 같은 책, 219쪽.

그런데 이러한 도피는 성공적이지 못하다. 아도르노는 그 도피는 잘 못된 현실로부터의 도피가 아니라 마지막 남아 있는 '저항의식'으로부터 도피하는 것이라고 한다."[95] 즉 현실로부터의 도피가 아니라 저항의 식으로부터의 도피이다. 그러나 누구도 자기 자신으로부터 도피할 수 없다. 사람들은 문화산업이 만들어 낸 이미지와 동일시하려 하지만 동일화가 되지 않는다. 상호 간의 간극이 너무나 크기 때문이다. 대중이 동일시하려는 드라마나 영화 등의 인물들과 유(類)적으로 동일할 수 있지만 개체적으로 동일할 수는 없다. 그리하여 아무라도 대체가능하기 때문에 결국 아무도 아닌 것이 된다. 그래서 각 사람은 "절대적으로 대체가능한 존재로서 절대적인 무"가 된다.[96] 그래서 완전히 도피하는 것도 불가능하다.

아도르노는 당대의 문화산업은 예술작품을 대중들에게 싼값으로 제공하고 있다고 지적한다. 전통적인 예술작품은 대중에게 접근 가능한 것이 되었다는 것이다. 그러나 이와 함께 예술작품이 가진 진정한 상품적 성격이 소멸하여 버렸다. 예술작품을 헐값에 대량으로 판매하여 특권을 폐기시켰다는 것은 오히려 "교양의 상실과 야만적 무질서의 증가"를 의미한다.[97] 이제 문화산업에서는 비평도 사라지고 존경도 사라졌다. 비평은 단지 전문가의 기계적 활동으로 넘어가고, 존경은 최고의 인기스타에 대한 단명한 숭배로 넘어간다.[98] 아도르노는 문화산업이 우리의 일상적 삶을 지배하는 메커니즘을 극복할 수 있는 희망을 다시 예술에서 찾고 있다. 아도르노에게도 예술은 계몽의 긍정적 모델이라 할

---

95 Adorno, W.T & Horkheimer, 같은 책, 219쪽.
96 Adorno, W.T & Horkheimer, 같은 책, 220쪽.
97 Adorno, W.T & Horkheimer, 같은 책, 241쪽.
98 Adorno, W.T & Horkheimer, 같은 책, 242쪽.

수 있다. 예술은 사회에 대한 인식을 매개해 주어 사회를 비판할 수 있게 해 주기 때문이다.

노동과 여가의 철학

V

1. 노동과 유토피아의 이상

노동의 기원과 필연

인간은 살아가면서 결코 피할 수 없는 것들이 있다. 태어나서 늙는 것, 병드는 것, 죽는 것 등이다. 모든 인간은 죽는다. 만약 누군가 죽지 않는다면 인간이 아니라 신일 것이다. 또한 인간이면서 늙는 것을 피하기는 어렵다. 물론 젊어서 죽는다면 늙는 것을 피할 수도 있을 것이다. 인간은 시간적인 존재이고 시간 속에서 살아간다. 그러므로 나이를 먹거나 나이가 드는 것은 자연스러운 일이다. 인생의 마지막 시기에 접어들면 누구나 늙는다. 우리가 치명적인 질병이나 사고를 당하지 않는 한 누구도 늙는 것을 피할 수 없다. 물론 어떤 사람은 다른 사람들보다 젊어 보일 수는 있다. 그렇지만 그것은 단지 그렇게 보이는 것일 뿐이지 실제로 늙지 않는 것은 아니다. 만약 정말 늙지 않는다면 인간이라 할 수 없으며 인간이 아닐 것이다. 공포소설에 나오는 흡혈귀와 같은 존재이거나 신화적 상상력 속의 불멸하는 존재나 가능한 일일 것이다. 나아가 누군가 운이 좋으면 병들지 않고 살다가 죽을 수도 있다. 그러나 아무리 운이 좋을지라도 살면서 한 번도 크고 작은 병에 걸리지 않는 것은 거의 불가능하다. 그러니 인간이면서 생로병사를 피하기를 바라는 것은 어리석으며, 피할 수 없다는 것을 깨달을 필요가 있다. 그래서 죽음은 피하고 싶지만 피할 수 없는 인간의 실존적 한계상황이다.

인간이 살아가면서 피할 수 없는 또 한 가지는 바로 '노동'(勞動)이다. 누구나 일하지 않고 살기는 힘들다. 돈이 있으면 있는 대로, 돈이 없으면 없는 대로 누구나 일을 하며 살아간다. 인간은 살아가기 위해 반드시 노동을 해야 한다. 노동은 인간의 삶의 조건이다. 우리말로 노동은 힘써 일한다는 의미이다. 여기에 노동에 대한 부정적인 의미는 들어 있지 않다.[1] 사실 고대사회에서 노동은 일종의 인간의 숙명과 같은 것이었다. 고대인들도 '왜 인간은 노동을 하지 않으면 살 수 없을까'에 대해 고민했던 것으로 보인다. 바빌로니아 신화에서는 신들이 노동을 하기 싫어 인간을 만들었다고 한다. 이것은 신들도 노동을 하지 않을 수 없으며 노동을 하기 싫어한다는 것을 보여 준다. 그것을 피할 수 없기 때문에 인간을 만들어 냈다는 것이다.

유대교나 그리스도교에서도 최초의 인간들인 아담과 이브가 신의 명령을 어기고 선악과를 따 먹어서 원죄를 저질렀고, 신은 아담에게는 노동의 고통을, 이브에게 출산의 고통을 대가로 치르게 했다.[2] 이것은 인

---

1 일반적으로 영어권(labor)에서는 '힘든 육체적 일'을 의미하며, 프랑어권(travail)에서도 '고통스러운 일'을 의미한다.

2 『성경』, 「창세기」 3.16-7 여자에게는 이렇게 말씀하셨다. "나는 네가 임신하여 커다란 고통을 겪게 하리라. 너는 괴로움 속에서 자식들을 낳으리라. 너는 네 남편을 갈

간에게 '노동'과 '출산'이 아주 기본적인 삶의 조건이라 생각한다는 전제에 기초하고 있다. 그러나 인간은 아무것도 하지 않고는 살아갈 수 없다. 기본적으로 삶을 영위하는 데 필요한 것들이 있기 때문이다. 인간은 노동이라는 고통스러운 노력을 통해 자연 속에서 생존할 수가 있다. 노동은 인간이 피하고 싶지만 피할 수 없는 실존적 상황과 같다고 할 수 있다.

헤시오도스의 황금시대

그리스 서사 시인 헤시오도스는 인류를 황금종족, 은종족, 청동종족, 영웅종족, 철종족 등 다섯 세대로 구분했다. 인류가 가장 이상적인 삶을 살아가는 시기를 황금시대라 부르며 다음과 같이 말한다.[3]

> "이전에 [황금]종족들은 지상에서 악(kakon)이나 힘든 노동도 없었으며, 그리고 [죽음의] 운명을 가져오는 질병과도 동떨어져 살았다. 그러나 지금 인간들은 비참하게 빨리 늙는다."

사실 헤시오도스는 황금종족이 사는 황금시대의 인간은 재앙도 힘든 노동도 질병도 없이 살아간다고 한다. 여기서 헤시오도스는 '힘든 노동'(khalepoio ponoio)이라는 표현을 사용한다. 포노스(ponos)는 '슬픔'(sorrow), '수고'(toil), '노동'(labor) 등을 의미한다. 그리스신화에

망하고 그는 너의 주인이 되리라." 그리고 사람에게는 이렇게 말씀하셨다. "네가 아내의 말을 듣고, 내가 너에게 따 먹지 말라고 명령한 나무에서 열매를 따 먹었으니, 땅은 너 때문에 저주를 받으리라. 너는 사는 동안 줄곧 고통 속에서 땅을 부쳐 먹으리라."
3 Hesiodos, *Erga kai Hemerai*, 90-93. *Hesiod, *Theogony, Works and Days*, trans. by Glenn W. Most, Loeb Classical Library, Harvard University Press, 2007.

서 포노스는 밤의 여신 눅스(Nyx)의 딸인 '불화' 의 여신 에리스(Eris)
의 딸이다. 포노스의 형제자매로는 '망각' 을 의미하는 레테(Lethe), '굶
주림' 을 의미하는 리모스(Limos), '고통' 을 의미하는 알고스(Algos),
'맹세' 를 의미하는 호르코스(Horkos), '전쟁' 을 의미하는 마카이(Ma-
chai) 등이 있다. 포노스의 형제자매들은 인간들이 부정적으로 생각하
는 것을 모두 포함하고 있다.

엄밀히 말하자면 황금 종족은 전혀 아무것도 하지 않는 것은 아니다.
왜냐하면 일(ergon)을 나눠 했다고 말하기 때문이다. 헤시오도스는 황
금종족이 "평화로이 일을 배분했다"(hesychoi erg enemonto)고 말한
다.[4] 각자에게 고유한 일을 나눌 때는 서로 갈등이나 충돌이 일어나지
않는다. 그들은 노동을 하지는 않았지만 일을 했다고 한다. 이것은 도
대체 무슨 말을 하려는 것인가? 헤시오도스가 노동과 구별하여 사용하
는 용어는 그리스어로 에르곤(ergon)이라 불리는데 '기능' (function)이
나 '일' 또는 '작업' (work)이라 번역된다. 엄밀히 에르곤은 노동과는
다르다. 일차적으로 그것은 인간의 기능과 관련된 것이다. 헤시오도스
는 각자에게 평화롭게 일을 나눴다고 말한다. 그것은 기본적으로 각자
에게 맞는 적절한 일을 나눠 주었기 때문일 것이다.

고대 그리스 사회에서 모든 사람은 각자 자신의 고유한 몫을 가지고
있고 각자에게 가장 적합한 일을 하며 살아갈 때 가장 좋은 삶을 살 수
있다는 생각이 일반적이었다.[5] 이것은 플라톤이나 아리스토텔레스와 같
은 고대 그리스 철학자들이 생각하는 좋은 삶이나 행복에 대한 견해의
기초 원리가 된다. 플라톤은 개인의 영혼은 이성, 기개, 욕망 등 세 부분

---

4 Hesiodos, *Erga kai Hemerai*, 119.
5 좋은 삶에 대한 세부적인 철학적 논의는 다음을 참조하시오. 장영란, 『좋은 삶이란
무엇인가』, 서광사, 2018, 63쪽 이하.

으로 이루어져 있고 각 부분이 탁월하게 발휘하게 되면 지혜, 용기, 절제라는 탁월성을 갖추게 된다고 말한다. 이 세 부분이 서로 균형 있게 조화를 이룰 때 정의, 즉 올바름의 상태에 있게 된다. 이것이 바로 좋은 삶을 사는 데 기본적인 원리이다. 아리스토텔레스도 인간의 기능을 탁월하게 발휘하는 활동을 할 때 행복한 삶을 살 수가 있다고 한다.

　고대 그리스의 서사시인 헤시오도스로부터 그리스 철학자 플라톤이나 아리스토텔레스에 이르기까지 황금시대이든 이상국가이든 간에 '일'을 하지 않는 것이 좋은 삶의 전제가 되지는 않는다. 헤시오도스는 황금종족이 살아가던 황금시대에 단지 힘들게 일을 하지 않아도 된다는 것이지, 아예 일을 하지 않았다고 언급하지는 않는다. 일반적으로 유토피아를 말하면 인간의 욕망이 모두 충족되는 곳, 노동과 질병이 없는 곳, 전쟁과 투쟁이 없는 곳, 슬픔과 고통이 없는 곳 등으로 생각한다. 만약 종교적으로 초월적인 세계, 말하자면 그리스도교의 천국이나 불교의 극락 등을 생각한다면 가능성이 열려 있다. 그러나 현실적으로 이상적인 세계를 생각한다면 거의 불가능하다고 할 수 있다. 최소한 인간으로서 할 수밖에 없거나 겪을 수밖에 없는 일들이 있기 때문이다.

유토피아와 디스토피아

　유토피아(Utopia)는 그리스어에서 유래되었다. 그것은 '장소'를 의미하는 토피아(topia)에 우(U)가 결합된 형태이다. 그런데 영어식으로 표현하면서 '우'(U)로 표기되면서 이러한 발음을 가진 그리스어 '없다'를 의미하는 ou와 '좋은'을 의미하는 eu를 가리키는 것으로 풀어낼 수 있다. 따라서 '아무 데도 없는 곳'을 의미하기도 하고 '좋은 곳'을 의미하기도 한다. 사실 헤시오도스가 말하는 황금종족의 황금시대나 플라톤의 아틀란티스(Atlantis)는 어디서도 발견할 수 없다는 점에서 유

토피아라고 할 수 있다. 나아가 플라톤의 이상국가나 마르크스의 공산
주의 국가도 엄밀히 현실적으로 실현하기 힘들다는 점에서 유토피아적
사회라고 할 수 있다. 특히 플라톤이나 마르크스의 이상국가는 이론적
으로 가능한 것처럼 보이지만 현실적으로 불가능한 특징이 나타난다.

그런데 유토피아는 현실적으로 불가능할 뿐만 아니라 오히려 디스토
피아(Distopia)가 되는 경우도 있다. 우선 유토피아가 불가능한 이유는
인식론적 불가능성 때문이다. 인간의 인식능력 자체가 불완전하기 때
문에 완전한 이상국가를 그려 내기 힘들다. 그래서 현실적으로 실현하
면 다양한 문제점이 발생하고, 심지어 디스토피아로 변질될 수 있다.
사실 플라톤은 우리가 지향해 나아가야 할 일종의 이상국가를 제시하
고 있다. 우선 그는 이미 소크라테스를 통해 본격적으로 이상국가에 대
해 말하기 전에 여러 차례 당시 사회적 통념에 맞지 않는 국가라는 것
을 이야기하고 있다. 그는 자신이 놀림과 비웃음을 당할 것은 물론이고
친구들이 피해를 입을까 걱정이 되어 복수의 여신 네메시스(Nemesis)
에게 경배까지 드린다.[6] 그것은 현실에 기반해서 구상한 것이지만 현실
에 구현할 수 없는 것이다. 인간이 모든 면에서 완벽한 이상적 국가를
구현해 내는 것은 실제로 불가능하다. 모든 것을 알고 있지 않으며, 또
한 알 수도 없기 때문이다.

다음으로 만약 유토피아를 인식론적으로 구상할 수 있다고 할지라도
실천적으로 구현하기는 어렵다. 마르크스주의가 공산주의 이론을 휴머
니즘에 기초하여 만들었지만 실제로 인간의 본성과는 맞지 않는다. 따
라서 이론적으로 훌륭하지만 실천적으로 구현하기 어렵다. 가령 공산
주의의 분배 원리로서 '능력에 따라 일하고, 필요에 따라 나눈다'를 생

---

6 Plato, *Politeia*, 451a.

각해 보자. 이때 '능력에 따라 일하는 것'은 가능하지만 '필요에 따라 나눈다'는 것은 쉽지 않다. 무엇보다도 사람마다 '필요'의 정도가 모두 다르다고 생각하기 때문이다. 사람의 '필요'는 욕망의 크기에 의해 어느 정도 결정된다. 그런데 사람은 무한한 욕망을 가졌다. 따라서 이성적인 기준에 의해 '필요에 따라 나눈다'는 방식은 현실적으로 실천하기 어렵다. 그러므로 유토피아를 현실에서 실현하기는 어려운 것이다.

그런데 유토피아를 실현하는 것은 곧 디스토피아를 실현하는 것이 되기도 한다. 유토피아는 현실의 다양한 문제들을 제거하고 완전한 사회를 만들려는 의도로 구상되기 때문이다. 그래서 유토피아는 근본적으로 완전성을 추구한다. 완벽주의를 목표로 하는 유토피아는 정치적으로 전체주의를 채택하지 않을 수 없다. 만약 그렇다면 모든 사람의 생각과 말과 행동은 궁극적 목적을 위해 통제될 수밖에 없게 된다. 따라서 인간의 자유가 박탈되고 개성이 사상되기 쉽다. 유토피아의 전체주의적 특성 때문에 디스토피아로 변질되는 경우가 많다. 그러나 모든 유토피아가 전체주의적 특성을 가지는 것은 아니다. 기존의 유토피아 논의들이 전체주의적인 내용들을 포함하는 경우가 많았다는 것이 바로 전체주의적이라고 단정 짓는 데 결정적인 요인이 되지는 않는다. 그렇기 때문에 유토피아 이론 자체를 전면적으로 부정적이라고 평가를 내리는 것은 잘못이다.

오히려 유토피아는 이론적 가설로서 인간이 살아가야 할 세계에 대한 희망의 돛대가 될 수 있다. 인간은 근본적으로 아직 실현되지 않은 것을 희망하며 살아간다. '희망'은 아직 오지 않은 미래에 대해 맹목적인 특성을 가진다는 점에서 부정적으로 작동할 수 있지만, 아직 오지 않았기 때문에 더 좋은 방식으로 변화시킬 수 있다는 의지를 가지고 최선을 향해 나아가도록 노력할 수 있게 해 준다. 유토피아는 공상 사회와는 다르다. 공상 사회는 현실 사회가 아니며 실현 가능성과 상관없이 상상력에 의해 만들어진 환상적 세계이지만, 유토피아는 현실사회와 대비하여 실현가능성을 고려하면서 상상력에 의해 만들어진 선택 가능한 최상의 세계이다. 그런데 인간이 가장 완벽한 사회를 만드는 것이 과연 가능한지는 여전히 회의적이다. 인간 자신이 완벽하지 않으면서 완벽한 사회를 상상하고 사유하는 것이 과연 가능한지를 생각해 볼 필요가 있다. 나아가 인간이 가진 사유 능력의 한계 때문에 유토피아적 세계는 디스토피아가 되는 경우가 더 많다. 올더스 헉슬리의 『멋진 신세계』를 통해 유토피아와 디스토피아의 경계가 무엇인지 살펴보도록 하자.

멋진 신세계와 불행할 권리

올더스 헉슬리(Aldous Huxley)의 『멋진 신세계』(Brave New World, 1932)는 근대에 유토피아를 꿈꾸던 작가들과 달리 유토피아가 실현될 경우에 발생할 수 있는 문제들을 노출시켜 오히려 디스토피아가 될 수 있다는 경고를 하는 대표적인 작품이라 할 수 있다. 헉슬리가 제시하는 유토피아의 이상은 공유, 동일, 안정이라는 세 가지 개념을 중심으로 이루어진다. 시대적 배경은 AF 632년이라 하는데 우리 식으로는 AD 2540년이다. 이 때 AF는 After Ford의 약자로 포드가 대량생산의 창조자라는 것을 기념하기 위해서 붙여진 것이다. 첫 문장은 미래의 세계국가(World State)에 '런던 중앙 인공부화, 조건반사 양육소'를 방문하는 것으로 시작한다.[7]

---

7 Huxley, Aldous, Brave New World, The Vanguard Library, Chatto & Windus, 1932. p.16.

"겨우 34층 정도 되는 나지막한 회색빛 빌딩, 정문 위에는 [런던 중앙 인공부화, 조건반사 센터]라고 적혀 있으며, [공유, 동일, 안정]이라는 세계국가의 표어가 방패에 쓰여 있다."

모든 인간은 인공부화 기계에 의해 처음부터 인위적으로 다섯 계급으로 나뉘어 태어나고 조건반사 훈련을 통해 각자 자신의 계급에 만족하도록 습관화되도록 한다. 세계국가가 인공부화를 하게 된 이유는 한 사회의 구성원들이 공동체의 일들을 적절히 배분되고 효율적으로 작업하기 위해서이다. 또한 누구나 자신이 하는 일을 자신이 가장 좋아하는 일이라고 생각하지 않으면 만족하지 않게 되기 때문이다. 그래서 세계국가는 사람들을 생물학적으로 알파(Alphas), 베타(Betas), 감마(Gammas), 델타(Deltas), 엡실론(Epsilons) 등 다섯 계급을 나누어 탄생시킨다. 각 계급이 하는 일들에 적합한 능력을 타고 나게 만들고 수면교육을 통해 반복 학습시키고 조건반사 양육법을 사용하여 최대한 자신의 일을 좋아하도록 훈련시킨다.

신세계의 지도자 무스타파 몬드(Mustapha Mond)는 인간의 행복을 목표로 삼고 방해가 되는 모든 것을 제거한다. 우선 세계국가는 인간의 삶에서 갈등과 고통의 근원이 되는 제도로 결혼제도를 폐기하고 가정생활을 금지시킨다. 또한 자유롭게 개방적인 성생활을 권장하고 순결의식을 폐기시킨다. 순결에 대한 강조는 성적 본능을 억압하여 변태성욕이나 광기를 일으키고 자살을 유발시키기 때문이다. 다음으로 인간이 가장 두려워하는 질병과 노화를 정복하고 죽음에 대한 공포를 체험하지 않게 철저하게 보호한다. 첨단 과학기술에 의해 신세계에서는 누구도 죽을 때까지 늙지 않고 젊음을 유지하고, 질병에 걸리지 않게 한다. 그래서 모든 사람들이 행복하며 슬프거나 분노를 느끼지 않는다.

혹시 기분 전환이 필요하다면 말초 신경을 자극하는 감각영화관(feel-ies)에 가면 된다. 뿐만 아니라 아무런 부작용 없이 마음이 내킬 때 언제나 현실로부터 도피할 수 있게 해 주고 행복감을 느끼게 해 주는 소마(soma)라는 약물도 있다.

　그러나 인간이 행복을 위해 희생해야 할 것들이 있다. 그것은 바로 '예술'과 '종교'이다. 신세계에서 예술과 문학을 금지한 이유는 낡았기 때문이다. "아름다운 것이면 특히 그렇네. 아름다움은 매력적이지요. 우리는 낡은 것에 사람들이 매혹되는 것을 원하지 않네. 사람들이 새로운 것을 좋아하길 원하네."[8] 더욱이 신세계에서는 비극을 이해할 수 없다. 사회가 안정이 되어 있어 비극을 만들 수가 없는 구조이기 때문이다. 종교에 대해서도 몇 백 년 전에 있었던 신에 대한 것이지 현재의 신에 대한 것이 아니라는 이유로 사람들에게 신의 존재에 대해 알려 줄 필요가 없다고 한다. 멋진 신세계의 지배자 무스타파 몬드는 신세계가 아닌 세계에 살았던 야만인 존(John)에게 사람들이 최대한으로 가능한 만족감을 느끼도록 사람들을 불쾌하게 만드는 모든 것을 제거했다고 한다. 그러나 존은 아무도 도전하지 않고 포기하는 것에 대해 부정한다.[9]

"모두 제거해 버렸겠네요. 그렇죠. 당신다운 방식이네요. 불쾌한 것을 인내하는 법을 배우는 것이 아니라 모두 제거해 버린다는 거죠. '포악한 운명의 돌팔매나 화살을 견딜 것인가 아니면 고난의 바다에 대항해 무기를 들고 싸워 끝내 버릴 것인가―어느 쪽이 우리의 정신에 좋을 것인가?' (햄릿3막 1장) 그러나 당신은 그 어느 쪽도 하지 않는군요. 인내도 대항도 하지 않네요.

8　Huxley, Aldous, ibid., p.182.
9　Huxley, Aldous, ibid., p.197.

단지 돌팔매와 화살을 포기할 뿐이네요. 그것은 너무 쉽습니다."

멋진 신세계에서는 '행복'이라는 미명하에 인간의 자유의지를 포기하고 대신 배부른 돼지의 만족감을 차지하는 어리석음을 선택한다. 무스타파는 인간에게 불쾌감을 일으킬 수 있는 것을 원천 봉쇄하기 위해 완전히 제거해 버리려 했다. 인간의 고귀함과 탁월성은 자유의지에 의해 고난과 역경을 극복하는 데서 획득할 수 있는 것이다. 인간 자신을 단순히 돼지로 전락시키고 싸구려 만족감을 얻는 데에 진정한 유토피아가 있을 수는 없다. 더욱이 인간을 아무리 생물학적으로 분류하고 물리적으로 훈련시킨다고 해도 자유의지 자체가 완전히 소멸될 수는 없기 때문에 인간을 자족시킬 수는 없다. 이미 무스타파의 신세계에도 일탈적이고 회의적인 존재들이 등장하니 말이다. 존은 불편한 것을 선택한다. 그는 불행해질 권리를 요구한다. 그렇지만 그는 멋진 신세계에서 자신을 구경거리로 삼는 사람들을 더 이상 견디지 못하고 자살하는 것으로 끝난다.

2. 근대 금욕주의와 노동의 소외

베버의 자본주의 정신

근대사회에서는 고대 그리스와 달리 노동으로부터의 자유가 아니라 노동을 통한 자유가 중요한 목표가 된다.[10] 그런데 노동을 통해 인간다

---

10   손철성, "노동의 종말과 호모 라보란스의 위기", 『시대와 철학』, 21권 2호, 2010, 237쪽.

운 삶을 실현하게 된다고 생각하면서 노동을 하지 않으면 자기실현을
할 수 없다고 생각하게 되었다. 막스 베버(Max Weber)는 『프로테스탄
티즘의 윤리와 자본주의 정신』에서 인간이 자본주의적인 방식으로 이
윤을 추구하는 행위는 어느 문화에서나 있었다고 한다. 그렇지만 서구
근대사회에 독특하게 처음으로 나타난 형태는 '합리적 자본주의'이다.
그것은 노동의 합리적 조직, 과학적 지식의 기술적 이용, 합리적 법과
행정 등을 통해 기업이 합리적 이윤을 추구하는 것을 말한다. 칼뱅주의
는 신의 영광을 더하기 위해 모든 시간과 행위를 조직적으로 합리화하
려고 시도했다. 그래서 삶에 대한 끊임없는 반성과 합리적이고 조직적
인 생활을 통해 인간의 자연적 상태를 극복하려 했다. 이와 같은 세속
적 금욕주의는 중세 수도원에서 유래되었지만, 루터가 계승하고 칼뱅
이 발전시킨 것이라 할 수 있다.

근대 자본주의 문화에 프로테스탄티즘의 윤리가 결부되면서 자본주
의 정신이 강화되었다. 여기서 베버가 말하는 프로테스탄티즘은 청교
도 윤리(The Puritan Ethics)를 말하며, 자본주의의 정신(The Spirit of
Capitalism)은 합리화(Rationalization)를 말한다. 따라서 자본주의의
최고선은 돈을 많이 버는 것이다. 그래서 모든 향락을 피하고 돈을 벌
려고 한다. 돈을 버는 것이 자신의 욕구를 만족시키기 위한 수단이기
때문이 아니라 돈을 버는 것 자체를 삶의 목적으로 삼기 때문이다.[11] 근
대사회에서 자본주의 정신은 노동과 근면을 강조하는 '금욕주의'를 강
조할 필요가 있었다. 그리스도교가 근면과 노동을 강조하는 계율을 어
디서든지 찾아볼 수 있다. 가톨릭 쪽의 수도회 전통에서는 '기도하라,

11　Max Weber, *Die Protestantische Ethik und der 'Geist' des Kapitalismus*, 『프로
테스탄트 윤리와 자본주의 정신』, 박성수 옮김, 문예출판사, 1990, 38쪽.

그리고 일하라'를 모토로 삼았다. 노동을 장려했지만 부는 경계했다. 수도사들에게만 적용되는 원칙은 현세를 떠난 금욕주의로 일상에서 거리를 두고 있다.

그러나 프로테스탄트 쪽의 전통은 누구에게나 적용되는 '세속적 금욕주의'를 권고했다. 루터(Martin Luther)는 세속적 활동의 중요성을 강조하며 수도 생활이 세속적 의무를 회피한다고 비판한다.[12] 그는 천직(Beluf) 개념에 따라 세속적인 노동을 옹호하고 각개인의 구체적 직업은 신의 특별한 명령이라고 한다. 세속적 직업에서의 성공은 그가 선택받은 사람들 중 하나라는 표지로 해석된다. 그리하여 부는 더 이상 비난의 대상이 아니며, 착실하고 근면한 노동의 산물이다. 칼뱅주의에서 유래된 영국 '청교도주의'는 금욕적 프로테스탄티즘의 직업관을 가장 잘 보여 준다. 청교도주의에서 일차적으로 강조하는 것은 시간을 낭비하지 말라는 것이다. 우리가 시간을 낭비하면 할수록 신의 영광을 위한 노동은 줄어들 수밖에 없다.

노동과 세속적 금욕주의

서구 교회에서 노동은 금욕 수단으로 인정되었을 뿐만 아니라 삶의 진정한 목적으로서도 매우 중시되었다. 바울의 "일하지 않는 자는 먹지도 말라"[13]라는 명제는 모든 사람에게 적용된다. 누구나 최선을 다해 노동을 해야 한다. 그것은 가난한 자나 부유한 자나 모두에게 적용된다. 그것은 신의 소명이다. 따라서 이제 노동은 더 이상 원죄가 아니라 인간의 고귀한 윤리적 목표이다. 베버는 노동이라는 세속적 의무를 이행

---

12 Max Weber, 같은 책, 61쪽.

13 『성경』, 「데살로니카2서」 3.10

하는 것은 신을 기쁘게 하는 유일한 방법이라고 한다. 그리하여 우리가 가지는 모든 직업은 신 앞에서 같은 가치를 가진다.[14]

더욱이 프로테스탄트의 세속적 금욕주의(worldy asceticism)와 향락주의는 서로 대립되었다. 주일은 음주 가무가 아니라 '묵상'과 '명상'의 날이다. 오락은 위험한 행동이며 금욕주의의 적이다. 여기서 노동은 모든 유혹을 예방할 수 있는 효과적인 금욕 수단이었다. 칼뱅(John Cavin)에게도 노동은 '은총'의 상징이자 '구원'의 수단이다. 부의 축적은 신에게 선택받은 사람의 징표이고, 게으름과 가난은 선택받지 못한 사람의 표지이다.[15] 칼뱅주의는 근면, 검소, 성실 등 세속적 금욕주의를 강조했다. 이것은 서구인의 직업의식과 자본주의 정신을 낳았다. 칼뱅 신학에 따르면 "노동은 오직 신의 영광을 더하기 위한 것"일 뿐이다.[16] 현세적 삶에 봉사하는 직업도 신의 영광을 위한 것이다.

노동의 회피와 착취

인간은 근본적으로 노동에서 해방되고 싶어 한다. 이를 위한 인간의 노력은 다양한 형태로 나타난다. 인류는 초기에는 동물들을 길들여서 가축으로 사용하면서 노동을 줄여 나가거나, 아니면 도구나 장비를 사용하여 노동을 줄여 나갔던 것으로 보인다. 고대사회에서는 '노예' 제도를 두어 노동을 전담하게 하였다. 그것은 노동을 회피하기 위한 가장 원시적인 방법이었다. 타자에게 자신이 하기 싫은 노동을 전담시키는 것이다. 이미 기원전 18세기에 함무라비 법전에도 노예가 있었던 것으로 기록되어 있다. 고대사회에서는 빚을 지거나 죄를 지어서, 또는 전

---

14 Max Weber, 같은 책, 61쪽.
15 Max Weber, 같은 책, 84쪽.
16 Max Weber, 같은 책, 84쪽.

쟁에서 패배해서 노예가 되었던 것으로 보인다. 고대 그리스, 바빌로니아, 메소포타미아, 로마, 중국, 한국 등 대부분의 문명사회가 노예제를 일반적으로 시행하고 있었던 것으로 보인다.

고대 그리스의 아테네에도 상당히 많은 노예들이 있었던 것으로 보이며, 고대 로마의 경우에는 전체 인구의 25%가 넘었다고 한다. 나중에 아프리카나 아랍 지역에는 노예무역까지 하였고 노예시장도 열렸다. 중세에서도 노예제도는 널리 확산되어 있었다. 아프리카에서도 고대사회에 노예제도가 있었는데 중세부터 국외로도 팔려가기 시작했다. 특히 16세기에 들어 아프리카 흑인 노예들은 미국으로도 팔려 왔다. 19세기 남북전쟁 후에야 노예제도가 폐지되었다. 그렇지만 그 이후에도 노예제도를 완전히 없애는 데에는 많은 시간이 걸렸다. 인류 역사를 통해 노예제도가 얼마나 지속되었는지를 확인해 본다면 이성적인 인간이 상당히 오랜 세월 동안 비이성적인 노예제도를 사용했다는 사실을 알 수 있다. 불과 얼마 전까지도 인간은 자신보다 약한 다른 인간을 마치 짐승이나 물건처럼 취급하며 매매를 했던 것이다.

마르크스의 노동의 소외

근대에 들어서서 인류는 노예를 대신할 수 있는 새로운 대체물을 만들어 내었다. 그것은 바로 '기계'이다. 제2차 산업혁명을 통해 인간은 기계문명을 발전시켜 노동력을 상당히 감소시킬 수 있었다. 근대사회도 노동의 분업을 통해 효율성과 생산성을 극대화하려 했다. 여기에 노동을 획기적으로 변화시킨 기계화를 통해 노동 과정과 결과가 생산되는 방식이 이전과 확연하게 달라졌다. 그렇지만 인간은 여전히 노동의 굴레에서 벗어날 수 없었다. 자본가는 더욱 부유해졌을지 모르나 노동자는 더욱 가난해졌다. 더욱이 이제 노동자는 노동 자체로부터 '소외'(alienation)되었다. 이제 노동은 인간에게 아무런 즐거움을 주지 않았고 오히려 고통만을 안겨 주었다. 노동자의 삶은 더욱 비참해졌다. 근대사회를 살아가는 노동자들은 대부분 종일 노동할 수밖에 없었다.

마르크스(Marx)의 '노동' 개념은 독특하다. 노동이란 오히려 인간과 다른 동물들을 구분하는 근본적인 특성이다. 동물의 모든 활동은 자신의 생명을 보존하는 활동과 구분되지 않는다. 그러나 인간은 생명을 보존하는 활동 이외 다른 의식적인 활동을 한다. 인간이 다른 동물과 구별되기 시작한 것은 생존 수단을 생산하면서부터였다.[17] 노동은 개인적 차원에서 생명을 보존할 수 있게 해 줄 뿐만 아니라 사회적 차원에서 사회를 보존하고 유지 및 발전시키는 동력이 된다. 나아가 그것은 개인이 사회 속에서 자신을 실현할 수 있는 활동이라 할 수 있다. 그런데 인간이 노동을 고통스러운 것으로 경험하는 이유는 무엇일까? 인간은 단지 동물적인 본능과 다름없이 생존하기 위해서 노동할 때 자신을 동물로 느낀다. 그렇기 때문에 노동은 고통으로 다가올 수밖에 없다.

마르크스에게 '소외'란 노동이 자신에게 낯설고 억압적인 외부의 힘으로 느껴지는 과정과 연관된다. 인간은 노동의 행위로부터 소외되고, 노동의 산물로부터 소외되며, 인간이라는 유적 존재로부터 소외되고, 노동의 대상으로부터 소외된다. 노동은 삶의 즐거움도 될 수 있지만 사유재산제도하에서는 생존의 수단을 구하기 위해 일하기 때문에 노동은 소외이다. 말하자면 내가 노동을 하지만 나의 노동은 나의 소유가 되지 않는다. 이제 노동은 내적 필요에 의해 이루어지는 것이 아니라 외부의 요구에 의해 강제적으로 이루어질 뿐이다. 그래서 노동의 소외는 인간

---

17 Karl Marx & Friedrich Engels, *The German Ideology*, 『독일 이데올로기』, 박재희 옮김, 청년사, 1988, 42쪽.

성을 말살해 갈 수 있다. 노동에서 소외되지 않도록 하는 것이 노동을 통해 자기를 실현할 수 있게 만들 수 있다. 인간은 생존하기 위해 노동할 뿐만 아니라 본성을 실현하기 위해서 노동을 한다. 노동은 인간을 인간답게 만들어 준다. 그리하여 노동을 통해서 인간은 자유로운 존재가 될 수 있다. 노동이란 자기의식이나 자기 정체성을 확보하는 계기라는 헤겔(Hegel)의 말을 수용해서, 마르크스는 노동이 인간이 본질적인 활동이자 근본적인 삶의 방식이라 주장한다.[18]

후기 자본주의시대와 소비 사회

현대사회로 오면서 기존의 프로테스탄티즘의 세속적 금욕주의와 대립되는 태도와 문화가 등장했다. 근대사회에서 소비는 낭비이고 죄악시되었다. 그러나 소비가 미덕이라는 새로운 해석이 등장하면서 현대 자본주의는 헤도니즘(Hedonism : 향락주의)을 열광적으로 조장하였다. 이것은 자본주의가 프로테스탄티즘 윤리를 스스로 파괴하는 모순적인 상황을 연출했다. 제2차 세계대전 이후에 프로테스탄티즘은 완전히 무너져 버렸다. 프로테스탄티즘의 세속적 금욕주의의 붕괴는 노동에 대한 부정적 태도와 절제나 금욕보다는 '소비'(consumer)를 미덕으로 삼는 풍토를 만들어 냈다.

프로테스탄티즘의 세속적 금욕주의에 의하면, 노동은 인간을 구원하는 신성한 행위이지만, 노동자들이 노동에 예속되어 기계적인 삶을 살아가는 참혹한 현실을 보여 준다. 또한 소비는 생산을 위해 노동력을 재생산할 수 있는 한에서 허용되었지만, 새로운 노동 윤리는 생산보다

18　노동의 종말과 현대인의 위기에 대해서는 다음 글을 참조하시오. 손철성, "노동의 종말과 호모 라보란스의 위기", 『시대와 철학』, 21권 2호, 2010.

소비를 강조한다. 사람들이 노동하는 이유는 생산이 아니라 소비 때문이다. 말하자면 인간은 소비하기 위해 노동한다. 그렇다면 역으로 노동하기 싫다면 소비를 하지 않으면 된다. 근대사회는 노동에 대한 집착으로 인간을 불행하게 만들었다. 과도한 노동은 삶의 여유를 없애 버린다. 따라서 개인 생활이란 찾아볼 수도 없고 가정생활도 정상적으로 영위할 수 없다. 노동을 통해 자신을 계발할 수 있기보다는, 오히려 노동을 하면 할수록 능력이 퇴화되는 것처럼 보인다. 왜냐하면 노동의 자동화와 기계화에 따른 단순 노동은 당연히 자기실현과는 아무런 관계가 없는 것이다. 더욱이 노동의 자율성이 전혀 없는 반강제적인 노동을 하게 된다면 노동에서 즐거움을 얻지 못하고 오히려 고통을 받을 뿐이다.

3. 호모 라보란스와 피로사회

노동, 제작, 행위

한나 아렌트는 노동 개념과 관련된 다른 용어들을 보다 세밀하게 구분해서 사용한다. 그녀는 아리스토텔레스로부터 활동적 삶(정치적 삶)과 관조적 삶이라는 두 개념을 차용하고 있다. 아리스토텔레스는 삶의 목표와 연관하여 첫째, '즐거움'(hedone)을 목표로 하는 향락적 삶(apolaustikos bios)과, 둘째 '명예'(time)나 '탁월성'(arete)을 목표로 하는 정치적 삶(politikos bios)과, 셋째 진리의 인식을 목표로 하는 관조적 삶(theoretikos bios) 등을 구분한다.[19] 여기서 아렌트는 아리스토텔레스의 기본 구도만 차용하고 있을 뿐이지, 실제로는 다른 방향으로

---

19 Aristotle, *Nichomachean Ethics*, 1095b14-1096a11.

논의를 전개시키고 있는 것으로 보인다. 인간의 삶에서 노동은 '활동적 삶'(vita activa)에 포함된다.[20] 한나 아렌트에게 활동적 삶은 인간의 조건이다. 인간의 근본적인 활동들은 노동(labor), 작업(work), 행위(action) 등 세 가지 범주로 구분된다.[21] 노동과 작업은 사적으로 일어나며, 행위는 공적으로 일어난다. 노동은 사적 영역에서 자연이 요구하는 필연성과 관련 있지만, 정치적 행동은 공적으로 일어나며 자유를 위해 허용된다.[22]

첫째, '노동'은 인간이 생존하기 위한 필요한 것들을 제공하는 활동으로 요리나 청소 등과 같은 일상의 업무들로 이루어지며 소비되어 버리는 것이다. 인간은 '노동하는 동물'(animal laborans)이다. 인간은 자연의 요구에 종속될 수밖에 없다. 노동은 정치적 활동의 필요조건이다. 둘째, '작업'은 "인간 실존의 비자연적인 것에 상응하는 활동"으로 일종의 제작 활동이며 시작과 끝이 있다. 제작을 통해 세계를 구성하는 기초적 행위로 영속적인 세계를 만드는 행위이다. 그것은 노동보다 더 영구적인 것을 만드는 것이다. 가령 인간을 자연으로부터 벗어나도록 피난처와 가구 등과 같은 것을 만드는 것이다. 노동은 끊임없이 반복적으로 요구되지만 작업은 자연 세계에 안정성을 제공한다. 노동은 순환적이지만, 작업은 시작과 끝을 가지고 있다.[23]

---

20 '활동적 삶'(vita activa)은 아리스토텔레스의 '실천적 삶'(praktikos bios)을 중세에서 라틴어로 번역한 용어이다. 관조적 삶(theoretikos bios)은 라틴어로 'vita contemplativa'를 사용한다. *장영란, "아리스토텔레스와 아렌트의 활동적 삶과 관조적 삶", 『철학연구』 115권, 2016, 285쪽.

21 Arendt, Hannah, *The Human Condition* 2nd, The University of Chicago Press, 1998, p.7.

22 Karin A. Fry, *Arendt: A Guide for the Perplexed*, Continuum, 2009, p.42.

23 Karin A. Fry, ibid., p.43.

셋째, '행위'는 "사물이나 물질의 매개 없이 인간 사이에 직접적으로 수행되는 유일한 활동"이다. 인간은 본성적으로 하나가 아닌 다수로 존재하고 타자에 의존하며 살아간다. 노동과 작업은 사적인 영역과 관련되는 활동이나, 행위는 정치적이며 공적인 영역과 관련되는 활동이다. 사적 영역은 재산과 같은 사적인 일이 다루어지는 영역이고 공적 영역은 공통적 일이 다루어지는 영역이다.[24] 아렌트는 활동의 개념을 세분하여 공적 영역인 정치적 활동의 중요성을 더욱 공고히 하는 데 일조한다. 그러나 근대 이후로 인간의 활동적 삶에서 제작이 가장 중요한 위치를 차지하게 되었고, 인간 노동의 자동화를 촉구하게 되었다. 아렌트는 인간이 역사를 통해 노동을 제거하는 데 천재성을 발휘해 왔다고 한다.

호모 파베르의 전복

근대에 이르러 활동적 삶과 관조적 삶의 지위는 전도된다. 고중세를 통해 관조적 삶은 늘 활동적 삶보다 우위를 차지하고 있었다. 그러나 근대에 이르러 관조적 삶은 활동적 삶에게 자신의 지위를 내줄 수밖에 없었다. 활동적 삶의 요소들 중에서 가장 먼저 관조의 지위로 차고 올라간 것은 '제작'이다. 근대의 산업혁명을 주도했던 것은 도구적 인간이었기 때문이다. 근대의 이상은 도구를 가지고 제작을 하는 호모 파베르(Homo Faber)에게 나타난다. 근대 과학은 새로운 도구 제작과 밀접한 관계를 가진다. 호모 파베르는 생산이나 제작의 과정을 강조한다. 생산물은 제작 과정에서 나온 부차적인 산물이다. 그런데 아리스토텔레스의 철학에서 제작(poiesis)은 관조(theoria)와 밀접한 관계가 있다.

---

24 Arendt, Hannah, ibid., pp.56-7.

제작자는 형상인이나 목적인을 알아야 제작을 할 수 있기 때문이다. 제작자의 작업이 '형상'에 의해 인도되는 한에서 관조는 제작에 고유한 요소라는 것이다.[25]

그리하여 아렌트는 호모 파베르와 관조적 삶의 관계에 대해 매우 흥미로운 사실을 지적한다. 호모 파베르는 자신의 경험으로부터 관조의 기쁨을 알았기 때문에 관조적 삶을 지향한다. 그래서 근대에는 외적으로 관조와 제작의 위계가 바뀌어 제작이 관조보다 우위에 있는 것처럼 보이지만, 사실 호모 파베르는 관조와 밀접한 관계를 유지하고 있다고 볼 수 있다. 그럼에도 제작은 관조의 자리를 밀어내고 차지한 것으로 보인다. 근대의 혁명으로부터 탄생한 호모 파베르는 모든 것을 측정할 수 있는 도구들을 발명해 냈지만 제작 활동의 절대적이고 불변하는 척도를 박탈당했다고 한다. 그것은 관조를 제거했기 때문이다. 그래서 제작은 많은 것을 잃게 되었다.[26]

"인간 능력의 영역에서 관조를 제거함으로써 활동적 삶의 모든 활동들 중에서 제작이 가장 많은 것을 상실했다"

아렌트는 근대의 혁명으로부터 탄생한 제작인이 제작 활동과 관련해서 신뢰하고 의지할 만한 절대적인 것을 형성하는 불변의 척도들을 박탈당했다고 한다. 근대의 제작인의 세계관의 척도는 '유용성'(utility)의 원리이다. 그런데 호모 파베르의 유용성의 원리는 '최대다수의 최대 행복'으로 대체되면서 제작의 지위는 흔들거린다. 이제 궁극적인 척도는

25   Arendt, Hannah, ibid., p.301-302.
26   Arendt, Hannah, ibid., p.308.

유용성이 아니라 행복이란 겉옷을 걸쳐 입은 쾌락이다.

호모 라보란스의 승리

아렌트는 단지 근대가 호모 파베르를 존중한다는 것만 문제 삼지는 않았다. 활동적 삶의 요소들 가운데 제작을 제치고 '노동'이 초고속으로 최고의 지위로 올라섰다는 사실이 문제였다.[27] 노동이 다른 요소들을 제치고 최고의 지위로 오르게 된 이유는 무엇일까? '노동하는 인간'(Homo laborans)은 데카르트가 발단이 되었던 근대의 신앙을 잃지 않았다면 결코 완성되지 않았을 것이다.[28] 근대인은 이 세계에 대한 확실성을 갖지 못했다. 나아가 이 세계가 불멸할 수 있다고 믿지 않았으며 이 세계가 실재한다는 것조차 믿지 않았다. 모든 인간의 활동은 자연의 과정의 일부이다. 이러한 과정의 유일한 목적이 있다면 그것은 '생존'이다. 따라서 더 이상 고등 능력들을 필요로 하지 않는다. 노동한다는 것은 자신과 가족의 삶을 보장하는 것 외에는 아무것도 필요로 하지 않게 되었다. 이제 관조만이 전적으로 무의미한 인간 경험이 된 것은 아니고, 사고 자체도 결과를 계산하는 용도로 사용되어 버렸다. 이제 인간의 활동은 단지 생산과 제작의 관점에서만 이해되며, 제작은 노동의 다른 형식으로 여겨졌다.

인간은 노동을 제거하는 것만으로 유토피아로 간주될 수 없을 정도로 삶의 노고와 고통을 완화시키는 데 천재성을 발휘했다. 이제 노동하는 사회의 마지막 단계는 구성원에게 단순한 자동화 기능만 요구하게 될 것이다. 그래서 아렌트는 인간이 가장 무감각하고 무기력한 수동성

---

27 Arendt, Hannah, ibid., p.306.
28 Arendt, Hannah, ibid., p.320.

의 상태에서 최후를 맞이할 가능성이 있다고 한다. 나아가 근대의 세계
관이 점차 인간의 노동을 줄이는데 생산과 제작 활동을 하다가 결국 자
동화의 덫에서 인간을 무기력한 수동성에 빠트려 버릴 가능성이 있기
때문에 경계심을 보인다.[29]

> "노동하는 사회 또는 직업인들의 사회의 마지막 단계는 그 구성원들에게 단
> 순한 자동적 기능(a sheer automatic functioning)만을 요구한다. 이것은 마
> 치 개인의 삶이 실제로 [인간이란] 종(the species)의 삶의 전 과정에 침몰되
> 어 있으며, 유일하게 개인에게 여전히 요구되는 능동적 결정은 그의 개별성,
> 즉 여전히 개별적으로 지각되는 삶의 고통과 고난을 폐기하고, 아득하고
> '평온한'(tranquilized) 기능적 형태의 행동을 묵인하는 것이다."

노동하는 인간은 마지막 단계에 이르면 거의 자동적으로 노동을 하게
된다. 여기서 개인은 아무런 생각 없이 멍한 상태로 기능적인 행동을
하는 것을 묵묵히 받아들이는 것만 유일하게 능동적으로 할 수 있을 뿐
이다. 아렌트가 우려하는 것은 근대가 가장 치명적이고 가장 비생산적
인 수동성으로 끝날 수 있다는 사실이다.

성과사회의 자아 팽창

그러나 한병철은 호모 라보란스에 대한 아렌트의 걱정을 가볍게 날
려 버린다. 현대의 노동사회는 성과사회(Leistungs gesellschaft)이다.
근대사회는 푸코식의 규율사회이고 근대인은 복종적 주체라면, 현대사
회는 성과사회이고 현대인은 성과주체라고 본다. 성과주체는 자기 자

---

29 Arendt, Hannah, ibid., p.322.

신을 뛰어넘기 위해 끊임없이 노력한다. 노동하는 인간은 자신의 개성이나 자아를 포기하지 않으며 "거의 찢어질 정도로 팽팽하게 자아로 무장되어 있다."[30] 그는 아렌트가 말하는 수동성과 거리가 멀다. 수동적이고 기계적인 존재라기보다 오히려 지나치게 능동적이고 지나치게 긴장되어 있기 때문에 우울하다. 하지만 호모 라보란스에 대한 아렌트의 통찰을 한 번에 날려 버릴 만한 비판이라 하기는 어렵다. 아렌트는 노동하는 인간이 '극단적인 상황'으로 갔을 때 최악의 수동성에 도달할 수 있다고 했기 때문이다. 이것은 현대사회에 대해 충분히 공감하고 동의할 수 있는 걱정과 우려이기 때문이다.

한병철은 현대사회를 '피로사회'(Mudigkeitsgesellschaft, 'Fatigue Society')라고 한다. 현대인은 성과를 위해 끊임없이 자기 자신을 소진시켜 나가다가 만성피로에 젖어 있게 된다. 복종적인 규율에서 벗어나긴 했지만 자유의 무게에 짓눌려 우울증에 빠져 버린다. 나아가 노동사회나 성과사회는 자유로운 사회가 아니며 '강제적인' 사회라고 한다. 이 사회에서 각 사람은 각자의 '노동 수용소'를 매달고 다닌다. 우리 자신이 노예이기도 하고 주인이기도 하다. 왜냐하면 주인이 스스로 노동하는 노예가 되는 노동사회이기 때문이다. 이런 방식으로 인간은 자기 자신을 착취하는 상태에 이르게 된다. 어떠한 지배도 없는데 착취가 일어날 수 있다.[31] 한병철은 노동하는 인간의 과잉활동을 우려한다. 현대인은 극단적으로 허무해진 삶에 대해 지나치게 노동하는 것으로 대처한다. 그래서 끊임없이 반복되는 노동의 늪에서 헤어 나오지 못하는 것으로 보인다. 현대의 노동사회에 대해 한병철이 말하는 과잉 활동과 아렌

---

30 한병철, 『피로사회』, 김태환 옮김, 문학과지성사, 2012, 40쪽.
31 한병철, 같은 책, 44쪽.

트가 말하는 수동성과 무기력은 호모 라보란스의 극단적인 양면이다.

피로사회의 폭력과 무위

성과사회는 노동하는 인간의 과잉 활동으로 피로가 축적된 사회이다. 너무 피로가 심하면 우리는 말할 수조차 없을 지경에 이르게 된다. 영혼이 모두 다 타들어가 사라져 버리고 가느다란 차디찬 공기 한줄기만 남아 겨우 숨을 쉬고 있는 듯한 상태이다. 한병철은 피로는 폭력이라고 말한다. 그것은 모든 공동체의 삶과 모든 친밀성 및 언어조차도 파괴한다.[32] 성과사회의 피로는 타자와의 관계를 무너뜨리고 자신을 고립시키려 한다. 그것은 자기 자신 안에 있는 모든 기력을 구석구석까지 끌어 모아 단 한 줌도 남겨 두지 않고 탕진해 버렸기 때문에 마치 영혼이 불타서 전부 소진된 것 같은 상태라 할 수 있다.

그러나 한병철은 한트케의 '근본적 피로' 개념을 도입하여 피로의 새로운 차원을 말하려 한다. 근본적 피로는 무엇인가? 그것은 아무것도 할 힘이 없는 탈진 상태와는 다르다고 말한다. 한병철은 이를 '무위의 피로'라고 부른다. 그것은 오히려 특별한 능력으로 영감을 주고 정신의 탄생을 가져온다. 그리하여 근본적 피로를 통해 세계는 경이감을 되찾을 수 있다. 한병철은 한트게의 피로 개념에 기본적으로 동의하고 있다. 그렇지만 '피로'(疲勞)라는 말 자체는 한자어로 노동과 밀접한 관계가 있다. 과로로 인해 몸과 마음이 지치고, 힘들고, 고달픈 상태를 말한다. 여기에 긍정적 피로라든가 또는 부정적 피로라는 구분은 별 의미가 없어 보인다.

나는 한트케의 피로 개념에 대해 회의적인 입장이다. 왜냐하면 피로라는 말 그 자체가 가진 의미의 기본적인 정체성이 무너지는 말놀이를

---

32 한병철, 같은 책, 67쪽.

하고 있기 때문이다. 한병철은 한트케의 피로 개념에 근거해서 피로의 긍정적인 측면에 대해 말하고 있지만, 엄밀히 피로 자체가 영감이나 경이감을 주는 것이 아니다. 실제로 전신에 기운이 완전히 소진되어 버려 가만히 서 있거나 앉아 있지도 못할 지경이 되면 아무것도 할 수가 없게 된다. 아무런 감정도 느끼지 못하고 아무런 생각도 하지 못하고 죽은 듯이 누워서 혹시라도 몸속에 떠다니는 기운을 한 줄기라도 잡아보려는 경험을 해 보았다면 말이다.

한트케와 한병철이 각각 말하는 '근본적 피로'와 '무위의 피로'는 지나치게 통상적이지 않아 통용되기는 어렵다. 현대사회에서 노동하는 인간에게 피로는 실존적 한계상황으로서의 고통이 배어 있는 말이다. 피로라는 말을 가지고 말놀이하는 것은 적절하지 못하다. 그것은 인간의 신성한 영역을 무단으로 침범하는 일이다. 우리는 단지 피로라는 원인에 의해 무위, 즉 아무것도 하지 않는 상태로 갈 수 있을 뿐이다. 피로가 아닌 '무위'(無爲)가 휴식으로 되고, 휴식을 통해 영감을 얻고 다시 세계에 대해 경이감을 갖게 될 수는 있다. 우리가 피로사회에서 벗어나기 위해서는 성과주의에서 벗어나야 한다. 물론 성과주의 자체는 사회적으로 적절한 평가 기준이 될 수는 없다. 사회 전반에 필요한 다양한 요소나 기능들을 고려하지 못하고 단지 성과만으로 평가하는 것은 사회의 기반 전체를 붕괴시켜 버리는 결과를 가져올 수 있다.

4. 노동의 연장과 노동의 종말

스콜레, 오티움, 리케레

현대사회에서 인간은 휴식을 원한다. 그러나 그것은 단지 다시 노동을 하기 위해 필요한 것일 뿐이다. 그렇다면 인간은 끊임없는 노동의 늪에서 빠져 나오지 못하게 되는가? 노동자는 휴식을 달라고 한다. 하지만 단지 휴식만으로는 근본적으로 해결할 수 없는 문제가 있다. 현대에는 휴식(休息)과 관련하여 여가(餘暇)라는 용어를 훨씬 자주 쓰게 된다. 사실 휴식이라는 말은 소극적으로 느껴지는데, 여가는 좀 더 적극적으로 느껴진다. 휴식이 그냥 하던 일을 멈추고 나무 아래서(休) 숨을 돌리다(息)는 의미라면, 여가는 무언가 '남거나' '넉넉하여' (餘) '느긋하게 보내다' (暇)는 의미이다. 그래서 휴식은 노동이나 작업과 매우 밀접한 표현으로 보인다. 그러나 여가는 노동이 필요 없는 '남는' 시간이며, 노동과는 '상대' 개념이라 할 수 있다. 노동과 관련하여 휴식보다는 여가가 훨씬 멀어진 개념이지만 노동으로 채워지지 않으면 만들어지지 않을 수도 있는 개념이다. 한자어로 본다면 한가(閑暇)는 여가보다 훨씬 적극적인 개념이라 할 수 있다. 한가는 '문을 걸어 닫고' (閑) '느긋하게 보낸다' (暇)는 의미이기 때문이다. 그것은 스스로 여유를 만들어 느긋하게 보내는 것이다.

여가는 그리스어로 스콜레(schole)라 불리며 '여유' 있다는 의미이다. 고대 그리스어 스콜레는 라틴어에서 스콜라(schola)로 변형되었고, 현대 영어에서 스쿨(school)과 연관된다. 스쿨은 우리가 교육을 받는 장소이다. 한국어로 학교(學校)는 배움의 전당이다. 그것은 원래 스콜레가 그냥 시간이 남아 여유가 있어 놀이를 하며 휴식을 취하는 것과는 다르다는 것을 보여 준다. 이미 아리스토텔레스의 철학에서 스콜레가 진리 탐구와 밀접한 관계가 있다는 것을 보여 주고 있다. 로마에서 사용한 여가의 또 다른 라틴어는 오티움(otium)이다. 그것은 '행동에서 자유로운 것' 을 의미하며 조용한 생활을 뜻한다. 일반적으로 기원후 65년경에 오티움은 정신적인 풍요로 이끄는 삶에 참여하는 것을 의미했다. 여기서도 알 수 있듯이 그리스어나 라틴어에서도 휴식이나 휴가 등과 비슷한 내용이 포함되어 있지 않다. 현대 영어에서 여가를 의미하는 단어는 레저(leisure)이다. 이것은 라틴어 리케레(licere)에서 유래했는데, "허락되다" 또는 "허용되다"를 의미하며 정해진 일과에서 벗어난 자유 시간 등을 의미한다. 그러나 레저라는 표현은 스콜레, 스콜라, 오티움과는 다른 맥락으로 발전된 것으로 보인다. 현대에서 레저는 즐거움을 산출하는 놀이 개념에 훨씬 가깝게 느껴진다.

노동의 연장과 여가 산업

현대사회에서 우리는 여가를 즐기기 위해 많은 것을 계획하고 준비하는 경우가 많다. 도대체 무엇을 어떻게 즐겨야 하는지를 알기 위해 수없이 정보를 검색해야 한다. 더욱이 현대사회에서 여가는 단지 나 자신을 위한 것이 아닌 경우도 많다. 말하자면 대중매체나 SNS를 통해 일종의 여행이나 놀이공원 또는 맛집 등 기획 상품들이 만들어지면 발품을 팔아서라도 간다. 그리고 '나도 다녀왔다'고 인증 샷을 찍고 SNS에 올려야 남들보다 뒤처지지 않게 사는 것처럼 생각하며 스스로 만족스러워한다. 만약 여러 가지 사정으로 동일한 장소에 가서 동일한 경험을 하지 못하면, 남들보다 못하다고 자괴감에 빠지기도 한다. 그래서 현대인들은 여가가 생기면 대중매체에서 홍보하는 영화를 남들처럼 보고, 대중매체에서 기획한 여행지를 남들처럼 가고, 대중매체에서 선정한 맛집에 가야 되니 무척 바쁘다.

현대인들은 막상 여가를 갖게 되었을 때에도 편하게 즐기기가 쉽지 않다. 왜냐하면 현대에는 여가도 일종의 노동이고 오히려 노동의 연장이 되기도 하기 때문이다. 현대인들은 여가조차도 자율적으로 사용하지 못한다. 문화산업은 여가 시간에도 소비가 활발하기를 기대한다. 아도르노는 현대인의 여가 시간은 문화산업이 제공하는 획일적 생산물로 채워진다고 한다.[33] 직장에 출근해 노동하고 퇴근 후에 대부분의 사람들은 TV 뉴스나 드라마 등 문화산업의 생산자가 공급하는 프로그램을 시청한다. 이러한 프로그램은 매번 변하는 것처럼 보이지만 사실은 "전혀 변화 없는 반복"에 불과하다고 한다.[34] 단지 세부적인 사항들만 계속 바뀔 뿐이다. 더욱이 문화산업이 간접적으로 제공하는 수많은 광고 상품이나 여행 상품 등은 대중의 욕망을 생산하게 된다.

나아가 문화산업은 모든 사람이 노동 시간은 물론 여가 시간에도 경제활동의 메커니즘에서 벗어나지 못하게 한다. 그래서 여가 시간에도 계속해서 소비 활동을 하게 만든다. 사람들은 주말에나 휴가철에 대중문화에서 제공하는 다양한 패턴의 상품을 선택해 소비한다. 그것은 이미 '대중문화'란 이름으로 산업화되어 여가 생활까지도 지배한다. 사람들의 여가를 지배하는 이런 대중문화가 노동력 재충전의 기제로 작동하며 대중을 파편화시키고 무분별한 소비자로 만들어 자본의 운용을 돕고, 또한 그 체제의 이데올로기에 순응하게 할 수 있다. 이제 모든 것이 문화산업의 손을 거치지 않고는 세상에 나타날 수가 없다. 우리가 현실에 마주치는 여가 상품은 문화산업의 세례를 받은 것이다.[35]

아도르노는 현대인들의 여가가 자신들도 모르는 사이에 문화산업의 공정을 통해 나온 생산물에 의해 소비된다고 말한다. 이제 현대인들은 문화산업이 제공하는 유흥(amusement)을 즐기며 여가 시간을 보낸다.

---

33   Adorno, W.T & Horkheimer, M.,(1948) *Dialektik der Aufklärung: Philosophische Fragmente*.『계몽의 변증법』김유동 옮김, 문학과지성사, 2001, 189쪽.

34   Adorno, W.T & Horkheimer, M., 같은 책, 190쪽.

35   Adorno, W.T & Horkheimer, M., 같은 책, 194쪽.

문화산업은 여가 활동을 관리하기 위해 직접적으로 유흥을 제공할 뿐
만 아니라 취미 이데올로기를 광범위하게 유포시킨다. 그래서 사람들
은 취미가 무엇이냐는 질문을 받으며 취미를 만들기 위해 소비하게 된
다. 유흥산업은 끊임없이 재미를 제공한다. 사람들은 유흥을 즐기며 기
분 전환을 한다고 생각하지만 실제로는 기분 전환이 중노동이 된다. 더
욱이 여기서 유흥을 즐긴다는 것은 우리가 무엇인가에 대해 더 이상 생
각하지 않는다는 사실을 보여 줄 뿐이다. 아도르노에 따르면, 즐긴다는
것은 사실 도피라고 한다. 그것은 마지막 남아 있는 저항의식으로부터
도피하는 것이다.[36] 이것이 바로 여가 문화산업의 은폐된 정치적 기능
이라 할 수 있다.

놀이로서의 노동의 가능성

마르쿠제도 후기 산업사회에서 대중조작 기술은 여가를 직접 통제하
는 오락산업을 발전시켰다고 한다. 오락산업은 우리의 욕구를 조작하
고 거짓 욕구를 생산한다. 따라서 오락산업에 의해 여가 생활이 통제를
받으면 획일적일 수밖에 없고, 결국 모두에게 동일화된 일차원적 여가
만이 남게 된다. 우리는 오락산업이 생산하는 거짓 욕구가 자본주의의
이데올로기에 의해 결국 제2의 인간 본성이 되는 것을 확인할 뿐이다.
마르쿠제에게도 여가는 노동의 연장이다. 그것은 다시 노동을 하기 위
한 힘을 축적하기 위해 조정되고 관리된다.[37] 산업사회에서 인간의 여
가를 조정 및 관리하는 주체가 아도르노에게는 문화산업이었다면, 마
르쿠제에게는 국가이다. 욕구의 조건화는 사회제도와의 연관하에서 정

---

36 Adorno, W.T & Horkheimer, M., 같은 책, 219쪽.
37 Marcuse, H.(1955), *Eros and Civilization*, 『에로스와 문명』, 김인환 옮김, 나남
출판, 2004, 53쪽.

도나 범위 등이 결정되기 때문이다.

그렇다면 현대사회에서 현대인들에게 진정한 여가는 가능한 것인가? 아도르노의 경우에는 문화산업의 그늘에서 벗어나는 것으로부터 가능해질 수 있을 것이다. 그는 여가를 조정하고 관리하는 문화산업이 제공하는 문화상품을 소비할지라도 그대로 받아들이지도 믿지도 않는데에 자유의 가능성이 있다고 한다.[38] 물론 궁극적으로 사회 해방이 여가 생활의 전환을 가져올 수 있다고 한다. 마르쿠제는 진정한 의미의 여가는 새로운 형태의 문명이 도래할 때에만 가능하다고 한다. 우리 본능의 억압은 노동의 필연성 때문이 아니라 특정한 사회조직과 관련되어 있다.

마르쿠제도 합리적인 사회에서 노동은 인간의 욕구를 충족시키기 위해 필요하다고 한다. 그러나 우리의 필요 이상으로 욕구를 억압하여 우리를 노동하게 만드는 것은 과잉 억압이다. 그리하여 과잉 억압을 제거하는 것은 노동 자체를 제거하는 것이 아니라 인간 존재를 노동의 도구로 만드는 집단을 제거하는 것이다.[39] 따라서 억압적인 노동이 사라지고 노동이 놀이로 변화되었을 때 유토피아적 사회가 가능하고 진정한 여가가 가능하게 된다. 그러나 아도르노나 마르쿠제는 '사회적 해방'이나 '새로운 문명의 도래'와 같은 거대 담론을 구상하여 촉구하는 것으로 보인다. 우리는 일상적 삶 속에서 보다 적극적으로 문화산업에 대한 비판을 통해 진정한 의미의 여가가 무엇인지를 반성적으로 성찰하면서 변화의 계기를 가질 필요가 있다.

---

38 이종하, "문화사회에서 노동과 여가", 『철학과 현상학연구』 제29권, 2006, 158쪽 참조.
39 Marcuse, H.(1955), 같은 책, 133쪽.

노동의 종말과 시민 노동

인류는 역사를 통해 노동에서 벗어나기를 꿈꾸어 왔다. 이제 미래 사회에서는 인류의 염원이 이루어질 수 있을 것으로 전망된다. 인간은 근대 산업혁명 시대에 기계화와 자동화를 통해 대량생산을 하게 되었고, 현대 첨단 기술 시대에는 컴퓨터, 로봇, 생명공학, 인공지능 기술 등에 의해 인간을 대체할 수 있는 노동을 발전시켰다. 이제 인간의 노동은 단순한 신체노동이든 복잡한 정신노동이든 간에 점차 기계에 의해 대체되고 있다. 제레미 리프킨(Rifkin, Jeremy)은 1995년에『노동의 종말』(the End of Work)을 쓰고 난 9년 후에 낸 개정판 서문에서 2050년쯤이면 전통적인 산업을 관리하고 운영하는 데 전체 성인 인구의 5퍼센트 정도만 필요할 것이라고 말하며 노동자가 필요하지 않은 사무실이 대다수일 것이라고 예견한다.[40] 나아가 22세기까지는 지적 기술이 상업적 영역의 인간 노동을 많이 대체하게 되어서, 대부분의 사람이 문화적 영역에 속하는 직업을 가지기 위해 교육과 훈련을 다시 받아야 한다고 진단한다. 결국 노동은 인간이 아닌 기계가 하는 시대가 도래할 것이다.

그리하여 리프킨은 미래사회에 도래할 노동의 종말을 예견하며 미래 세대의 대량 해고와 실업 문제를 어떻게 해결할 것인지를 살펴보고 있다. 첨단 과학기술로 인해 생산성이 지속적으로 증가하면 노동력이 점차 불필요하게 된다. 문제는 노동을 하지 않아도 생존할 수 있는 상황이 되면 좋지만, 노동을 하지 않으면 생존할 수 없는 상황인데 노동을 할 수 없는 상황이 되면 최악의 경우가 된다. 기본적으로 노동을 하지 않으면 생존하기 어려운 사회에서 노동을 할 수 없다는 것은 생존 자체에 위협이 된다. 그렇다면 노동을 덜하거나 노동을 하지 않아도 생존을

---

40 Rifkin, Jeremy, *The End of Work*, 『노동의 종말』, 이영호 옮김, 민음사, 2005, 21쪽.

할 수 있는 체제를 갖추도록 노력하지 않으면 노동력이 불필요해지는 시대에는 사회경제적 문제가 더욱 악화될 가능성이 높다.

제레미 리프킨은 미래에 일어날 두 가지 사태를 다음과 같이 제시한다.[41] 첫째 만일 기계가 인간의 노동을 대체하여 역사상 최고의 대량 실업이 발생한다면, 양극화 현상이 심해지면서 빈자와 부자 간의 전쟁이 발발할 수 있다. 둘째, 만일 노동자들이 생산성 향상의 이익을 노동시간 단축과 소득 향상으로 나눠 가질 수 있다면, 역사상 최고의 레저 시간이 가질 수 있는 사회가 될 것이다. 이로 인한 자유 시간은 공동체 연대 의식을 갱신하고 민주주의적 유산을 부흥시키는 데 사용될 수 있다. 리프킨은 노동의 종말을 고하는 새로운 경제체제에서 기술발전의 이익을 공정하게 분배하는 패러다임으로 제3부문(the third sector)을 정책적으로 지원할 필요가 있다고 한다. 정부는 실업자들이 제3부문에서 재훈련을 받고 배치되도록 복지 지원의 대안으로 '공동체 서비스' 또는 '사회적 서비스'에 대해 '사회적 임금'을 지원하는 제안을 한다.[42] 그것은 타인에 대한 서비스를 하도록 동기를 유발시키고 공동체 의식 강화라는 측면에서도 사회적으로 매우 유익하다. 이와 같은 공동체 서비스는 기본적으로 정부의 지원이 없으면 불가능하고, 사회가 공동으로 부담을 져야 할 필요가 있다.

울리히 벡(Ulrich Beck)은 현대사회를 '위험사회'(Risk Society)라 규정한다. 이것은 기존 산업사회의 부작용이 원인이 되어 등장한다. 인간이 예측할 수 없는 불확실성에서 기인한 위험들이 산재해 있다. 그것들은 오늘날 양극화에 따른 빈부 격차, 실업, 금융 불안, 사회적 배제,

---

41   Rifkin, Jeremy, 같은 책, 351쪽.
42   Rifkin, Jeremy, 같은 책, 362쪽.

테러리즘, 환경오염, 실업, 만성질환 등 수없이 많다. 더욱이 현재 세계
노동사회는 한계에 도달해 있다. 청년층의 노동인구가 계속해서 줄어
들고 있고 노년층의 비생산 인구가 계속해서 늘어나고 있다. 출산율은
계속해서 감소하고 사망률도 계속해서 감소하고 있다. 이것은 노동할
수 있는 생산 인구가 급격히 감소하고 있는데 노동할 수 없는 비생산
인구는 급격히 증가하고 있다는 말이다. 현대 우리사회에도 국민연금
이 고갈되어 납입액을 지속적으로 높여야 하는 상황에 처해 있다.[43] 또
한 고용보험 지원 대상이 급속히 증가하고 있어 국가의 공적 자금을 지
급하는 데 한계상황에 도달할 위험이 있다. 울리히 벡은 '시민 노동'을
대안으로 제시한다.

기존의 노동시민들이 노동에 중점을 둔다면 시민 노동은 시민에 중
점을 둔다. 이것은 기업이 아니라 정부가 시민 노동에 재정적 지원을
해야 한다는 주장에 기반을 두고 있다.[44] 울리히 벡은 시민노동에 기반
한 사회를 민주주의에 생명력을 불어넣는 새로운 정치사회가 될 것이
라고 주장한다.[45] 그러나 제레미 리프킨의 공동체 서비스 임금 지원 정
책이나 울리히 벡의 시민운동 임금 지원 정책이 실제로 성공적인 효과
를 거둘 수 있을지는 의문이다. 사실 현재로서는 리프킨이나 벡이 제안
하는 방법이 노동사회의 변동에 따른 이상적인 대안인 측면이 있지만,
공동체 서비스나 시민운동에 대해 정부가 적정한 임금을 지원하는 것
에 대해 사회적으로 충분히 인식될 수 있고 수용가능한지는 다양한 정

43 물론 이것은 단순히 국민연금을 수령하는 노령 인구가 높아져서 발생한 문제는 아
니다. 국민연금을 제대로 운용하지 못해서 생긴 문제가 더 심각하고 투자 손실에 대한
책임을 반드시 물을 필요가 있다.
44 Ulrich Beck, *Schoene neue Arbeitswelt*, 『아름답고 새로운 노동세계』, 홍윤기 옮
김, 생각의 나무, 1999, 250쪽 이하 참조.
45 Ulrich Beck, 같은 책, 219쪽.

책적 논의가 필요한 것으로 보인다.

5. 진정한 여가와 자기 수양

노동의 목적과 여가

아리스토텔레스는 『정치학』에서 노동과 여가에 대해 정의하며 여가의 중요성에 대해 이야기한다. 엄밀히 인간에게 여가가 필요한 이유는 무엇인가? 아리스토텔레스에게는 좋은 삶 또는 행복한 삶을 위해 필요한 것이다. 그렇다면 행복한 삶은 무엇인가? 아리스토텔레스는 삶의 종류를 크게 세 가지로 구분했다. 『니코마코스 윤리학』에서는 삶의 종류를 즐거움을 목표로 하는 '향락적 삶'(apolaustikos bios), 명예나 탁월성을 목표로 하는 '정치적 삶'(politikos bios), 진리 인식을 목표로 하는 '관조적 삶'(theoretikos bios)으로 분류하고, 『에우데모스 윤리학』에서는 육체적 쾌락을 추구하는 향락적 삶, 아름다운 활동을 추구하는 '정치적 삶', 진리를 관조하는 '철학적 삶'(philosophos bios)으로 구분한다. 사실상 용어는 다르지만 유사한 방식으로 분류했다고 볼 수 있다.

아리스토텔레스는 관조적 삶 또는 철학적 삶이 가장 좋은 삶이라고 하지만 모든 사람이 추구할 수 없다는 것도 인정한다. 그렇지만 그것은 우리 삶의 궁극적인 목표로서 중요한 역할을 한다. 그렇다면 그 다음으로 가장 좋은 삶으로 선택할 수 있는 것은 무엇인가? 아리스토텔레스는 현실적으로 가능한 차선의 삶으로 관조적 삶을 닮은 정치적 삶을 생각했다. 이상적으로 관조적 삶을 목표로 삼아 현실적으로 활동적 삶을 통해 탁월성을 훈련하며 살아가는 것이 인간의 행복이다. 아리스토텔레스는 『정치학』에서 정치적 삶(politikos bios)을 '활동적 삶'(praktikos bios)이라 부르면서 해당 범위를 확대하고 있다.

아리스토텔레스는 『정치학』에서 활동적 삶을 분석하면서 다음과 같이 구분한다. 인간의 삶은 노동(ascholian)과 여가(scholen), 전쟁(polemon)과 평화(eirenes)로 양분되며, 인간의 행위도 필연적이고 유용한 것들과 훌륭한 것들로 양분된다고 한다. 우리는 선택을 할 때 여가를 위해 노동을 선택하고, 평화를 위해 전쟁을 선택하며, 훌륭한 것(ta kala)을 위해 필연적이고 유용한 것을 선택해야 한다.[46] 여기서 노동의 목표는 여가(schole)이다.[47] 아리스토텔레스는 궁극적으로 우리의 삶은 여가와 평화와 훌륭한 것을 추구해야 하고, 이를 위해 노동과 전쟁 및 필요한 것이나 유용한 것을 선택해야 한다고 말한다. 여기서 여가와 노동은 상호 필연적이다. 노동이 있어야 여가도 있기 때문이다. 그렇지만 여가를 위해 노동이 있어야지, 노동을 위해 여가가 있는 것은 아니다. 아리스토텔레스는 여가 안에 행복이 있는 것 같다고 말한다. 우리는 여가를 갖기 위해 여가 없이 바쁘게 움직이는 것이다.[48]

---

46 Aristotle, *Politike*, 1333a 30ff. *Aristotle, Politics, tr. H. Rackham, Loeb Classical Library No.264, Harvard University Press, 1932.

47 아리스토텔레스의 『정치학』에 나오는 여가와 시민교육에 대한 논의는 이미 필자를 비롯하여 여러 학자들에 의해 이루어졌다. 김재홍, "아리스토텔레스의 시민정치론", 『시민과 세계』 14호, 2008; 장영란, "철학교과에서의 최선의 삶과 시민교육의 역할", 『동서철학연구』 54호, 2009; 손윤락, "아리스토텔레스의 『정치학』에서의 국가와 시민교육", 『서양고전학연구』 48집, 2012; 송대현, "아리스토텔레스의 『정치학』 7-8권에서 여가 개념", 『서양고전학연구』 53권 2호, 2014 등이 있다. 여기서 '여가'에 중점을 두고 본격적으로 연구한 논문은 송대현의 논문이다. 여가를 처음으로 다룬 김재홍의 글은 『정치학』 전체를 가름하기 위해 설명하면서 언급하고 있고, 장영란은 최선의 삶과의 연관하에서 시민교육의 필요성에 대해 언급하고 있고, 손윤락의 글은 공교육으로서의 시민교육의 필요성에 대해 논의하고 있다.

48 Aristotle, *Nichomachean Ethics*, 1177b4.

휴식과 놀이, 다시 노동

아리스토텔레스는 여가가 생겼을 때 장난이나 놀이와 같은 것을 해서는 안 된다고 한다. 그러면 노동의 목표가 장난이나 놀이가 되기 때문이다. 우리는 장난이나 놀이를 하기 위해 인생을 사는 것은 아니기 때문이다. 그렇다고 아리스토텔레스가 장난이나 놀이를 완전히 부정하는 것은 아니다. 인간은 노동을 할 때 피로해지기 쉽다. 대부분 사람들은 가볍게 즐길 수 있는 놀이를 하거나 휴식을 취한다. 먼저 나는 여가의 개념을 정확히 파악하기 위해 '휴식'에 대해 분석할 것이다. 여기서 아리스토텔레스가 말하는 휴식은 여가의 영역에 포함된 것으로 보이지 않는다. 휴식은 그리스어로 '아나파우시스'(anapausis)로 모든 움직임이 정지되거나 멈춘 상태를 말한다. 그러나 그것은 다시 노동을 위해 멈춘 상태로 일종의 막간과 유사하다. 따라서 휴식은 여가와는 다르며 노동의 영역에 포함된다.

노동하는 사람은 휴식(anapausis)을 필요로 하고 놀이(paidia)는 휴식을 위해 존재한다. 아리스토텔레스도 놀이가 영혼을 느슨하게 해 주고 휴식을 준다고 한다. 그러므로 노동에는 놀이가 필요하다. 그것이 노동의 긴장과 고통을 풀어 주기 때문이다. 그렇지만 놀이를 적당히 하도록 유도할 필요가 있다. 아리스토텔레스는 마치 약을 처방하듯이 신중하게 처방해야 한다고 말한다.[49]

"우리는 약을 처방하듯이 놀이를 적절한 때 주의 깊게 사용해야 한다. 이러한 종류의 영혼의 운동은 즐거움(hedone) 때문에 긴장을 풀어 주고 휴식(anapausis)을 주기 때문이다."

---

49   Aristotle, *Politike*, 1337b40-42.

사실 놀이라는 것이 항상 지나치기 쉽다. 누구나 재미가 있으면 몰입하게 된다. 그래서 적당히 그만두어야 할 타이밍을 놓치고 한정 없이 시간을 보내게 된다. 그렇기 때문에 적절하게 놀이를 처방하듯이 허용해야 한다고 말하는 것이다.

아리스토텔레스가 사용한 용어를 본다면 노동은 '여가 없음'(ascholian)을 의미한다. 말하자면 그는 노동이라는 말에 적극적 의미를 부여하지 않았다. 삶의 목표가 되는 여가를 중심으로 여가가 없는 활동을 노동이라 정의했다. 일차적으로 '여가 없음'과 '힘든 일'(ponos)은 문자 그대로 본다면 전혀 맥락이 다르다고 할 수 있다. 엄밀히 헤시오도스가 말한 포노스가 우리말로 노동(勞動)에 더 적합할 수 있다. 그렇지만 아리스토텔레스는 '여가 없음'을 노동으로 보았다. 여가 없는 상태는 모두 노동이라는 것이다. 아리스토텔레스는 최소한 『정치학』에서는 '여가 없음'(ascholian)과 '힘든 일'(ponos)을 구분해서 사용하지 않고 혼용해서 사용했다. 아리스토텔레스는 노동을 위해 배우는 것은 다른 목적을 위한 수단인 반면에, 여가는 그 자체가 목적이어야 한다고 주장한다.[50] 개인이나 국가는 모든 것에서 탁월성들을 발휘해야 한다. 탁월성은 여가 활동을 할 때뿐만 아니라 노동을 할 때도 작용한다.

여가를 위한 탁월성들

아리스토텔레스는 여가를 즐길 수 있기 위해서 탁월성(arete)이 필요하다고 한다. 사실 현대사회에서 여가와 탁월성은 정말 이상한 조합처럼 보일 수 있다. 여가를 즐기는 데 '탁월성'이 무슨 상관인가라는 의구심을 품을 수 있다. 그렇지만 인간에게 여가가 필요한 이유는 놀이나

---

50 Aristotle, *Politike*, 1338a9-11.

휴식을 위해서가 아니라 바로 '행복'(eudaimoina)을 위해서이다. 행복은 영혼의 능력을 탁월하게 발휘하는 활동이다. 따라서 여가가 있을 때 우리는 탁월성을 훈련해야 하는 것이다. 나아가 개인뿐만 아니라 국가 공동체의 궁극적 목표도 '행복'이다. 국가 공동체가 훌륭해지는 것은 운이 좋아 되는 것이 아니라 지식(epistemmes)과 합리적 선택(prohaireseos)에 의해 가능하다.[51]

따라서 국가 공동체를 구성하는 시민들이 최선의 삶 또는 행복한 삶을 살도록 하기 위해서 시민교육이 필요하다. 시민들은 여가를 통해 적절한 교육을 받을 필요가 있다. 현실적으로 시민들이 갑자기 여가를 갖게 되었다고 해서 탁월성을 발휘하기는 어렵다. 그래서 국가는 '교육'을 통해 시민들이 최선의 삶을 살 수 있도록 적절한 훈련을 시켜야 하는 것이다. 국가나 개인이나 행복하기 위해서는 이러한 탁월성을 가지고 있어야 한다. 인간의 삶에서 가장 좋은 것을 제대로 사용할 줄 모른다면 어떻겠는가? 아리스토텔레스는 노동과 전쟁을 할 때에는 유능해 보이지만, 평화와 여가를 즐길 때에는 아무것도 할 줄 몰라 노예보다 나을 것이 없다면 수치스럽기 짝이 없는 일이라고 한다.[52]

아리스토텔레스는 여가를 위해 필요한 탁월성들로 용기(andreia), 인내(karteria), 절제(sophrosyne), 정의(dikaiosyne) 등을 제시한다.[53] 이것들은 모두 아리스토텔레스가 『니코마코스 윤리학』에서 말하는 '성품의 탁월성'에 분류되는 것이다. 그러나 '여가'에 대해 말하면서 '지혜를 사랑하는 것', 즉 철학의 필요성을 말하면서 지성의 탁월성을 보완해서 말한다. 용기와 인내는 '노동'에 필요하고, 철학은 '여가'에 필요

51   Aristotle, *Politike*, 1332a33.
52   Aristotle, *Politike*, 1334a35-39.
53   Aristotle, *Politike*, 1334a23-25.

하며, 절제와 정의는 '노동과 여가'에 모두 필요하며, 특히 여가를 즐기며 평화롭게 사는 사람들에게 필요하다고 한다. 첫째, 그리스 서사시 시대에 가장 중요한 탁월성이었던 '용기'는 이제 노동을 하기 위해 필요한 덕목이 되었다는 것을 주목할 필요가 있다. 사실 노동에 '인내' 또는 끈기가 필요하다는 것은 충분히 이해할 수 있을 만하다.

둘째, '절제'는 지나친 욕망과 관련하여 반드시 필요하다. 노동 자체는 누구나 하기 싫어하지만 노동이 생존의 수단이 되거나 다른 욕망의 수단이 되면 지나치기가 쉽기 때문에 절제가 필요하다. 여가를 위해서도 절제는 필요하다. 진정으로 여가를 즐기기 위해 탁월성의 훈련을 해야 한다면 절제가 필요할 것이다. 또한 '정의'도 노동과 여가에 모두 필요하다. 노동을 할 때나 여가를 즐길 때 모두 적절하고 올바르게 해야 한다. 셋째, 철학(philosophia)은 엄격히 말하자면 지성의 탁월성과 성품의 탁월성을 모두 필요로 한다. 아리스토텔레스의 철학 안에서 '지혜'(sophia)는 지성의 탁월성에 해당되는 것이지만, '사랑하는 것'은 성품의 탁월성과 연관되기 때문이다. 철학을 통해 현실의 삶 속에서 가장 자족적이고 완전한 삶을 추구할 수 있기 때문이다.

자기 수양과 여가 선용

아리스토텔레스의 여가 개념은 현대의 통념과 비교하여 매우 흥미로운 점들이 많다. 오늘날 '여가'와 연관되는 개념들은 레저, 오락, 유흥, 레크레이션, 대중매체 등이다. 더욱이 여가 활동으로 현대 학자들이 분류하는 것들을 보면, 춤추기, 파티 참석, 노래하기, 게임하기, 스포츠, 카드놀이, 도박, 스쿠버다이빙, 수영, 에어로빅, 헬스, 등산, 캠핑, TV 보기, 영화 관람, 연극 관람, 만화책 보기, 그림 그리기 등 각종 취미 생활의 종류를 총망라한 것처럼 보인다. 말하자면 여가 활동은 즐거움을 산출하기 위한 일종의 '놀이'로 생각한다는 것을 알 수 있다. 현재 여가와 관련된 대다수의 글들이 사실상 노동하지 않는 시간에 어떤 종류의 놀이 활동을 하는지를 밝히는 이야기들이다. 그래서 여가 시간이 필요한 이유가 바로 지혜를 사랑하고 진리를 추구하기 위한 것이라는 것은 생각조차 떠올리기 힘들다.

사실 아리스토텔레스는 여가가 행복한 삶을 살기 위해 필요하다고 생각했다. 그렇다면 여가가 생겼을 때, 아니면 여가를 만들었을 때 해야 하는 것이 무엇인지를 구체적으로 생각해 볼 수 있다. 아리스토텔레스는 정확한 여가의 목표를 제시했다. 그것은 바로 진리를 사랑하는 것이다. 진리를 추구하기 위해서는 진리가 무엇인지 인식해야 한다. 이것은 반드시 일종의 훈련을 필요로 한다. 우리는 단지 이론적으로 진리를 인식하기 위해 노력할 뿐만 아니라, 실천적으로도 진리에 따라 살아야 한다.

진리를 '사랑'하는 것은 궁극적으로 끊임없이 자신의 영혼을 '훈련'하고 '수양'하는 것이다.[54] 철학이라는 말에 포함되어 있는 '지혜'(philia)와 '사랑한다'(philein)는 말은 인간 삶의 미래와 현재를 보여 준다고 생각한다. '지혜'는 인간 삶의 미래이다. 그것은 우리가 추구해야 하는 목표이다. 그것은 신적인 어떤 것, 즉 영원불멸하며 초월적이면서 내재적이다. 다음으로 '사랑한다'는 인간 삶의 현재이다. 그것은 현재에 우리가 하고 있는 것을 말한다. '사랑한다'는 말에는 인간이 지성과 감성을 통해 할 수 있는 모든 활동을 포함하고 있다. 사랑은 인간의 즐거움과 고통, 슬픔과 기쁨, 분노와 온유, 인내와 끈기, 용기와

---

54 영혼 개념의 '역사'와 영혼의 '훈련' 및 자기 '수양'에 관한 자세한 논의는 다음을 참조하시오. 장영란, 『좋은 삶이란 무엇인가』, 서광사, 2018; 장영란, 『영혼의 역사』, 글항아리, 2010.

비겁, 지혜와 어리석음 등을 보여 준다. 그것이 인간의 삶의 모든 활동이라 할 수 있다.

우리는 인간이기 때문에 이 모든 것을 받아내고 겪어 내며 버텨 낼 수밖에 없다. 누군가는 훌륭히 모든 것을 극복해 낼 수 있지만 누구에게나 정말 쉽지 않은 일이다. 삶에는 우리가 경험을 통해 이성이 추론한 일들도 일어나지만, 우리가 전혀 예측하지 못한 일들도 무수히 일어난다. 그것들은 우리를 때로는 절망으로 몰아넣고 좌절에서 빠져나오지 못하게 하기도 한다. 그렇다면 우리가 할 수 있는 것은 무엇인가? 그것은 우리가 살아가면서 마주칠 수밖에 없는 시련을 극복하기 위해 끊임없이 자기 자신을 훈련시키고 수양해야 한다. 사실 우리가 삶을 살아가기 위해 가장 필요한 것은 '용기'라 할 수 있다. 세상 속에서 다시 일어나 삶을 향한 작은 걸음 하나를 내딛기 위해 엄청난 용기가 필요하다.

그리하여 우리는 각자 자신의 삶에서 영웅이 되어야 한다. 모든 고난과 역경을 피하는 것은 불가능하기 때문에 결국 극복해야 하고 극복할 수밖에 없다. 이것은 인생이 자신의 가장 깊고 넓은 곳에 숨겨 놓은 '진리'이다. 우리는 살아가면서 삶의 모든 순간을 놓치지 말고 음미해 볼 필요가 있다. 그리고 삶의 마지막까지 자기 자신을 지켜 낼 수 있는 인내와 용기가 필요하다. 그것은 삶에 대한 사랑이며 진리에 대한 사랑으로부터 나온다. 사실 삶 자체가 우리에게 여가일 수 있다. 우리는 삶 전체를 통해 훈련하고 수양하고 있기 때문이다. 우리 모두가 삶이라는 여가를 진정으로 즐길 수 있기를 바란다.

동계올림픽의 상징과 문화

1. 고대올림픽의 원형과 문화 축제

축제와 경쟁의 원리

현대사회에서 만날 수 있는 가장 신화적인 사건은 올림픽경기라 할수 있다. 고대올림픽은 제우스에 대한 종교제의에서 기원했다. 고대 그리스에는 수많은 종교제의가 있었다. 우리가 '그리스인들이 올림포스 신들을 과연 종교적으로 믿었을까'라고 물었을 때, 현대인들은 의구심을 가질 수 있겠지만 고대 그리스인들은 분명히 매우 종교적이었다. 고대 그리스의 제의로부터 출발한 종교 축제의 주요 목적은 신들을 즐겁게 하고 신들에게 호의를 얻기 위한 것이다. 고대 그리스인들은 신들을 즐겁게 할 수 있는 방법이 인간들이 자신들의 '탁월성'(arete)을 발휘하는 것이라 생각했다. 고대 그리스 종교 축제를 보면 신들에 대한 희생제의를 바치고 특이하게 운동경기를 벌이는 것을 알 수 있다. 사실 현대인의 관점에서 희생제의와 운동경기는 별개의 것이라 생각한다. 도대체 종교제의와 운동경기의 상호 연관성과 상호 유사성을 어떻게 찾아낼 수 있단 말인가? 고대 그리스의 종교 축제에서 운동경기는 경쟁을 통해 인간의 탁월한 능력을 발휘하여 신에 대해 경외심을 보여 주는 중요한 표현 양식이었다.[1]

고대 그리스 축제의 원리는 경쟁(agon)이었다. 그것은 신체의 탁월성을 위한 '운동'이나 '체육' 교육뿐만 아니라 영혼의 탁월성을 위한 '문학'과 '예술' 교육에도 적용되었다. 니체는 그리스의 '경쟁' 개념이 호메로스 이후 그리스 세계를 관통해 그리스인들의 삶을 지배하는 토대가 되고 모든 행위와 사유의 지배 원칙이 되었다고 한다.[2] 더욱이 니체는 철학에도 '경쟁'의 원리가 적용되었기 때문에 플라톤이 새로운 경쟁의 기술인 변증론을 만들었을 뿐만 아니라 당시의 웅변가와 소피스트, 그리고 비극 작가 등과 경쟁한 결과로 '대화' 편을 만들어 냈다고 말한다.[3] 이와 같이 고대의 경쟁 원리는 인간이 가진 능력을 가장 탁월하게 발휘하는 데 원동력이 되기 때문에 인간의 신체나 영혼의 가장 좋고 아름다운 상태나 행동 및 산물을 보여 준다. 이것이 바로 인간의 다양한 문화를 발전시킨다.

평화의 제전: 만남과 연대

전 세계적으로 열리는 올림픽축제는 평화 제전이자 문화 축제라 할 수 있다. 첫째, 평화 제전으로서의 축제는 신과 인간의 만남일 뿐만 아

---

1 Cartledge, P., "The Greek religious festivals", in *Greek Religion and Society*, Cambridge University Press, 1985, p.101.

2 이상엽, 「니체와 아곤의 교육」, 『철학논총』 제73집 3권, 2013, 219쪽.

3 Nietzsche, *Kritische Studienausgabe in 15 Bande*, Munchen, 1980, 1.790.

니라 인간과 인간의 만남이고, 나아가 국가와 국가의 만남이다. 플라톤
은 축제를 통해 함께 만나게 되면 서로 우호적으로 대하며 서로 친밀해
지고 서로 알아가게 된다고 하며, 사람들이 서로 친숙해지는 것보다 국
가에 더 좋은 것(agathon)은 없다고 한다.[4] 그래서 신과 인간이, 인간과
인간이, 국가와 국가가 상호 연대감과 유대감으로 하나 되게 하는 효
과를 갖게 된다. 따라서 전체적으로 갈등과 분쟁을 진정시키고 안정
시키는 결과를 가져올 수 있다. 우선 개인적인 차원에서 탁월성의 훈
련을 통해 영혼의 평정과 치유를 얻을 수 있으며, 국가적인 차원에서
는 국가 구성원들 간의 친밀성이 향상되면서 상호 유대감이 형성되
며, 국제적인 차원에서는 여러 국가들 간의 갈등과 투쟁이 줄어들고
따라서 근본적으로 올림픽경기는 '평화'의 제전을 지향한다고 말할
수 있다.

문화제전: 탁월성과 즐거움

둘째, 문화제전으로서의 축제는 궁극적으로 인간의 탁월성을 가장
잘 발휘하게 하여 신들을 즐겁게 할뿐만 아니라 인간들도 즐겁게 하는
것을 목적으로 한다. 탁월성의 발휘는 그것을 행하는 사람들뿐만 아니
라 그것을 바라보는 사람들도 즐겁게 한다. 그리스 축제 개념의 핵심적
의미는 '즐거움'(heorte)이다.[5] 그것은 희생제의를 바치거나, 춤을 추거
나, 놀이를 할 때 느끼는 즐거움이다. 플라톤은 『법률』에서 국가는 12명
의 신들을 위해 12개의 축제(heorte)를 확립할 필요가 있으며 번제(thy-
ontas), 코로스(chorous), 음악 경연(agonas mousukous), 운동경기(ag-

---

4 Platon, *Nomoi*, 738d.
5 Mikalson은 오늘날 축제와 가장 잘 맞는 그리스어를 헤오르테라고 주장한다.
Mikalson, J.D., ibid., 1982, p.218.

onas gymnikous) 등으로 이루어져야 한다고 주장한다.[6] 아리스토텔레스는『수사학』에서 축제(heorte)를 놀이나 웃음, 번영, 성공, 포식 등의 맥락에서 즐겁고 흥겨운 것으로 말하고 있다.[7]

축제는 총체적일 필요가 있다. 특히 올림픽 축제는 고대올림픽의 정신을 되살려 인간의 신체와 영혼의 조화를 위해 운동경기 뿐만 아니라 문학, 예술, 철학 등 인문학이 함께 어우러지는 향연을 만들어 낼 필요가 있다. 그리하여 축제는 근본적으로 인간을 행복하게 하는 데 주요 목표를 두어야 한다. 플라톤은 축제를 통해 인간은 고통으로부터 자유로워지고 삶의 원동력을 회복하고 삶을 재정립할 수 있게 된다고 말한다.[8] 동계올림픽은 특히 겨울에 열리기 때문에 인간의 활동이 위축되어 있는 시기이다. 새로운 시대를 열어가기 위한 원초적인 생명력을 회복하기 위해 동계올림픽은 더욱 활동적이고 역동적인 측면을 강화시킬 필요가 있다. 그렇지만 아직 동계올림픽의 위상은 고대올림픽으로부터 부활된 근대올림픽의 전통을 계승한 하계올림픽에 비해 부차적일 뿐이다. 여기서 현대사회에서의 동계올림픽의 독자적인 위상과 의의를 확립하기 위해 근본적으로 신화적 특징과 상징적 요소를 분석하고 검토할 필요가 있다.

2. 동계올림픽의 시간과 공간 상징

동계올림픽은 한 겨울에 열리는 축제라고 할 수 있다. 동계올림픽은 겨

---

6 Platon, *Nomoi*, 828b-c.
7 Aristoteles, *Rhetorike*, 1380b.
8 Platon, *Nomoi*, 2.653d.

울에 할 수 있는 스포츠를 중심으로 만들어졌지만 축제의 형식을 띠고 있기 때문에 다양한 상징과 이미지를 분석하고 해석해서 의미를 확장할 수 있다. 일차적으로 동계올림픽이 열리는 시간과 공간과 관련된 주요 상징들을 분석하고 해석해 볼 필요가 있다. 이것은 문화 축제로서의 동계올림픽의 새로운 위상과 독자적인 면모를 제시하는 데 유용할 수 있다.

시간의 표상과 상징

서구 정신사를 통해 시간의 표상을 '물리적' 표상과 '신비적' 표상으로 구분해서 인식하고자 한다.[9] 시간의 물리적 표상은 시작과 끝이 단절되는 선형적 특성을 가지며 삶과 죽음은 대립적인 관계로 나타나게 한다. 그러나 시간의 신비적 표상은 시작과 끝이 연결되는 순환적 특성을 가지며 삶과 죽음은 연속적인 과정으로 나타나게 한다. 일반적으로 시간의 물리적 표상은 유목 민족의 신화나 종교에 주로 등장하며, 시간의 신비적 표상은 농경민족의 신화나 종교에 주로 등장한다. 그렇지만 역사적으로 민족 이동이나 문화 변동으로 시간에 대한 표상들이 상호 결합하여 독특한 세계관을 보여 주는 경우도 많다. 시간은 인간에 따라 물리적인 표상으로 다가오기도 하고 신비적 표상으로 다가오기도 한다. 이 세계에 존재하는 모든 것은 시간의 물리적 표상에 따르면 태어나면 죽을 수밖에 없고 생성되면 소멸될 수밖에 없다는 것을 보여 주지만, 시간의 신비적 표상에 따르면 탄생과 죽음, 그리고 재탄생하는 과

---

9 필자는 고대 그리스의 시간의 표상과 이미지가 철학적으로 어떻게 개념화되었는지를 설명하기 위해 다음 책에서 시간에 관한 물리적 표상과 신비적 표상으로 구분해서 설명했다. 장영란, 『영혼의 역사』, 글항아리, 2010, 제2장 「영혼과 시간의 신화」 141-188쪽을 참조하시오.

정이 순환된다는 것을 보여 준다. 고대 그리스에서 올림포스 종교가 시간의 물리적 표상을 가지고 선형적 세계관을 가졌다면, 오르페우스 종교는 시간의 신비적 표상을 가지고 순환적 세계관을 보여 준다.

근본적으로 시간은 비가역적이지만 가역적이기도 하다. 우선 시간은 물리적으로 비가역적이다. 지금 이 시간은 한번 흘러가면 다시 되돌릴 수 없다. 만약 우리가 과거의 시간으로 되돌아갈 수 있다고 해도 그것은 과거의 시간이 아니다. 만약 이미 시간의 경과에 따라 변해 버린 신체와 정신으로 과거로 되돌아 갈 수 있다고 해 보자. 마치 그때 그 순간이 동일한 것처럼 보일지라도 그 자신이 다른 존재이기 때문에 동일한 시간이 될 수 없다. 나아가 내가 아닌 모든 것이 과거의 상태에 동일하게 머물러 있다 하더라도 그것이 나에게 이미 현재이고 과거가 될 수 없기 때문에 동일한 시간이 될 수 없다. 다음으로 시간은 정신적으로 가역적일 수 있다. 인간은 기억을 통해 과거를 현재에 가져올 수 있으며 현재 속에 과거가 공존할 수 있다. 물론 과거의 시간 자체가 되돌아오는 것은 아니며 과거의 시간을 채우고 있는 사건들이나 경험들이 재현되는 것이다. 그렇기 때문에 엄밀히 과거의 시간이 재생되는 것은 아니며 과거의 경험이 재생되는 것이라 할 수 있다.

사실 인간에게 과거가 중요한 이유는 과거라는 시간 자체 때문이 아니라 과거를 구성하는 사건과 경험 때문이다. 사람들이 기억하는 것은 시간 자체가 아니라 경험이다. 엄밀히 말하자면 시간의 형식보다는 시간의 내용이라 할 수 있다. 우리는 시간 자체를 인식할 수는 없으며, 또한 공간 자체도 인식할 수는 없다. 그래서 칸트는 시간과 공간이 직관의 형식이라고 한 것이다. 시간은 형식이 아닌 내용에 의해 구별되고 차별된다. 신화와 종교 속에서 인간은 우주의 원초적 힘을 재생시키려한다. 그것은 인간이 이 세계 속에서 생존하기 위한 원시적인 전략이다. 주술적이고 신비적인 시간을 반복적으로 회복시키려는 이유는 태초의 시간이나 원형적 시간이 가진 강력한 힘을 재생시키는 데 있다. 인간은 제의라는 형식을 통해 세속적 시간 한 가운데에서 신성한 시간으로 뛰어들 수 있다.[10]

겨울의 상징과 제의적 특성

동계올림픽은 겨울 축제이다. 축제는 특정한 원형적 시간을 기념해서 열린다. 그것은 근본적으로 시간을 현재에 재생시키는 것과 관련된다. 다시 말해 고대올림픽의 이념을 현재에 재현하는 것이다. 특히 동계올림픽은 여름이 아닌 겨울에 열린다. 고대올림픽은 여름에 정기적으로 열렸고 근대올림픽도 여름에 열리고 있다. 겨울은 근본적으로 비활성적인 계절이다. 그렇지만 겨울에 적합한 인간의 활동이 있으며 스포츠라는 놀이 형태로 발전되었다. 현대에는 겨울에도 다양한 스포츠를 할 수 있게 되었다. 그리하여 동계에 열리는 올림픽이 따로 개최되었다. 동계올림픽의 계절은 겨울이다. 우리는 동계올림픽의 독자성을 살펴보기 위해 '겨울'이라는 시기의 신화적 상징과 이미지를 분석해 볼 필요가 있다. 겨울은 춥고 얼어붙는 계절이다. 대지에서는 아무것도 자라나지 않는 죽음의 시간이 흘러간다. 그러나 겨울은 모든 것이 끝나는 파멸의 시간은 아니다. 우주적 시간은 주기적으로 반복된다. 겨울이 지나면 봄이 되돌아온다. 겨울은 봄에 모든 것이 재생하는 시기를 준비한다.

사실 그리스신화에서 겨울은 독자적인 상징을 갖지는 않는다. 겨울이란 계절의 특징이 일상적 삶을 지배하는 북유럽과 같은 지역의 신화

---

10 엘리아데에 따르면, 우리는 "'태초의 때', 신화적 시간, 위대한 시간을 회복하려는 경향"을 강조해야 한다. 그것은 모든 제의에 의한 결과이기 때문이다. Eliade, M., *Patterns in Comparative Religion*, 『종교형태론』, 이은봉 옮김, 한길사, 1996, 503쪽.

와 달리 신화적 이미지로 표현되지 않은 편이다. 현존하는 그리스신화에서 겨울의 이미지를 찾아본다면 비교적 농경신화와 밀접하게 연관된다.[11] 그리스의 데메테르와 페르세포네 신화는 전형적인 농경신화의 유형을 보여 준다. 어느 날 데메테르의 딸 페르세포네(Persephone)가 지상에서 사라졌다. 데메테르(Demeter)는 딸을 찾아 헤맸지만 어디에서도 찾을 수가 없었다. 엘레우시스(Eleusis)에 도착한 데메테르는 잠시 위로를 받지만 은둔해 버리자 지독한 기근이 들어 씨앗이 싹트지를 못하게 되고 지상이 황폐화되었다. 제우스가 나서서 데메테르를 올림포스로 되돌아오게 하기 위해 신들을 차례로 보내며 엄청난 선물을 보냈지만, 데메테르는 페르세포네를 되찾기 전까지는 지상에서 올림포스로 돌아가지 않기로 결심했다. 결국 제우스는 하데스를 설득할 수밖에 없었고 하데스는 석류 알을 페르세포네에게 먹여 지상으로 돌려보냈다. 그래서 페르세포네는 지하에서 삼분의 일, 지상에서 삼분의 이를 보내게 되었다.[12]

그리스에서는 곡물의 씨앗으로서 페르세포네가 지하 세계에 머무르는 시기는 아무것도 지상에 자라나지 않는 겨울에 해당된다. 그렇지만 겨울은 죽음의 시기만은 아니다. 겨울에 지하 세계에 머무르는 씨앗은 어둠 속에 빛나고 있고 봄이 되면 차갑고 어두운 땅을 뚫고 지상 세계로 올라온다. 그리스신화에서 겨울은 비록 아무것도 자라나지는 않지

---

11 그리스 계절의 여신들은 제우스와 테미스의 딸들인 호라이(Horai) 여신들이다. 테미스(Themis)는 우주 자연의 질서와 법칙을 관장하는 여신으로 천체의 운행과 관련된다. 사실 인간은 천체의 변화를 통해 시간을 측정하고 계절을 인식한다. 그리하여 우주의 질서와 법칙의 여신은 일정한 형태의 시간들인 계절의 여신들을 낳은 것이다. 우주자연의 질서는 일정한 방식으로 변화하기 때문에 인간들은 반복된 관찰을 통해 인식해낼 수 있다.

12 *Homeric Hymn to Ceres*, 2.

만 모든 것이 자라날 수 있는 잠재적 힘의 원리를 상징할 수 있다. 겨울에는 지상의 모든 생명력이 씨앗으로 응축되어 있다가 새로운 봄을 맞이하게 된다. 신년은 새로운 시간의 창조이다. 봄에서 여름으로, 여름에서 가을로, 가을에서 겨울로 가면서 한 해가 마무리된다. 시간의 순환은 주기적이고 반복적이지만 동일하지 않다.

동계올림픽이 고대올림픽에서 부활된 근대올림픽의 부차적 이미지를 탈피하기 위해서는 '동계'와 관련된 제의적 측면을 보완해야 할 필요가 있다. 고대 신년제의의 신화적 의미를 차용한다면 '동계'라는 부분이 가진 축제적 특성을 훨씬 더 강화시킬 수 있다. 이를 통해 신화적으로 '동계', 즉 겨울은 신년제의의 제의적 특성을 연장시키고 확장시키는 과정에서 축제의 본질적 측면을 공유할 수 있다. 동계올림픽은 1924년 프랑스에서 최초로 열린 후 하계올림픽과 함께 4년마다 한번씩 2월에 개최된다. 한 해의 2월은 이제 겨울이 점차 지나가는 시기라 할 수 있으며 점차 봄으로 넘어가는 시기라 할 수 있다. 고대의 신년제의와 같이 새로운 우주적 시간을 기원하고 새로운 삶의 질서를 창조하려는 인간의 희망을 담아 낼 수 있다.

공간의 대상적 구분과 형태적 구분

모든 공간은 동일하지 않다. 우리는 각 공간을 다르게 인식하고 구별한다. 그런데 과연 어떻게 각 공간을 구별하는 것인가? 공간은 그 자체로는 인식될 수 없다. 우리는 단지 그것이 받아들인 대상에 의해 인식하게 되고, 그것은 대상에 의해 형태가 주어진 대로 인식된다. 그래서 공간은 단지 자신이 받아들이는 것에 의해 알려질 수 있다. 우리는 단지 그것이 있다는 것만을 안다. 인식론적으로 공간은 모든 존재하는 것의 근원이 된다고 말할 수 있다. 그래서 플라톤은 공간은 '어머니(me-

tri)' 또는 '모든 생성의 수용자'라는 표현을 사용했다.[13] 공간은 모든
것을 받아들인다. 그러나 그것은 자신 속에 들어온 것과 비슷한 특징을
갖지 않는다. 본성적으로 그것은 자신 속에 들어온 것들에 의해 변화하
며 다양한 형태를 가지게 된다. 그러므로 일차적으로 공간을 '대상'과
'형태'라는 두 기준에 의해 구별해 보자.

먼저 공간은 '대상'에 의해 구별할 수 있다. 공간은 아마도 그것을 차
지하고 있는 것들, 가령 나무, 숲, 강, 인간 등에 의해 구별될 수 있을 것
이다. 그러나 만약 공간을 차지하고 있는 것들이 모두 사라진다면 어떻
게 될까? 아마도 그것은 아무런 특징도 없는, 그래서 아무런 구별이 없
는 동일한 공간이 될 것이다. 그렇지만 우리가 경험하는 공간은 모두
'무엇'으로 지각된다. 그래서 공간은 그 자체로 지각되는 것은 아니며
그것을 차지한 '무엇'에 의해 지각된다. 그 때문에 모든 공간은 서로 다
르게 되는 것이다. 그래서 공간은 비균질적이라 할 수 있다. 엘리아데
에 따르면 인간은 "공간 내부의 단절과 균열"을 경험한다. 그러므로 공
간의 어느 부분은 다른 부분과 질적으로 같지 않다.[14] 특정한 공간을 나
무들이 차지하고 있다면 숲이라고 할 것이며 물이 차지하고 있다면 강
이나 호수 및 바다 등이라고 할 것이다. 또는 다양한 종류의 건물들이
가득한 공간은 상당수가 도시라 불릴 것이며 자연 대상들로 가득한 공
간은 시골이라 할 것이다.

다음으로 공간은 '형태'에 따라 구별할 수 있다. 공간이 어떤 형태를
띠고 있는가에 따라 일정한 기능이 주어진다. 기본적으로 대상의 형상
(eidos)과 기능(ergon) 및 본질(to einai)은 상호 밀접한 연관을 가지고

13 Platon, *Timaeos*, 50d.
14 Eliade, M., *Das Heilige und das Profane*:『성과 속』, 이동하 옮김, 학민사, 1983,
17쪽.

있다. 공간을 구분하기 위해 다양한 기준을 제시할 수 있지만, 여기서
는 공간의 형태와 관련하여 '수직'적 측면과 '수평'적 측면으로 구분해
보자.[15] 첫째 '수직'적인 측면에서 구분하자면 산이나 언덕과 같이 대지
가 하늘을 향해 솟아오른 공간과 평야나 평지와 같은 일정한 높이로 평
평한 공간을 생각해 볼 수 있다. 둘째, '수평'적인 측면에서 구분하자면
강, 호수, 연못, 바다 등과 같이 구분될 수 있다. 대지에 파여 있는 공간
들은 깊이나 크기에 따라 또는 채워진 물의 종류에 따라 구분될 수가
있다. 동계올림픽이 열리는 공간은 대부분 산이나 연못이나 호수와 같
은 정적인 물이 있는 곳이다. 물론 오늘날 빙상 경기는 대부분 실내에
서 이루어지지만 연못이나 호수와 마찬가지로 정적인 물을 담아 놓고
얼려서 얼음판으로 만들어 사용한다.

산: 하늘과 땅의 만남의 공간

먼저 산이 가진 몇 가지 현상적 특징들로부터 상징적 범주들을 찾아
볼 수 있다. 고대로부터 산은 성스러운 공간으로 분류되었다. 우선 산
은 '신'과 만날 수 있는 공간이다. 그것은 대지에 뿌리를 박고 있지만
하늘을 향해 올라가는 형상을 하고 있기 때문에 하늘과 땅이 만나는 곳
이며, 하늘로부터 신성한 존재가 내려올 수 있는 곳이다. 그렇기 때문
에 고대인들은 산꼭대기나 언덕 꼭대기에 제단을 만들고 제의를 지낸
것이다. 중국이나 한국의 경우도 신단을 산꼭대기에 두고 제의를 올린
것을 알 수 있다. 나아가 하늘을 향한 신성한 산에 신적인 존재가 내려

---

15 필자는 현상학적 관점에서 공간을 수직적 측면과 수평적 측면으로 구분했다. 사실
우리는 공간을 그 자체로 지각할 수 없다. 단지 공간을 공간으로서 지각하게 해 주는
것은 수용된 대상들뿐이다. 그래서 플라톤은 공간(chora)을 '수용자'로 말하며, 형태
도 없고 구분도 없다고 말한다. cf. Platon, *Timaeos*, 49a. 50d.

올 수 있다고 생각했다. 한국 건국신화에서 천제의 아들 환웅이 비, 바람, 구름을 몰고 내려온 곳도 태백산이다.[16]

여기서 환웅은 인간 여인으로 변신한 웅녀와 결합하여 한국의 시조 단군을 낳았다. 이스라엘의 모세는 호렙(Horeb)산에서 불붙은 가시떨기나무 속에 나타난 신을 만났고, 이집트를 탈출하여 시나이(Sinai)산 꼭대기에 올라가 십계명을 받아 내려온 것으로 나온다.[17]

다음으로 산은 '성스러움'이 깃든 공간이다. 하늘과 가장 가까운 장소이기 때문에 신성한 기운이 맴돈다고 생각되었다. 또한 산은 일상적으로 접근하기 어려운 공간이기 때문에 신비스러운 공간으로 다가온다. 그래서 신화나 종교에서 주요 산들은 신들의 탄생지이거나 거처이거나 아니면 영웅들이 버려지는 장소이기도 하다. 그리스의 올림포스 신들이 머무는 영원불멸하는 장소는 올림포스(Olympos)산[18]이며, 크로노스(Kronos)가 삼키지 못하도록 레아가 제우스를 숨겨서 양육한 장소는 아이가이온산이라고 불리기도 하고 크레테의 이데(Ide)산이라 불리기도 한다. 또한 테베의 라이오스왕과 이오카스테의 아들 오이디푸스가 버려진 장소도 키타이론(Kithairon)산이고,[19] 트로이의 파리스가 버

---

16   『삼국유사』 기이 1, '古記云 昔有桓因(謂帝釋也) 庶子桓雄 數意天下 貪求人世 父知子意 下視三危太伯 可以弘益人間'. "옛날에 환인의 아들 환웅이 있었는데 하늘 아래의 인간 세상을 구하고자 하는 뜻을 지니고 있었다. 환인은 아들의 뜻을 알고서 아래를 내려다보니 세 개의 봉우리가 있는 태백산이 인간을 널리 이롭게 하는 데 좋았다."

17   *Bible, Exodus*, 3: 1-12, 19:16-25.

18   Homeros, *Odysseia*, 6.41-5. "올림포스에는 신들의 영원불멸하는 거처가 있다고 한다. 그곳에는 바람에 흔들리는 일도 없고, 비에 젖는 일도 없고, 눈이 내리는 일도 없으며, 구름 한 점 없는 대기가 그 주위에 펼쳐져 있고, 찬란한 광휘가 그 위를 떠다니고 있다. 그곳에서 축복받은 신들은 날마다 즐거운 삶을 누리고 있는 것이다."

19   Euripides, *Phoenissae*, 24. 테베의 라이오스왕은 어린 오이디푸스를 키타이론산에 있는 헤라의 초원에 버리도록 했다.

려진 장소는 이데(Ide)산이다.[20]

마지막으로 산은 '우주의 중심'인 공간이다. 산은 하늘과 땅과 지하를 관통하는 우주의 '축'의 역할을 하기도 한다. 이스라엘의 유대인의 시온(Zion)산, 그리스도교인의 올리브(Olives)산과 갈바리(Galvary)산, 이슬람의 메카(Mecca), 수메르와 바빌로니아의 인공산인 지구라트(Ziguraat), 인도의 메루(Meru), 중국의 쿤룬(Kun-Lun), 한국의 태백(Tai-Baik)산, 일본의 후지(Fuji)산이 우주의 중심이 된다. 그리스인들에게 우주의 중심은 파르나소스산에 있는 델포이(Delphoi)고, 그리스도교도에게 우주의 중심은 예수 그리스도가 십자가에 매달려 죽은 예루살렘의 골고타(Golgotha)라고 할 수 있다.[21] 산은 종교적으로 성스러움이 현현하는 신과 인간의 만남의 장소이며, 또한 우주의 중심이자 축으로 모든 것의 원천이 된다.

동계올림픽이 이루어지는 자연 공간은 일차적으로 '산'이다. 산은 그 자체로는 대지이지만 하늘로 상승하는 형상을 하고 있다. 따라서 대지의 상징과 하늘의 상징을 동시에 지시할 수 있다. 특히 동계올림픽의 특징인 눈과 얼음은 추위와 밀접한 관계가 있다. 하늘의 신은 항상 기후의 신으로 비, 바람, 천둥, 번개 등을 관장한다. 그리스는 지중해성 기후라 눈과 얼음과 관련된 신화나 상징이 발전되지 않았다. 그렇지만 눈과 바람 및 얼음 등은 당연히 하늘 신의 영역이라 볼 수 있다. 비록 하늘 신이 대지를 눈으로 덮고 얼어붙게 만들었지만, 대지는

---

20 Euripides. *Troiades.* 921. 트로이의 이데산은 크레테의 이데산과 이름만 동일하고 지역적으로 다른 곳이다.

21 그렇지만 구약으로부터 내려오는 신성한 전통에서 성스러움이 현현한 산들이 많이 있다. 가령 시나이(Sinai)산, 호렙(Horeb)산, 타보르(Tabor)산, 가리짐(Garizim)산, 카르멜(Carmel)산 등이 있다.

생명력을 잃은 것은 아니다. 겨울은 아직 대지 아래 새로운 불빛을 숨겨 두고 있다. 마치 어둠 속에 빛나는 자인 페르세포네가 겨울 동안 땅속 깊이 하데스에 머물러 있지만, 봄이 되어 얼어붙은 땅이 녹으면 땅속 깊은 곳에서 딱딱한 흙을 뚫고 지상으로 올라와 생명력을 싹 틔우는 것과 같다. 인간은 하늘에 가까운 눈과 얼음으로 덮인 대지에서 인간이 가진 능력을 경쟁의 원리를 통해 탁월하게 발휘한다. 하늘과 대지, 그리고 인간이 탁월성을 통해 하나가 되도록 할 필요가 있다. 동계올림픽이 열리는 대표적인 공간인 '산'은 하늘과 땅이 만나는 성스러운 공간이자 우주의 중심이 된다. 동계올림픽이 열리는 공간은 전 세계의 중심이 되며 모든 것을 일치시킬 수 있는 상징적 측면을 공유한다.

3. 동계올림픽의 물과 불의 상징

물: 눈과 얼음

동계올림픽을 상징하는 원리를 일차적으로 물질적 이미지로 표상한다면 '물'이라 할 수 있지만 '불'도 잠재적 원리로 중요한 이미지를 창출한다. 물이 겨울이라는 계절과 관련하여 '차가움'의 이미지를 가졌다면, 불은 여름이라는 계절과 '뜨거움'의 이미지를 가졌다. 하지만 여기서 물과 불을 대립적 구도에 놓고 상반된 이미지를 강조하려는 것은 아니다. 동계올림픽의 겨울의 이미지가 '물'과 맞물린다면, 올림픽의 기본정신이 '불'과 맞물리기 때문에 두 가지 주요 원리들로 삼고 있는 것이다. 물과 불은 흐름의 과정에 있는 것으로 대립적이다. 물은 아래로 내려가고 스며드는 형상이라면 불은 위로 올라가며 퍼져나가는 형상이다.[22] 호메로스로부터 탈레스에 이르기까지 서구 신화와 철학의 원형적 사유는 모든 것의 원리를 물이라고 했다. 물은 영원한 생명력의 원천으로 모든 것의 근원이기 때문이다.

그렇지만 물은 생성의 이미지도 있지만 파괴의 이미지도 있다.[23] 동양 사상에서 오행(五行)은 모든 계절의 변화와 과정을 나타낸다. 그것은 수(水), 화(火), 목(木), 금(金), 토(土)로 흘러가는데 첫 번째가 물(水)이다. 음양오행설에 따르면 물이 응축되고 숨어드는 겨울의 원리라면 불은 성대하게 확산되는 여름의 원리이다.[24] 겨울의 물은 땅 속에서 얼어붙어 있다. 하지만 모든 것은 사라지지 않는다. 그것은 눈과 얼음으로 형상화되어 있다.

동계올림픽의 상징 요소들인 '눈'과 '얼음'은 물의 생명력이 동결된 상태이다. '불'이란 요소는 얼어붙은 겨울의 물을 살아 움직이게 할 수 있는 힘을 가지고 있다. 물은 본래 영원한 생명력의 원천으로 다산과 풍요의 기능과, 정화와 치유의 기능을 가지고 있다. 그렇지만 눈과 얼음은

---

22 "오행은 첫 번째가 수이고 두 번째가 화이며 세 번째가 목이고, 네 번째가 금이며, 다섯 번째가 토입니다. 수는 스며들며 내려가는 것이고, 화는 뜨겁게 타오르는 것이며, 목은 구부러지고 펴지는 것이고, 금은 말미암아 바꾸는 것이며, 토는 심고 거둬들이는 것이다. 스며들며 내려가는 것은 짠 맛을 내고, 뜨겁게 타오르는 것은 쓴 맛을 내며, 구부러지고 펴지는 것은 신맛을 내고, 말미암아 바꾸는 것은 매운 맛을 내며, 심고 거둬들이는 것은 단 맛을 냅니다."(尙書, 洪範)

23 장영란, 「고대 그리스 신화에서 물의 상징과 이미지의 변용」, 『인문콘텐츠』 31호, 37-41쪽.

24 동양의 음양오행에 의하면 하늘과 땅은 土의 전환을 토대로 木, 火로 생성하고 金, 水로 소멸하는 구조를 가지고 있다. 木은 사물이 나무처럼 생기발랄하게 분출되는 것을, 火는 불처럼 성대하게 확산되는 것을 土는 생장에서 소멸로 전환되는 것을 金은 열매처럼 지금까지의 노력을 수렴으로 결실하는 것을, 水는 물처럼 응축되어 숨는 것을 상징한다.(김학목, "간지와 음양오행의 결합시대", 『철학논집』 25집, 2011, 171쪽 참조)

생명의 원천인 '물'이 동결된 형태로 냉혹하고 잔인한 이미지로 형상화
된다. 그러나 눈과 얼음은 잠재적으로 생명력을 함축하고 있다. 그것을
다시 생명력의 원천으로서의 역할을 할 수 있게 만드는 것은 '불'의 원리
이다. 그렇다면 이것은 어떤 방식으로 물의 원리를 회복시킬 수 있는가?

불: 원초적 생명력의 회복

고대사회로부터 특정한 형태의 원리가 지닌 기능을 강화시키는 상징
적 행위는 '마찰' 행위이다. 동계올림픽경기에서 눈이나 얼음을 타는 행
위들은 물의 생산력을 자극하고 촉발시키는 원리가 될 수 있다. 동계올
림픽의 주요 경기는 스키, 스케이팅, 스노우보드, 아이스하키, 봅슬레
이 등이다. 한 겨울에 열리는 동계올림픽의 독자적인 신화적 의미와 상
징을 창출하기 위해 '신년제의'와 연관시킬 수 있다. 고대의 신년제의
는 우주의 원초적 생명력을 회복시키고 새로운 삶의 질서를 정립하는
데 중요한 역할을 했다. 동계올림픽경기를 통해 겨울이라는 계절이 가
진 비활성화를 자극시켜 재생력을 촉진시키고 역동적인 삶을 살 수 있
도록 할 수 있을 것으로 기대된다.

겨울은 태양이 지상에서 가장 힘이 약해지는 시기이다. 낮의 길이가
점점 짧아지고 밤의 길이가 점점 길어진다. 태양숭배를 하는 민족들에
게 일 년 중에 낮의 길이가 가장 짧아지는 시기가 '동지'다. 이때는 태
양신의 힘이 가장 약화되는 시간이다. 그렇기 때문에 태양신은 바로 이
시기에 탄생한다. 시기적으로 12월 20일을 전후에 태양신의 탄생과 관
련된 축제가 벌어진다. 이때 고대인들은 태양신이 태어난 것을 축하하
는 축제를 벌인다.[25] 이를 통해 우주의 새로운 질서가 도래하고 낡은 질

---

25 태양신 미트라 숭배와 관련하여 로마에서 12월 하순 또는 동지쯤 태양이 가장 짧

서가 사라지기를 기원한다. 고대인들은 아직 봄이 오지는 않았지만 이미 한 겨울에 원초적 생명력이 시작되고 있다고 생각한 것이다. 태양은 불의 힘을 상징한다. 물이 가진 영원한 생명력을 얼어붙게 만드는 한 겨울에 다시 불의 원리는 점차 살아 움직이게 하는 것이다. 인간은 축제를 통해 우주 질서의 운행을 촉진시키고 인간의 의식을 각성시켜 삶을 재정립하도록 만든다. 동계올림픽은 겨울이 점차 정상에서 내려가는 시기에 이루어지며 새로운 우주의 질서가 도래하도록 촉진시키고 새로운 인간의 의식과 가치를 정립할 수 있도록 촉진시킬 수 있는 축제가 될 수 있다.

동계올림픽의 특징이 될 수 있는 물과 불의 상징적 의미들이 적절히 활용되고 있는 올림픽 성화에 대한 고대 그리스의 원형적 사고를 분석하여 현대적 의의를 되살리고, 올림픽의 상징 동물들을 설정하는 기본적 원리들을 제시해 보도록 하겠다. 우선 올림픽 성화는 최초로 독일 베를린에서 1936년에 처음으로 시작되었다. 그것은 고대올림픽을 기념하여 그리스의 올림피아(Olympia)에서 올림픽경기가 열리기 몇 달 전에 태양빛을 이용하여 채화된다. 성화는 올림픽 경기가 열리는 도시로 릴레이로 봉송된다. 올림피아로부터 전 세계에 올림픽경기가 열리는 도시로 매번 새로운 성화가 봉송되어 올림픽경기 개막식부터 폐막식까지 꺼지지 않고 불타오르게 된다. 사실 올림픽의 성화는 이미 그리스부터 있었던 문화이다.

고대 올림피아에서 종교적 희생제의와 운동경기를 하기 전에 제우스

게 비추던 시기에 열려진 태양신 축제와 관련이 있다. 이 시기는 기독교의 예수의 탄생일 크리스마스와 일치한다. 이날과 함께 3월말의 부활절은 춘분에 해당하는 때이므로 크리스마스와 부활절은 기독교 전통과는 무관한 태양신을 숭배하던 고대 로마제국 종교의 풍습을 초기 기독교가 전도를 목적으로 받아들였다는 주장도 있다.

와 헤라 신전 앞에서 신성한 불을 채화했던 것으로 알려져 있다. 그리스신화에서 불은 그 자체로 매우 신성한 요소라 생각되었다. 이미 프로메테우스 신화에서 지상에 더 이상 나눠 줄 것이 없었기 때문에 올림포스에 올라가 불을 훔쳐 온 것으로 이야기된다.[26] 제우스가 프로메테우스에게 가혹한 벌을 준 것은 신들의 세계에 있는 불을 인간의 세계로 가져와 우주의 질서를 깨트리고 어지럽혔기 때문이다. 또한 불은 인간의 이성을 상징하며 지상 세계의 어떤 동물도 갖지 않은 인간만의 고유한 기능으로 이용된다. 불은 영원하고 불변하는 이성과 법칙을 상징한다.[27] 그리스신화에서 불과 관련된 세 명의 다른 신들이 있다. 그들은 제우스, 헤파이스토스, 헤스티아 등이다. 여기서 올림픽경기의 성화와 관련하여 가장 연관성이 있는 불의 종류는 무엇인지를 살펴볼 필요가 있다.

우선 제우스(Zeus)의 불은 번개에 붙은 불이지만 프로메테우스 신화 외에는 불의 이미지를 별로 차용하는 편이 아니다. 여기서 불은 이성과 문명의 상징이라 할 수 있다. 그렇지만 국제 올림픽위원회에는 올림픽의 성화와 관련하여 올림포스에서 불을 가져오는 프로메테우스의 이미지를 포함시키고 있다. 그러나 프로메테우스는 제우스가 번개를 통해 불을 사용하거나 헤파이스토스처럼 본래 불의 신이거나, 아니면 헤스티아처럼 화덕의 신인 것은 아니다. 프로메테우스는 단지 앞서 생각할 수 있는 능력을 가진 티탄신일 뿐이지만 올림포스에서 불을 훔쳐 와서

---

26 Hesiodos, *Theogonia*, 565 ff; Hesiodos, *Erga kai Hemerai*, 50ff.
27 장영란, 「불의 형이상학」, 『철학과 현상학연구』 제38호, 138-140쪽 참조. "불은 이성과 법칙의 상징으로 진리 인식의 주요 원천이다. 불이 구체화되어 나타난 상징은 태양이나 빛으로 나타난다. 태양은 이 세계의 모든 것을 비추어 주는 빛의 원천이다."(150쪽)

인간들에게 주었다는 점 때문에 불의 이미지와 자주 연관되는 것이다. 말하자면 불과 직접적으로 연관이 있어서라기보다는 단지 불을 훔친 일종의 트릭스터(trickster)의 역할 때문에 각인된 것일 수밖에 없다. 그렇지만 올림픽의 성화 봉송과 관련된 이미지를 찾는다면 불의 운반자 프로메테우스의 이미지가 가장 쉽게 차용될 수 있다. 하지만 올림픽축제와 관련하여 적절한 내용을 포함하고 있다고 볼 수 없다.

다음으로 헤파이스토스(Hephaistos)의 불은 대장장이 기술과 밀접한 관계가 있으며, 헤파이스토스는 명실상부한 불의 신이자 기술의 신이다. 호메로스의 『일리아스』에서 헤라는 크산토스(Xanthos)강의 신의 손아귀에서 아킬레우스를 구하기 위해 헤파이스토스 신을 보낸다. 헤파이스토스(Hephaistos)는 맹렬히 타오르는 '불'을 준비해서 들판을 태워 수많은 시신들을 불태우고 강 주변을 불태워 들어가자 강물이 뜨거워져 요동을 치고 결국 강의 신이 굴복했다.[28] 현대적인 의미에서 헤파이스토스의 불은 첨단 과학기술을 상징한다. 헤파이스토스가 만든 보이지 않는 그물이나 말하고 움직이는 황금 소녀들, 자동 이동 기계나 자동 풀무 기계 등은 당시로는 과학적 상상력에 의해 탄생한 것이라 볼 수 있다.[29] 헤파이스토스는 가장 현대적인 측면을 가지고 있지만 올림픽경기와 관련해서는 별다른 상관이 없어 보인다.

마지막으로 헤스티아(Hestia)의 불은 가문과 혈통의 수호와 관련된다. 헤스티아는 화덕의 여신으로 그리스의 집안의 중심을 차지하고 있

---

28 Homeros, *Ilias*, 21.330ff. 크산토스강은 스카만드로스(Skamandros)라고 불리며 트로이의 시조와 관련되어 있다. 트로이인들은 다르다노스민족이라 불리는데 다르다노스와 바티에이아의 후손들이기 때문이다. 바티에이아는 크산토스의강의 딸이다. 따라서 아킬레우스가 트로이인들을 추적하여 모조리 살해하여 강물이 넘쳐 날 지경이 되자, 크산토스강의 신이 분노하여 아킬레우스를 죽이려 했던 것이다.

29 Homeros, *Ilias*, 18.369ff.

다. 그리스인들이 종교적 사유에서 중심을 가리키던 두 가지 용어가 있는데 하나는 배꼽을 의미하는 옴팔로스(omphalos)이고, 다른 하나는 화덕을 의미하는 헤스티아(hestia)이다. 가정이란 공간의 중심에 있는 화덕은 집의 옴팔로스로서 "인간이 사는 땅의 표면과 하늘 사이의 만남의 지점"이다.[30] 인간의 일상적인 삶과 관련된 모든 것들, 즉 희생제의, 식사, 결혼 의식, 신생아 의식 등이 행해지는 장소이다. 말하자면 헤스티아를 통해 가정의 주요 의식들이 치러진다. 헤스티아는 가정만이 아니라 국가 공동체를 위해 존재하기도 했다. 그녀는 사적으로는 한 가문의 혈통이 보존되도록 할 뿐만 아니라 공적으로 한 국가 공동체의 존속을 보호하는 역할을 한다. 도시국가의 공동의 화덕은 헤스티아 코이네 (Hestia koine)라 불렸고 모든 사람들이 서로 교제하고 합리적으로 토론하기 위해 모이는 중심이 된다.[31]

올림픽경기가 제우스신에 대한 종교적 희생제의에서 시작되었다는 사실은 이미 잘 알려져 있다. 그러나 현대올림픽경기의 성화는 올림피아의 헤라신전 앞에서 태양광을 사용하여 불붙인다. 그렇지만 올림피아의 '불'은 본래 공동의 헤스티아 제단에서 불탔던 것이다. 헤스티아의 제단이 있는 건물을 프뤼타네움(Prytaneum)이라 불렀다. 프뤼타네움은 경기가 끝났을 때는 운동선수들을 기리기 위해 큰 만찬을 하는 데 사용되었다. 현대올림픽의 성화는 그리스의 올림피아에서 출발해 마라톤 주자들이 릴레이로 전달해 마지막으로 올림픽 개최지로 간다. 헤스

---

30 Vernant, J.P., *Mythe & pensee chez les Grecs*, 『그리스인들의 신화와 사유』, 박희영 옮김, 아카넷, 2005, 248쪽.

31 Vernant, J.P., 249쪽. 그리스신화의 헤스티아는 로마에서 수용되어 베스타(Vesta) 축제로 국가적 차원에서 매우 중요한 역할을 하였다. 베스타라는 용어도 어원적으로 '불'에서 기원했으며 가족과 국가 공동체의 수호자로 대대적으로 숭배되었다.

티아는 가정과 국가 공동체의 연대 의식과 결속력을 강화시키는 역할
을 한다. 올림피아의 불은 개최지를 향해 전 세계를 거쳐 릴레이로 연
속되면서 각 국가 공동체는 하나로 일치될 수 있다. 헤스티아의 불이
타오르는 장소는 이제 세계의 '중심'이 되기 때문에 함께 참여한 사람
들은 하나가 될 수 있는 것이다. 올림피아의 불은 헤스티아의 '불'의 상
징을 가지고 있다고 할 수 있다.

4. 동계올림픽의 위상과 축제 기획

고대올림픽의 정신과 연관 지어 동계올림픽이 문화 축제가 될 수 있도
록 기원하는 마음에서 몇 가지 제안을 해 보도록 한다. 먼저 동계올림
픽의 기본적인 정신을 명확히 인식할 필요가 있다. 고대올림픽의 기본
적인 정신은 인간이 가진 능력을 경쟁(agon) 원리에 의해 탁월하게 발
휘하여 인간을 행복하게 하는 데 목표가 있다. 근본적으로 인간의 진정
한 즐거움은 탁월성을 발휘하는 데 있기 때문이다. 그러므로 인간이 축
제를 통해 고통에서 해방되고 궁극적으로 삶을 새롭게 정립할 수 있도
록 하는 것이 축제의 기본 방향이 될 필요가 있다. 무엇보다도 고대 종
교 축제는 문화 축제의 특징을 가지고 있다. 인간의 탁월성을 가장 잘
발휘하기 위해서는 단지 신체의 측면뿐만 아니라 영혼의 측면을 함께
고려할 필요가 있기 때문이다. 따라서 고대의 축제는 단지 신체의 능력
을 탁월하게 발휘할 수 있는 운동경기뿐만 아니라 영혼의 능력을 탁월
하게 발휘할 수 있는 춤, 노래, 드라마 등의 경연도 함께 발전되었다.
근대 이후의 올림픽제전의 주요 방향이 신체의 탁월성을 드러내는 스
포츠 정신에 지나치게 초점이 맞춰져 있는 것을 보완하기 위해서는 영

혼의 탁월성을 위한 문화 축제의 면모를 드러내는 다양한 기획이 필요하다. 고대의 축제 정신을 되살려 기본적으로 현대에서 논의될 수 있는 다양한 문화 양식을 총체적으로 마련하여 축제를 통해 인간의 진정한 즐거움을 추구할 수 있도록 노력하는 것이 중요하다.

특히 축제는 일정하고 지속적인 형식을 반복하지만 인간 정신의 발전을 통해 새로운 의미를 창출하고 다양성을 발전시킬 필요가 있다. 우선 동계올림픽의 공간적 상징과 관련하여 땅과 하늘이 만나는 지점인 '산'이라는 이미지를 통해 인간의 한계를 극복하고 탁월성을 발휘할 수 있도록 고양하는 동시에 올림픽 축제가 열리는 공간은 세계의 '중심' 또는 '축'이 되어 모든 민족들이 서로 화합하고 일치되는 장소가 되도록 기획할 필요가 있다. 동계올림픽은 매번 열릴 때마다 다른 공간에서 열린다. 비록 동일한 국가에서 열린다고 할지라도 전혀 다른 시기에 열리기 때문에 또 다른 공간이 될 수 있다.

다음으로 동계올림픽의 시간적 상징과 관련하여 겨울이라는 계절과 봄이라는 계절의 중간적 특징을 가지고 있기 때문에 하계올림픽과 달리 모든 것의 원초적 생명력을 재생시키는 신년 축제의 요소를 보완하여 축제의 의미를 극대화시킬 수가 있다. 고대인들이 신년 축제를 통해 우주의 원초적 힘을 재생시키려 하는 것은 이 세계 속에서 생존하기 위한 원초적인 의지와 관련이 있다. 그것은 태초의 시간이나 원형적 시간이 가진 우주와 자연의 질서를 회복하고 강력한 생명력을 재생시키려는 목적을 가진다. 현대의 동계올림픽도 고대인들의 신년 축제의 형식을 도입하여 기존 올림픽 축제의 차별성을 강조할 필요가 있다. 근본적 인간을 포함한 모든 생명력을 회복하고 재생할 수 있는 생태 축제나 환경 축제의 요소를 도입해서 글로벌 축제의 면모를 새롭게 발전시킬 필요가 있다.

　현대 동계올림픽이 고대올림픽에서 부활된 근대올림픽의 부차적 이미지를 탈피하기 위해서는 '동계'와 관련된 제의적 측면을 보완하여 차별화할 필요가 있다. 고대 신년제의의 신화적 의미를 차용한다면 '동계'라는 부분이 가진 축제적 특성을 훨씬 더 강화시킬 수 있다. 이를 통해 신화적으로 '동계', 즉 겨울은 '신년제의'의 제의적 특성을 연장시키고 확장시키는 과정에서 축제의 본질적 측면을 공유할 수 있다. 동계올림픽은 고대의 신년제의의 의미를 계승하고 원초적인 생명력을 회복해서 인류의 삶을 풍요롭게 하고 새로운 삶의 의미를 재정립할 수 있는 축제 한마당이 될 수 있다. 사실 단지 '시간'의 관점에서 하계올림픽과 동계올림픽의 차이를 분명히 하는 것은 동계올림픽의 위상을 제고하려는 목적에 제한된다.

권혁성, "아리스토텔레스의 미메시스와 예술", 『미학』 제74집, 2013.

김동규, "니체철학의 고통과 비극", 『철학탐구』, 제26권, 2009.

김재철, "핑크의 놀이존재론(II)-세계상징으로서의 놀이", 『존재론연구』 제33권, 2013.

김재홍, "아리스토텔레스의 시민정치론", 『시민과 세계』 제14호, 2008.

김헌, "아리스토텔레스 『시학』의 세 개념에 기초한 인간행동 세계의 시적 통찰과 창작의 원리", 『인간연구』 제7권, 2004.

남덕현 외, 『축제와 문화적 본질』, 연세대학교출판부, 2006.

노성숙, "일상의 미학과 아도르노", 『철학』 제72권, 2002.

_____, "계몽과 신화의 변증법", 『철학연구』 제50권, 철학연구회, 2000.

니체, 『비극의 탄생, 반시대적 고찰』, 이진우 옮김, 책세상, 2005.

도승연, "자기를 형성하는 삶의 기술로서의 여가, 그 철학적 함축에 대하여", 『철학논총』 제71집, 2013.

루돌프 오토, 『성스러움의 의미』, 길희성 옮김, 분도출판사, 1987.

류정아, 『축제의 인류학』, 살림, 2003.

문성원, "향유와 노동: 여가문제에 대한 레비나스적 성찰", 『시대와 철학』, 제25권 3호, 2014.

문혜경, "고전기 아테네에서 여성과 종교", 『서양고대사연구』 제25권, 2009.

박일영, "축제의 종교적 의미", 『가톨릭 신학과 사상』 제30호, 1999.

박혁, "활동적 삶과 정치: 한나 아렌트에게서 다원성과 인간 활동 양식의 관계에 대한 연구", 『글로벌정치연구』 제7권 1호, 2014.

박희영, "엘레우시스 비밀의식의 철학적 의미", 『한국외국어대학교 논문집』 제30집, 1997.

_____, "종교란 무엇인가?", 『서양고전학연구』 제13집, 1999.

손윤락, "아리스토텔레스의 『정치학』에서의 국가와 시민교육", 『서양고전학연구』 제48집, 2012.

신종화, "현대성과 여가: 노동중심사회에서 여가 사회로의 관심의 이동", 『문화/과학』 제61호, 2010.

신혜경, 『벤야민 & 아도르노: 대중문화의 기만 혹은 해방』, 김영사, 2009.

심혜련, "대중매체에 관한 발터 벤야민의 미학적 고찰이 지니는 현대적 의의", 『미학』 제30집, 2001.

_____, "발터 벤야민의 아우라 개념에 관하여", 『시대와 철학』, 제17권 1호, 2001.

원준식, "아도르노 미학에서 미메시스와 합리성의 변증법", 『미학예술학연구』 제26권, 2007.

윤선자, 『축제의 문화사』, 한길사, 2008.

이상봉, "헤오르테와 스콜레로서 놀이", 『철학연구』 제129집, 대한철학회, 2014.

_____, "희랍신화와 고대 자연철학에 나타난 놀이개념 연구", 『철학연구』 제124집, 대한철학회, 2012.

이종하, "문화사회에서 노동과 여가", 『철학과 현상학연구』 제29권, 2006.

이태수, "아리스토텔레스의 시학", 『철학과 현실』 제29권, 1996.

장영란, 『좋은 삶이란 무엇인가』, 서광사, 2018.

_____, 『영혼의 역사』, 글항아리, 2010.

_____, "고대 그리스의 죽음과 영혼의 제의의 철학적 의미", 『동서철학연구』 제31집, 2004.

_____, "그리스 종교축제의 영혼의 치유와 소통", 『동서철학연구』, 제69호, 2013.

_____, "그리스 종교축제의 원형적 특성과 탁월성 훈련", 『철학논총』 제73집, 2013.

_____, "니체의 비극정신과 신화적 원형", 『문화와 융합』 제39권 6호 통권 50집, 2017.

_____, "문화축제로서의 동계올림픽의 신화적 상징과 위상", 『기호학연구』, 제38집, 한국기호학회, 2014.

_____, "아리스토텔레스와 아렌트의 활동적 삶과 관조적 삶", 『철학연구』 제115집, 2016.

_____, "오르페우스교와 피타고라스학파의 영혼윤회설", 『철학과 현상학연구』 제26집, 2005.

_____, "철학교과에서의 최선의 삶과 시민교육의 역할", 『동서철학연구』 제54호, 2009.

_____, "희생제의와 희생양의 철학적 기능", 『동서철학연구』 제68호, 2013.

정낙림, "놀이에 대한 철학적 연구", 『니체연구』 제14집, 2008.

_____, "놀이의 실천철학적 의미", 『철학연구』 제122집, 대한철학회, 2012.

_____, 『놀이하는 인간의 철학』, 책세상, 2017.

정미라, "주체의 형성과 타자, 그리고 자기보존", 『범한철학』 제65권, 2012.

정성철, "예술사회학으로서의 아도르노 미학", 『미학』 제58집, 2009.

최진석, "놀이와 여가, 그 비밀스럽고 찰나적인 접촉", 『철학과 현실』, 2017.

최혜영, "대 디오니시아에서 비극이 상연된 배경과 의미", 『서양고전학연구』 제39 권, 2010.

한병철, 『피로사회』, 김태환 옮김, 문학과지성사, 2012.

현남숙, "인공지능 이후의 삶", 『철학과 현상학연구』 제70호, 2016.

Adkins, A. W. H., "The Connection between Aristotle's Ethics and Politics", A Companion to Aristotle's Politics, David Keyt & Fred D. Miller Jr.(ed), Basil Blackwell, 1991.

Adorno, W. T & Horkheimer, M(1948)., Dialektik der Aufklärung: Philosophische Fragmente, Fisher, 2000.

_____, 『계몽의 변증법』, 김유동 옮김, 문학과지성사, 2001.

_____, Dialectic of Enlightenment, Stanford University Press, 2002.

Agamben, Giorgio, Homo Sacer: Il potere sovrano e la nuda vita, 『호모 사케르』, 박진우 옮김, 새물결, 2008.

Annas, J., "Aristotle on Human Nature and Political Virtue", Aristotle, ed. by L. P. Gerson, Routledge, 1999.

Annette Holba, Philosophical Leisure: Recuperative Praxis for Human Communication, Marquette University Press, 2007.

Apollodoros, Bibliotheca, tr. by J.G. Frazer, The Library, 2 vols., Loeb Classical Library, Harvard University Press, 1921.

_____, The Library of Greek Mythology, tr. by Robin Hard, Oxford University Press, 1997.

Arendt, Hannah, On Revolution, Penguin Classics, 2006.

_____, The Human Condition, The University of Chicago Press, 1958.

_____, The Human Condition 2nd, The University of Chicago Press, 1998.

_____, *The Life of the Mind*, Mariner Books, 1981.

_____, *The Origins of Totalitarianism*, Harcourt, 1973.

_____, 『인간의 조건』, 이진우, 태정호 옮김, 한길사, 1996.

_____, 『전체주의의 기원』, 박미애, 이진우 옮김, 한길사, 2006.

_____, 『정신의 삶』, 홍원표 옮김, 푸른 숲, 2004.

Aristotle, *Nicomachean Ethics*, tr. by Terence Irwin, Hackett Publishing Company, 1985.

_____, *Parva Naturalia*, tr. by Hett. W. S., Loeb Classical Library, Harvard University Press, 1975.

_____, *The Nicomachean Ethics*, tr. Rackham, H. Loeb Classical Library, Harvard University Press,1934.

_____, 『니코마코스 윤리학』, 이창우, 김재홍, 강상진 옮김, 이제이북스, 2006.

_____, *Poetics*, tr. by Anthony Kenny, Oxford University Press, 2013.

_____, *Poetics*, tr. by Stephen Halliwell, Loeb Classical Library 199, Harvard University Press, 1995.

_____, 『시학』, 김한식 옮김, 펭귄클래식코리아, 2010.

_____, 『시학』, 천병희 옮김, 문예출판사, 1996.

_____, *Politica*, W.D. Ross, Oxford University Press, 1957.

_____, *Politics*, tr. H. Rackham, Loeb Classical Library No.264, Harvard University Press, 1932.

_____, *Politics*, tr. by Reeve, C.D.C., Hackett Publishing Company, 1998.

_____, 『정치학』, 천병희 옮김, 숲, 2010.

_____, *The Politics of Aristotle*, Clarendon Press, 1958.

Barnes, J.(ed), *The Cambridge Companion to Aristotle*, Cambridge University Press, 1995.

Bataille, Georges, *L'erotisme*, 『에로티즘』, 조한경 옮김, 민음사, 1989.

Benjamin, Walter, *Das Kunstwerk im Zeitalter seiner technischen Reproduzie-barkeit*, Suhrkamp, 2003.

_____, The Work of Art in the Age of Mechanical Reproduction, tr. by Harry Zohn, Schocken/ Random House, 1936/2005.

_____, 『기술복제시대의 예술작품/ 사진의 작은역사 외』, 최성만 옮김, 길, 2007.

Bergson, Henri, *Laughter: An Essay on the Meaning of the Comic*, 『웃음, 창조적 진화, 도덕과 종교의 두 원천』, 이희영 옮김, 동서문화사, 2008.

Bostock, D., *Aristotle's Ethics*, Oxford University Press, 2000.

Bowie, A. M., "Greek Sacrifice: Forms and Functions", in *The Greek World*, ed., Anton Powell, Routledge, 1995.

Bremmer, J., *Greek Religion*, Oxford University Press, 1994.

Burkert, W., *Ancient Mystery Cults*, Harvard University Press, 1987.

_____, *Greek Religion*, Basil Blackwell, 1985.

_____, *Homo Necans*, University of California Press, 1983.

_____, *Structure and History in Greek Mythology and Ritual*, University of California Press, 1979.

Caillois, Roger, *Le Masque et Vertige*, 『놀이와 인간: 가면과 현기증』, 이상률 옮김, 문예출판사, 1994.

Cartledge, P., "The Greek religious festivals", ed., Easterling & Muir, in *Greek Religion and Society*, Cambridge University Press, 1985.

Cashdollar, S., "Aristotle's Politics of Morals", *Journal of the History of Philosophy*, 1973.

Christiane Sourvinou-Inwood, *Athenian Myths and Festivals*, ed. Robert Parker, Oxford University Press, 2011.

Conford, F.M., *From Religion to Philosophy*, 『종교에서 철학으로』, 남경희 옮김, 이화여대출판부, 1995.

Cooper, J. M., *Reason and Human Good in Aristotle*, Cambridge, 1977.

Depew, D.J., "Politics, Music, and Contemplation in Aristotle's Ideal State", in *A Companion to Aristotle's Politics*, David Keyt & Fred D. Miller Jr.(ed), Basil Blackwell, 1991.

Diels, H.& W. Kranz (=[DK]), *Die Fragmente der Vorsokratiker*, Weidmann, 1952.

Dodds, E. R., *The Greeks and The Irrational*, 『그리스인들과 비이성적인 것들』, 주은영 외 옮김, 까치, 2002.

Easterling & Muir, *Greek Religion and Society*, Cambridge University Press, 1985.

Eliade, Mircea, *Patterns in Comparative Religion*, tr. by Rosemary Sheed, Sheed & Ward, 1958.

_____, 『종교형태론』, 이은봉 옮김, 한길사, 1996.

_____, *Das Heilige und das Profane: Vom Wesen des Religiosen*, 『성과 속: 종교의 본질』, 이동하 옮김, 학민사, 1997.

Euripides, 『에우리피데스 비극』, 천병희 옮김, 단국대출판부, 1998.

_____, *Cyclops, Alcestis, Medea*, tr. by David Kovacs, Loeb Classical Library, Harvard University Press, 1994.

_____, *Trojan Women, Iphigeneia among the Taurians, Ion*, tr. by David Kovacs, Loeb Classical Library, Harvard University Press, 1999.

Evans, Arthur, *The God of Ecstasy*, St. Martin's Press, 1988.

Foucault, Michel, *Les Mots et les Choses*, 『말과 사물』, 이광래 옮김, 민음사, 1986.

_____, *The Hermeneutics of The Subject: Lectures at the College de France 1981-1982*, tr. by Graham Burchell, 『주체의 해석학』, 심세광 옮김, 동문선, 2007.

Frazer, J. G., *The Golden Bough*, 『황금가지』 1, 2권, 장병길 옮김, 삼성출판사, 1990.

Hadot, P., *Qu'est que la Philosophie Antique?*, 『고대철학이란 무엇인가?』, 이세진 옮김, 이레, 2008.

Harrison, J. E., *Prolegomena to the Study of Greek Religion*, Cambridge University Press, 1922.

_____, *Themis: A Study of the Social Origins of Greek Religion*, The World Publishing Company, 1927.

Hayden Ramsay, *Reclaiming Leisure*, Palgrave Macmillan, 2005.

Hesiod, *Theogony*, edited with Prolegomena and Commentary by M.L. West, Clarendon Press, 1966.

_____, *Theogony, Works and Days*, trans. by Glenn W. Most, Loeb Classical Library, Harvard University Press, 2007.

_____, *Works and Days*, edited with Prolegomena and Commentary by M.L. West, Clarendon Press, 1978.

_____, *Works of Hesiod and the Homeric Hymns*, tr. by Daryl Hine, The University of Chicago Press, 2005.

Homer, *Homeric Hymns, Homeric Apocrypha, Lives of Homer*, trans. by West, M.L. Loeb Classical Library, Harvard University Press, 2003.

_____, *Homeri Opera*, rec. T. W. Allen, I-II, Oxford, 1956.

_____, *Homeri Opera*, rec. T. W. Allen, III-IV, Oxford, 1917-1919.

_____, 『오뒤세이아』, 천병희 옮김, 단국대학교 출판부, 1996.

_____,『일리아스』, 천병희 옮김, 단국대학교 출판부, 1996.

Huizinga, Johan (1938), *Homo Ludens: a study of the play element in culture*, Routledge, 1949,『호모 루덴스』, 이종인 옮김, 연암서가, 2010.

_____, *Homo Ludens: A Study of the Play Element in Culture*, Routledge, 1980.

Huxley, Aldous, *Brave New World*, The Vanguard Library Chatto & Windus,『멋진 신세계』, 이덕형 옮김, 문예출판사, 1998.

IOC, The Olympic Museum, "Innsbruck 1976 Olympic Games mascot", official website of the International Olympic Committee.

IOC, "Modern Mascots of Medieval Origin", *Olympic Review*, August 1991.

IOC, The Olympic Museum, "Mascot for the 1992 Olympic Games Alberville", official website of the International Olympic Committee.

IOC, The Olympic Museum, "Mascot for the Sarajevo 1984 Olympic Games", official website of the International Olympic Committee.

IOC, The Olympic Museum, "Mascot for the Turin 2006 Olympic Games", official website of the International Olympic Committee.

Jerry Kaplan, *Humans need not apply: a guide to wealth and work in the age of artificial intelligence*,『인간은 필요없다: 인공지능 시대의 부와 노동의 미래』, 신동숙 옮김, 한즈미디어, 2016.

Karl Marx & Friedrich Engels, *The German Ideology*,『독일 이데올로기』, 박재희 옮김, 청년사, 1988.

Karl Spracklen, *Constructing Leisure*, Palgrave Macmillan, 2011.

Kerenyi, K., *The Gods of the Greeks*, Thames and Hudson, 1951.

_____, *The Heroes of The Greeks*, Thames and Hudson, 1959.

_____, *Dionysos: Archetypal Image of Indestructible Life*, Princeton University

Press, 1976.

_____, *The Gods of the Greeks*, 『그리스 신화: I. 신들의 시대』, 장영란, 강훈 옮김, 궁리, 2002.

Kirk, G. S., *The Nature of Greek Myths*, Penguin Books, 1974.

Marcuse, H.(1955), *Eros and Civilization*, 『에로스와 문명』, 김인환 옮김, 나남출판, 2004.

_____, (1965), *An Essay on Liberation*, 『해방론』, 문학과 사회연구소 옮김, 청하, 1984.

Max Weber, *Die Protestantische Ethik und der 'Geist' des Kapitalismus*, 『프로테스탄트 윤리와 자본주의 정신』, 박성수 옮김, 문예출판사, 1990, 38쪽.

Mikalson, J. D., "The Heorte of Heortology", *Greek, Roman and Byzantine Studies*, 1982.

_____, *Ancient Greek Religion*, Blackwell, 2005.

_____, *Greek Popular Religion in Greek Philosophy*, Oxford University Press, 2010.

More, P. E., *The Religion of Plato*, Kraus Reprint Co., 1970.

Nietzsche, F., 『유고』, 이진우 옮김, 책세상, 2013.

_____, *Der Fall Wagner, Götzen-Dämmerung, Der Antichrist, Ecce homo, Dionysos-Dithyramben, Nietzsche contra Wagner(Nietzsche Werke, KGW VI 3)*, 『바그너의 경우, 우상의 황혼, 안티크리스트, 이 사람을 보라, 디오니소스 송가, 니체 대 바그너』, 백승영 옮김, 책세상, 2002.

_____, *Jenseits von Gut und Böse, Zur Genealogie der Moral 1886-1887*, 『선악의 저편, 도덕의 계보』, 김정현 옮김, 책세상, 2002.(KSA5)

_____, 『이 사람을 보라』, 백승영 옮김, 책세상, 2009.

_____, 『즐거운 학문』, 안성찬, 홍사현 옮김, 책세상, 2012.

_____, *Die Geburt der Tragödie*, 『비극의 탄생』, 박찬국 옮김, 아카넷, 2007.

Parker, Robert, *Miasma: Pollution and Purification in Early Greek Religion*, Clarendon Press, 1983.

_____, *On Greek Religion*, Cornell University Press, 2011.

Pausanias, *Description of Greece*, tr. by W.H.S. Jones, Loeb Classical Library, Harvard University Press, 1935.

Pedley, John, *Sanctuaries and The Sacred in the Ancient Greek World*, Cambridge University Press, 2005.

Plato, *A Commentary on Plato's Timaeus*, ed. by Taylor, A.E.A., Clarendon Press, 1928.

_____, *Alkibiades*, ed. by Nicholas Denyer, Cambridge University Press, 2001.

_____, *Euthyphro, Apology, Crito, Phaedo, Phaedrus*, tr. by Fowler, H.N., Loeb Classical Library, Harvard University Press, 1999.

_____, *Laws*, tr. by Bury, R.G. Loeb Classical Library, Harvard University Press, 1926.

_____, *Laws*, tr. by Bury, R.G. Loeb Classical Library, Harvard University Press, 1926.

_____, *Nomoi*, 『법률』, 박종현 옮김, 서광사, 2009.

_____, *Philebus*, tr. by Dorothea Frede, Hackett Publishing, 1993.

_____, *Plato's Cosmology: The Timaeus of Plato*, tr. by F. M. Cornford, Routledge & Kegan Paul, 1937.

_____, *Plato's Phaedrus*, Cambridge University Press, 1952.

_____, *Plato's Phaedrus*, tr. by Hackforth, R. Cambridge University Press, 1972.

_____, *Politeia*, 『국가·정체』, 박종현 옮김, 서광사, 1997.

_____, *Stateman, Philebus, Ion*, tr. by Fowler, H.N., Loeb Classical Library, Harvard University Press, 1925.

_____, *The Republic of Plato*, James Adam(ed), Cambridge University Press, 1902.

_____, *The Republic*, trans. by Shorey, Paul, Loeb Classical Library, Harvard University Press, 1971.

_____, 『알키비아데스』 I, II, 김주일, 정준영 옮김, 이제이북스, 2007.

_____, 『에우티프론, 소크라테스의 변론, 크리톤, 파이돈』, 박종현 옮김, 서광사, 2003.

_____, 『파이드로스』, 조대호 역해, 문예출판사, 2008.

_____, 『티마이오스』, 박종현, 김영균 옮김, 서광사, 2000.

Price, Simon, *Religions of The Ancient Greeks*, Cambridge University Press, 1999.

Raglan, Lord, "Myth and Ritual", *Journal of American Folklore* 68, 1955.

Rene Girard, *La Violence et le Sacre*, 『폭력과 성스러움』, 김진식, 박무호 옮김, 민음사, 1997.

_____, *Mensonge romantique et verite romanesque*, 『낭만적 거짓과 소설적 진실』, 김치수, 송의경 옮김, 민음사, 2001.

Rifkin, Jeremy, *The End of Work*, 『노동의 종말』, 이영호 옮김, 민음사, 2005.

Robert C. Bartlett & Susan D. Collins eds., *Action and Contemplation*, State University of New York Press, 1999.

Rohde, E., *Psyche: The Cult of Souls and Belief in Immortality among the Greeks*, tr. by W.B. Hillis 8th ed. New York, Harper Torchbooks, 1966.

Roy A. Rappapott, *Ritual and Religion in the Making the Humanity*, Cambridge University Press, 2000.

Simon Critchley, *On Humour*, Routledge, 2002.

Spivey, Nigel, *The Ancient Olympics*, Oxford University Press, 2012.

Tom Winnifrith & Cyril Barrett, *The Philosophy of Leisure*, Palgrave Macmillan, 1989.

Ulrich Beck, *Schoene neue Arbeitswelt*,『아름답고 새로운 노동세계』, 홍윤기 옮김, 생각의 나무, 1999.

Vernant, J. P., *Mortals and Immortal*, ed. Froma I. Zeitlin, Princeton University Press, 1991.

_____, *Mythe & Pensée chez les Grecs*,『그리스인들의 신화와 사유』, 박희영 옮김, 아카넷, 2005.